SOUVENIRS

DE

MADAME C. JAUBERT

PARIS. — IMPRIMERIE GAUTHIER-VILLARS
55, QUAI DES GRANDS-AUGUSTINS, 55

SOUVENIRS
DE
MADAME C. JAUBERT

LETTRES
ET
CORRESPONDANCES

BERRYER — 1847 ET 1848 — ALFRED DE MUSSET
PIERRE LANFREY — HENRI HEINE

CINQUIÈME ÉDITION

PARIS
J. HETZEL ET Cie, ÉDITEURS
18, RUE JACOB, 18

Tous droits de traduction et de reproduction réservés.

SOUVENIRS

DE

MADAME C. JAUBERT

— BERRYER — 1847 ET 1848 — ALFRED DE MUSSET —
— PIERRE LANFREY — HENRI HEINE —

BERRYER

UN SÉJOUR A AUGERVILLE EN 1840

Le fidèle Richomme. — M. le marquis de Talaru. — M. Roger l'académicien. — Comment Mlle Duchesnois corrigeait Racine. — Le secret de Mme Récamier. — Une marquise originale. — Le chevalier Artaud. — Mme Berryer. — Mme de Rupert. — Un oncle terrible. — Berryer père noble et la comtesse Rossi. — Un couplet de Dupaty. — Eugène Delacroix. — Lettres de Berryer à la comtesse de T.... — Un mot regrettable de la princesse Belgiojoso. — Amédée Hennequin. — Le cas de Chopin et de Mme Sand. — Le chanteur Géraldy. — Le prince Belgiojoso. — Talent de lecteur de Berryer. — Un mariage sans dénouement.

Pour peindre Berryer, en retraçant sa longue et brillante carrière, il ne suffit pas de l'avoir beaucoup connu : il faudrait encore posséder une plume exercée, habile et éloquente. Je ne puis entreprendre une pareille tâche ; mais dans un cadre limité, groupant mes souvenirs, je chercherai à faire connaître l'homme illustre par ce côté intime et vrai, toujours accueilli avec intérêt, quand, par son retentissement, un nom éveille la curiosité.

Trois semaines passées au château d'Augerville, en

1840, seront propices à ce genre d'étude; c'est là qu'il fallait voir le grand orateur, goûtant bourgeoisement les joies quotidiennes du propriétaire nouveau, et recevant ses visiteurs avec la distinction et l'aisance d'un seigneur châtelain par droit d'héritage. Ce mélange des temps passés et du présent, cette double face de l'esprit se dessinaient d'une façon tranchée chez Berryer. Ainsi les goûts les plus aristocratiques s'alliaient chez lui aux idées libérales. L'indépendance du caractère se prêtait à une soumission religieuse, absolue. Sa fierté plébéienne était au service de l'autorité monarchique. Le physique même rappelait cette nature complexe : d'une taille moyenne, les épaules larges et la poitrine bombée ; le col fort, comme il appartient à l'organe puissant de l'orateur ; cet ensemble au premier abord nuisait peut-être au caractère de distinction d'une très belle tête. Mais, si Berryer parlait, tout en lui s'ennoblissait. A la tribune, il semblait grandir. L'on demeurait frappé de la puissance que ce geste simple et sobre, cette physionomie fière et mobile, cette voix sonore et vibrante exerçaient autour de l'orateur.

Une fois admis comme hôte, on jouissait au château d'Augerville d'une entière liberté d'action, de parole et même d'omission. Ce dernier point peut être regardé comme la pierre de touche des maîtres de maison. Mme Berryer, dans son rôle un peu effacé, pleine d'indulgence, secondait son mari, ne s'imposant que par d'aimables attentions.

Lorsque des visiteurs attendus venaient à manquer de parole, ainsi qu'il arrive fréquemment quand une vingtaine de lieues vous séparent de Paris, on ne passait pas le temps à les regretter. On ne jouirait que mieux, savait-on, de la compagnie du châtelain. C'est alors qu'il exerçait cet art merveilleux d'éveiller l'intérêt, de piquer la curiosité, de paraître confiant, expansif, sans toutefois rien livrer de son for intérieur. Il généralisait, s'appuyant d'exemples ou de citations que sa riche mémoire lui fournissait. Il entraînait aux confidences sans jamais les faire regretter, par un souvenir inopportun. En gravissant le large escalier du château, qui conduit aux appartements particuliers, posant le regard sur la devise : « *Faire sans dire* », tracée sur les stores, la réflexion forçait à constater qu'appliquée à ce maître en l'art de la parole, elle était aussi juste que singulière.

Ce caractère secret, et point mystérieux, était une précieuse qualité chez un homme politique ; il possédait encore celle de conserver en toute situation une entière liberté d'esprit ; il n'aimait pas le danger, mais il l'acceptait.

Après avoir promis ma visite à la campagne, pour les premiers jours d'août, je la retardais volontairement. Ce ne fut donc qu'après avoir reçu la lettre suivante, que je me rendis à l'appel.

Chère, bien certainement vous n'avez ni arbres à planter dans Paris, ni chemins à tracer, ni fossés à creuser, ni portes à ouvrir, ni grains à battre, ni étables à clore, ni... Vous faites mieux, beaucoup mieux ; je n'en doute pas ; j'aime mieux vos affaires que les miennes, et d'abord parce qu'elles ne tiennent pas tous les moments captivés ; il y a des heures où votre bureau n'est qu'à deux pieds de vous, et où il ne vous faut que tendre la main pour obéir à cette résolution tombée soudainement dans vos rêveries : — Ah ! il faut que j'écrive à Berryer ! Comment donc n'ai-je pas un mot de vous depuis huit jours bien comptés ? et je vous attends, vous le savez. Tout est en fleur, l'air est parfumé. J'ai fait office de tapissier à faire crier miracle au tapissier de profession, et ces petites joies me plaisent. Me voilà donc impatient de vous voir ici. Jusque-là le piano est muet. Mais aussitôt que les grelots de votre postillon se feront entendre, Mme Berryer lancera les invitations qu'elle tient en réserve, au prince de Belgiojoso et à Just Géraldy. Près de vous, dilettante *con amore*, je puis m'écrier : — Vivent les gens pour qui tout est musique, mélodie, harmonie ; paroles, ton, couleurs, regards, mouvements, tout leur est chant, et ce chant éveille toutes les pensées. Je suis de ces musiciens-là, qui ne craignent ni brume, ni vent ; et dont la vie se cadence sur un mode toujours divers, mais dans une pensée soutenue à travers peines et joies, orages et clair soleil. Le vent qui souffle en mes voiles me pousse à cette heure vers le couchant, triste route, direction fâcheuse, qui soulèverait l'idée des cinquante ans qui approchent, si je ne me sentais en force de lutter contre et de revenir sur mes pas.

Arrivez donc, arrivez vite, vous qui rendez si belles les heures où l'on vous voit, et dont la pensée charme celles où l'on est loin de vous. Donnez vos ordres.

Je vous baise les mains.

BERRYER.

Le ton, certes, était engageant, pressant ; j'y cédai. Mon hésitation avait tenu à ce que je savais la comtesse de T... seule d'étrangère à Augerville en ce moment. Je ne la fuyais pas, il s'en faut. Dans le monde, nous nous recherchions. Je goûtais son esprit ; le mien ne l'ennuyait pas. Mais enfin si, dans les promenades et les longues soirées, j'allais involontairement jouer un rôle importun ? La comtesse tenait grande place dans l'existence de Berryer. Elle lui plaisait, j'en étais certaine. Sans cesse il allait chez elle. Par quels liens étaient-ils attachés l'un à l'autre ? Comment s'aimaient-ils ?

Dans le monde, s'il existe des liaisons qui échappent aux regards curieux ou malveillants. — chose difficile, — il y a, en revanche, grand nombre d'intimités dont les hommes pourraient avouer avoir eu l'honneur, sans le profit. La beauté, la grâce, l'esprit, le sexe même y jouent leur rôle. L'allure du début est vive, puis mille entraves surviennent, la raison se fait entendre ; peut-être l'expression d'un regret est-elle accordée : rien au delà. Cependant, des deux côtés, on demeure en coquetterie ouverte ; des rapports dans les goûts font naître une certaine manière d'être animée, particulière et fort piquante.

Ainsi, notre monde civilisé crée entre hommes et femmes mille nuances dans les relations qui constituent, à vrai dire, le charme de la société. Ces nuances étaient mieux senties et mises en valeur, dans le genre de vie pratiqué aux derniers siècles. La première partie du nôtre avait encore conservé la trace de ces soirées régulières où l'on se réunissait pour deviser, sans autre souci que le plaisir de la conversation, auquel chacun contribuait de son mieux. Toutefois, la fréquence, la périodicité de ces réunions servaient et voilaient les inclinations naissantes au moment décisif : l'instant où le fruit se noue, dirait un jardinier.

Berryer, aimant uniquement la société des femmes, se plaisait fort dans un semblable milieu. Donnant de l'esprit, par sa manière d'écouter, à celles qui lui parlaient, il prouvait sans cesse qu'un habile causeur tire de son partner le même parti que le virtuose du plus médiocre instrument. Sensible à tous les charmes, il se trouvait singulièrement exposé à ces amours fractionnés qui le rendaient plein de séduction quand il était stimulé, quand il subissait l'entraînement causé par la présence de la personne aimée.

Sa femme parlait plaisamment de ces règnes éphémères et mettait une certaine vanité à prétendre n'être jamais prise pour dupe, à connaître, avec plus de précision que l'époux lui-même, ses bonnes fortunes et l'état de son cœur.

Je résolus, en arrivant à la campagne, d'avouer à Mme Berryer, en répondant à d'affectueux reproches, le motif de mon retard : l'appréhension de me trouver parfois de trop ; aussi, lorsqu'elle m'eut accompagnée dans mon appartement accoutumé, la chambre du *Prince*, ainsi désignée parce que, du temps de la Fronde, le prince de Condé y avait pris abri une nuit, je m'excusai près d'elle en disant que l'idée de jouer le rôle importun de tiers m'était odieuse.

« Je vous ai vingt fois répété, s'écria d'un ton impatient la châtelaine, que le monde était dans l'erreur, à l'égard

de l'attachement qui existe entre Berryer et Mme de T...,
C'est un pur platonisme, assaisonné de coquetterie. »

Et comme je prenais une physionomie dubitative, en ajoutant : « Mais elle est veuve maintenant; ne faut-il pas tenir compte de cette liberté nouvelle ? »

Il me fut répliqué :

« Chère Elma, nous en parlerons dans quelques jours. Des visiteurs sont attendus, et d'ici-là, vous ne serez en tiers que si vous le voulez bien. Comme toujours, notre Richomme est à vos ordres. Il me remplacera quand vous le demanderez, très flatté de l'honneur que vous lui ferez. Quant à moi, mon amie, vous savez que ma paresse s'oppose aux promenades, ainsi que ma santé aux veillées du soir ; il faudra m'excuser.

L'intérieur de Berryer paraîtrait incomplet si l'on n'y retrouvait la figure de son fidèle Richomme, qui avait débuté dans la même étude d'avoué que lui, tous deux clercs et compagnons de plaisir. Celui qui avait illustré son nom vint en aide, plus tard, au camarade demeuré obscur et sans fortune.

Une déraison pleine de comique, des lueurs de bon sens et de sensibilité, une gaieté inaltérable avec un grain de malice, tel était l'hôte admis au foyer de Berryer, sans que jamais il pût sentir que la main qui donne est au-dessus de celle qui reçoit.

Le lendemain même de l'arrivée, nous suivions en promenade le cours de l'Essonne, jolie rivière qui traverse le parc d'Augerville dans toute sa longueur ; nous admirions les beaux peupliers dont ses eaux baignent les pieds, et que le propriétaire entourait amoureusement de ses bras pour constater leur développement, quand Richomme, pris d'un subit enthousiasme, s'écria :

« Que dira-t-on un jour, quand Berryer ne sera plus, et que je raconterai aux promeneurs que je suis venu là, à cette place même, avec le grand orateur? On me questionnera ! Avait-il foi, croyait-il vraiment au retour de notre Henri ?...

— Assez, Richomme, assez !

— Assez, dis-tu ? Alors, je leur répondrai : — Notre chef politique ne traitait jamais de légitimisme en plein vent ! Une fois au grand air, il ne s'occupait plus que de ses peupliers, ou des femmes si elles étaient jolies !

— Archifou que tu es, interrompit le châtelain, qui ne pouvait ainsi que nous s'empêcher de rire, faut-il encore te rappeler que tu es mon aîné, ce que tu oublies sans cesse ?

— C'est vrai, pardonne-moi. Je me complais dans une petite débauche d'imagination ; ma vanité s'épanouit dans l'avenir.

— Et ton cœur, mauvais ami ?

— Ah ! mon cœur ? Il a son tour ; il ne peut fournir deux sentiments à la fois.

— Allons, allons, il faut que tu me prouves ton attachement au dîner ; nous demanderons du champagne, et tu boiras à ma longue vie.

— Bravo ! Je promets de boire ferme ! »

Berryer, pour son compte, ne se livrait jamais à ce genre d'excitation ; mais il souffrait avec une douce indulgence le plaisir très vif que trouvait parfois Rikomski dans une demi-ivresse.

Ce nom de Rikomski, avec lettres de noblesse polonaise, avait été octroyé par Mme Berryer, et avait survécu à la plaisanterie qui lui avait donné naissance. Le physique du personnage rendait comique toute prétention. Petit, trapu, chauve, nez vulgaire, bouche de satyre, teint vineux, petits yeux gris, fins et caressants, tel était le physique du personnage. J'ajouterais qu'il rappelait singulièrement Étienne Béquet, des *Débats*, si je ne me souvenais, à propos de cette comparaison, de M. le vicomte de Chateaubriand, qui, dans un de ses ouvrages, parlant des ruines de Ninive, et cherchant à en donner une juste idée, nous invite à les comparer avec celles de Babylone !

En me rendant à Augerville, c'est à tort que j'avais redouté que le cercle ne fût restreint. A peine y étais-je qu'un groupe de légitimistes se présentait. Le plus important d'entre eux était le marquis de Talaru. Ancien ambassadeur, considérable par sa naissance et sa fortune, d'un très noble caractère, dans les conciliabules du parti ultra, il se plaçait toujours, ainsi que le duc de Fitz-James, le comte de la Ferronnays et le baron de Vitrolles, du côté de Berryer ; appuyant ses avis, et reconnaissant son autorité, sans cesse contestée par des hommes incapables, bouffis d'orgueil, qui voulaient, se haussant sur leurs généalogies, écarter ce simple avocat, qu'ils ne pouvaient admettre comme chef du parti royaliste. Quelle force leur apportait-il? Rien, que son talent ! Ils abreuvaient de dégoûts l'illustre député. Sa femme, dans la répugnance que lui causaient ces réunions politiques, n'avait que trop raison. Elle s'irritait à l'idée que l'on discutait mesquinement, ce jour-là même, les moyens de conserver à son mari les droits à la députation, après l'avoir arraché au barreau, source honorable et certaine de fortune. Cette fierté était bien placée, et les vrais amis de Berryer souhaitaient de lui voir suivre la ligne de conduite que lui indiquait sa femme. Ce retour au Palais de Justice, elle l'obtint plusieurs fois. Aussitôt les clients d'accourir. Tant de plaideurs réclamaient ce puissant talent ! Mais, comme l'amertume de l'absinthe, les amertumes de la politique sont, paraît-il, attractives et enivrantes ; on n'y saurait renoncer.

Ce fut la cloche du dîner qui mit fin au conciliabule légitimiste ; et la bonne grâce avec laquelle le maître de la maison fit les honneurs de sa table ne gardait aucune trace des ennuis de la séance.

Il était entendu que, de retour au salon, on ne s'occupait plus de la politique. Parmi les nouveaux venus, M. Roger, l'académicien, ne pouvait que gagner à cette règle. Il avait une façon nasale d'émettre ses arguments légitimistes un peu vieillots, qui agaçait singulièrement son ami Berryer, tandis que d'anciens succès littéraires à la Comédie-Française étaient une source intarissable de conversations intéressantes et d'anecdotes piquantes. C'était un homme bon et serviable. La maîtresse de la maison, cherchant à lui être agréable, fit tomber la conversation sur Mlle Rachel, dont on s'occupait alors beaucoup. On vantait l'intelligence supérieure avec laquelle ses rôles étaient conçus.

A l'encontre des enthousiastes, en tête desquels se plaçait le châtelain, notre académicien soutint aussitôt qu'un grand talent pouvait se rencontrer avec une intelligence très limitée. On se récria : il appuya son dire d'un exemple. Mlle Duchênois, la grande tragédienne qu a quitté le théâtre en 1830, et n'est pas encore remplacée dans le rôle de Phèdre, était d'une laideur affligeante, avait un hoquet dramatique insupportable ; pas d'instruction, et une intelligence bornée. Elle dominait cependant, empoignait son public !

« Quel était donc son secret ? demanda Mme Berryer.

— La passion ! madame, la passion ! Elle la ressentait et la communiquait à son auditoire. Au sujet de ce rôle de Phèdre, j'ai eu avec elle des discussions incroyables ! Au moment où elle adresse à Hippolyte les vers suivants :

> Que de soins m'eût coûté cette tête charmante,
> Un fil n'eût pas assez rassuré votre amante...

sans y manquer, elle estropiait sottement le second vers, déclamant ainsi :

> Un *fils* n'eût pas assez rassuré votre amante !

Cela me rendait furieux. J'allai la trouver dans sa loge :

« Vous voulez donc corriger Racine, criai-je? Dites un fil, mademoiselle, un fil, vous entendez? » Et je mettais le livre ouvert sous ses yeux. Elle répondait alors du plus grand sang-froid :

« Comment prétendez-vous qu'un fil me rassure? Non, monsieur, à la bonne heure, un fils! »

« En scène, le soir suivant elle refaisait la même faute, et le public, hélas! ne s'en apercevait pas ! »

L'anecdote eut du succès. M. de Talaru parla ensuite de la tragédie échouée du vicomte de Chateaubriand, chute si plaisamment contée depuis, dans les *Mémoires d'outre-tombe*. On lisait alors des fragments de l'œuvre destinée à la race future, chez Mme Récamier, aux élus de l'Abbaye-aux-Bois. Ceux-ci en parlaient avec enthousiasme, ajoutant à la satisfaction avouée, celle secrètement ressentie d'exciter l'envie de ceux qui étaient demeurés à la porte du sanctuaire. Le marquis de Talaru s'enquérait avec curiosité du jugement qui serait porté plus tard sur cette publication.

Berryer exprima l'opinion que l'exactitude y ferait défaut. Allant du connu à l'inconnu, il redoutait la prédominance, dans le récit des faits, de l'imagination sur la réalité, et à l'appui, il cita ceci :

« En 1833, lorsque toutes les passions étaient éveillées par l'arrestation et l'emprisonnement de Mme la duchesse de Berry, la naissance de l'enfant, toutes les circonstances politiques et romanesques résultant de cette situation, le vicomte de Chateaubriand fut désigné, concurremment avec moi, comme défenseur de la princesse. Ma plaidoirie eut un tel succès, que M. le vicomte refusa net de prendre la parole, disant, avec une vive émotion, qu'il ne voyait pas un mot à y ajouter. Mais dans ses Mémoires, je sais pertinemment qu'il raconte, au contraire, qu'après avoir entendu son plaidoyer *à lui*, le jury vota sans hésiter. Or, j'ai précisément une lettre, continua Berryer riant, qui rétablit le fait dans sa véracité, et je pourrai bien lui jouer le tour de la publier quelque part.

— Faites-le, répliqua avec vivacité la jolie veuve, et puisque nous nous permettons de pénétrer dans le sanctuaire de l'Abbaye-aux-Bois, parlons un peu de Mme Récamier. Donnez-moi la clef du charme inextinguible qu'elle exerce sur ses fidèles. Je me sers de cette qualification, parce que son culte ressemble à une religion. On y rencontre une sorte de fanatisme et beaucoup d'intolérance. Fait-elle des miracles? A-t-elle prodigieusement d'esprit? Cette beauté de la dernière heure a cessé d'être incomparable; en grâce, d'où vient cette influence?

— Faut-il vous révéler son secret?» demanda d'un ton sérieux Berryer.

Un oui unanime éclata.

« Eh bien ! elle sait écouter.

— Il paraît, repris-je, que le moyen n'est pas irrésistible. J'ai remarqué, à votre honneur, que vous n'avez jamais figuré parmi les englués de l'Abbaye.

— Non; et c'est pour cela que j'ai pu distinguer le procédé. Que de nuances, de degrés dans la pratique! Quelle habileté! C'est une merveille à étudier que cet art de plaire. La femme s'efface, et l'on sent toujours sa présence.

— Que de questions, s'écria la comtesse, on voudrait adresser à qui a connu Mme Récamier dans sa fleur de beauté; mieux que cela, sur ce passé, il faudrait diriger une enquête, connaître par quelle sorcellerie elle a pu enguirlander les prétendants avec des refus. Ne laissera-t-elle donc pas quelque ouvrage instructif à ses héritières?

— L'ouvrage serait puéril. Il me semble, mesdames, que vous n'avez rien à apprendre de son expérience, répliqua Berryer.

— Ce que je sais, moi, fit Rikomski, affectant une voix timide, en sortant d'un angle obscur du salon, c'est que je n'ai jamais voulu mettre les pieds à l'Abbaye-aux-Bois. Fi donc! moi, homme, figurer dans cette réunion de refusés! »

Cette bouffonnerie parut goûtée par le marquis de Talaru, qui, gaiement, déclara qu'il se ralliait tout à fait au sentiment de M. de Richomme. Puis se levant, il baisa la main à la maîtresse de la maison, nous souhaita un aimable bonsoir, et se hâta, voulant le soir même coucher chez lui au château de Chamarande.

Après avoir mis son hôte en voiture, le châtelain rentra au salon, où il me trouva racontant comment le hasard m'avait favorisé autrefois d'une rencontre avec la première femme de M. de Talaru. Lorsqu'elle avait convolé en secondes noces avec lui, elle était veuve de M. de Clermont-Tonnerre, charmante, quoique plus âgée que le nouvel époux. C'était une créature originale, singulière par ses habitudes et les allures d'ancien régime qu'elle conserva quand même.

Un jour d'été à la campagne, dans une matinale promenade à cheval, j'aperçois un lourd carrosse traîné par de vieux chevaux, conduits par un cocher dont le tricorne couvre des cheveux blancs simulant la poudre. L'équipage venait à nous dans une allée étroite, mon écuyer m'engage à me ranger de côté. Au même instant, reconnaissant un de ses voisins dans le cavalier qui m'accompagne, la marquise de Talaru, car c'était elle, abaisse une glace et me laisse voir une sorte de petite fée mignonne, taille de guêpe, demi-paniers, robe de soie en pékin rayé bleu et saumon, dont le corsage, ouvert très bas, laissait voir des appas respectés par le temps. Un rang de perles énormes étranglait le col, tandis que les cheveux dressés et poudrés à frimas, ornés de barbes en dentelles retroussées, découvraient un petit visage où le rouge s'étalait fièrement, ne cédant le pas qu'à l'éclat du vermillon des lèvres. Tout cela, cependant, formait un ensemble qui permettait, à distance, d'imaginer le piquant attrait qu'avait eu au temps jadis cette physionomie de blonde.

« Cher ami, cria-t-elle par la portière à mon cavalier, quelle est cette belle enfant?

— C'est, madame la marquise, la jeune mariée dont je vous ai parlé.

— Ah! ma reine, je vous soupirais, reprit-elle; que votre mari vous amène bien vite, et dites-lui surtout que je vous trouve jolie comme un cœur. »

Puis, du bout des doigts, me jetant un baiser, elle permit à ma jument impatiente de reprendre sa course. J'étais charmée d'avoir vu s'animer et parler ce véritable portrait d'ancêtre, sans prétendre cultiver davantage un voisinage qui n'attrayait guère mes quinze ans.

« Eh bien! reprit à son tour le châtelain, j'ai eu dans le temps de plaisantes séances avec cette même personne.

« Pendant les fréquentes absences de M. de Talaru, retenu à l'étranger, soit par des fonctions éminentes, ou des goûts de voyage, la marquise, toutes les fois qu'elle se trouvait empêchée, me mandait en consultation.

« Un jour, rentrant chez moi, vers cinq heures, je trouve d'elle trois billets successifs qui réclamaient ma présence. Inquiet, je me hâte d'accourir. En me voyant, l'intendant s'écrie :

« Oh! monsieur, Mme la marquise vous attend avec tant d'impatience qu'elle en est malade.

— Il n'est pas arrivé malheur, j'espère?

— Pas que je sache, monsieur. »

« Et il m'introduit dans une pièce immense en fermant la porte sur moi. Je cherche à me diriger dans une demi-clarté, quand d'un angle de la chambre part un éclat de voix :

« Enfin, c'est vous, cher! Attendre ainsi, c'est à mourir! »

« Je ne distinguais d'abord qu'une sorte de chapeau-toque, sur lequel se mêlaient aux plumes des fleurs artificielles; puis, dessous, cette petite figure peinte que vous savez; elle paraissait assise très bas, et devenue comme le centre d'un flot de mousseline blanche. Je cherchais en vain à me rendre compte de ce qui était mouvant sous mes yeux. Je suppose que ma physionomie exprimait l'étonnement, car tout d'abord la dame me dit :

« Ne faites pas attention, cher! c'est pour calmer mes nerfs, l'attente me rend si malade.

— Qu'est-il donc arrivé, madame, que voulez-vous de moi?

— Ne le devinez-vous pas? N'avez-vous donc pas lu au *Moniteur*, ce matin, les nouvelles nominations dans la diplomatie? Deux paltoquets, cher ami : l'un, premier secrétaire d'ambassade, l'autre, ministre au Pérou? Des gens sans aveu, d'une roture évidente, ne pouvant fournir que des noms de calendrier. Ce gouvernement prétend nous avilir. J'écrirai à M. le marquis de donner sa démission comme ambassadeur, et nous la motiverons. J'écrirai au roi, et vous lui porterez la lettre, cher. Oui, vous la porterez!

La marquise, en ce moment, se livrant à des gestes désordonnés, un bruit de clapotement me révéla le secret que j'avais vainement cherché à pénétrer jusque-là : la marquise prenait un bain de siège. Elle agita une sonnette, une antique Mariette parut.

« Vite de l'eau chaude! demanda-t-elle, le bain se refroidit. »

Puis, la colère de cette singulière personne s'exhala de nouveau en propositions folles. L'effet du bain me paraissait peu calmant. J'imaginai de renchérir sur son excentricité, l'engageant à demander une audience à Sa

Majesté et à lui soumettre le plan d'une école diplomatique, pépinière où toujours on prendrait au choix les plus anciens..... de race.

« C'est divin ! Vous êtes adorable ! Oui, agissons et laissons les deux susnommés dans leur crasse de naissance ! »

Accompagnant cette conclusion d'un violent geste de dédain, je fus vertement éclaboussé. Mettant à profit l'incident, je m'esquivai, sûr, du moins, de ne pas être suivi.

— Très bien ! fit Mme de T..., vous aviez réussi à vous mettre à la hauteur de votre marquise. Quel contraste entre les époux ! Le mari me paraît être la raison et la convenance même.

— Dites aussi la douceur et la bonté, ajouta Berryer. Il fait le plus noble emploi de sa fortune. Pour Paris, il a adopté un mode particulier de charité : il paye des loyers aux indigents. Sous cette forme unique, il dépense 40,000 francs tous les ans.

— Eh bien ! moi, remarqua Rikomski, fatigué d'un long silence, j'aurais un autre système de charité. Des malheureux, je ferais des heureux. Je leur donnerais un litre de vin par jour, mais rigoureusement; pas une goutte de plus, par exemple ! »

Ce plan ingénieux fut déclaré absurde avec unanimité. Chacun se récriait en allumant les bougeoirs et se disant bonsoir.

« Absurde ! absurde ! répétait Rikomski. Ces gens-là noieraient leur chagrin. Je suis certain que monseigneur d'Orléans m'approuverait... »

Ici la voix se perdit dans l'éloignement.

Le jour suivant, une promenade en bateau fut décidée, sous l'inspiration de Mme de T..., qui avait vraiment les goûts d'une ondine. Au moment de s'embarquer, comme on perdait le temps en politesse, à qui passerait en premier, la comtesse s'élança dans la barque, s'assit au gouvernail, criant :

« Qui m'aime me suive ! »

Le chevalier Artaud, d'une galanterie surannée, mais spirituelle, l'excellent académicien Roger, Rikomski et deux jeunes propriétaires du voisinage se précipitèrent à sa suite. On me tendait la main, j'entrai à mon tour dans le bateau. Sur la berge, Berryer parut hésiter, puis renoncer résolument.

« Nous serions trop de monde, dit-il.

— Comme vous voudrez, fit Mme de T..,, avec un petit rire moqueur ; on se noiera sans vous. »

Il me parut que notre châtelain avait un air abandonné. Avant que les rames ne fussent en mouvement, je me levai et sautai à terre.

« Moi aussi, dis-je, je préfère marcher. Nous serons deux pour, du rivage, admirer l'embarcation. »

Nous suivions d'un pas lent et distrait le courant de la rivière, quand des cris d'effroi nous arrachèrent à la rêverie. Nous voyons de loin les hommes s'agitant en tous sens ; mais la comtesse n'est plus dans le bateau ! Pâle d'émotion, Berryer s'élance ; mais déjà le visage riant de l'ondine se montre à fleur d'eau, nageant élégamment et gagnant la rive, sans paraître embarrassée du poids de ses vêtements.

« Le capitaine est sauvé ! » cria-t-elle à l'équipage troublé.

Elle n'osa avouer tout de suite que la chute était une expérience. Habile nageuse, elle s'était laissée choir en se penchant, voulant savoir comment, tout habillée, on pouvait se tirer d'un naufrage. En partant, son intention était de prévenir ceux qui voguaient avec elle. Une malice féminine la fit changer d'avis lorsque Berryer refusa la promenade. L'effrayer était tirer une petite vengeance de son abandon, vengeance dont le grave auteur de l'*Histoire des Papes*, le chevalier Artaud, devint la véritable victime. Dans le saisissement que lui causa cette chute, il avait lâché son lorgnon qui, tombé dans la rivière, suivit le fil de l'eau sans se laisser repêcher. Myope au superlatif, en prenant pied à terre, il ne pouvait plus se diriger. Je lui tendis une main secourable, tandis que la naïade s'appuyait sur le bras du châtelain.

De retour au château, tout le monde à la fois se plaisait à raconter l'aventure à Mme Berryer. Pour combattre les effets du refroidissement chez la baigneuse et de l'émotion chez les rameurs, Rikomski réclamait du vin chaud.

Mme Berryer s'occupait avec bonté de mettre la comtesse à l'abri d'un rhume, et de remplacer le lorgnon du chevalier Artaud. Elle ne put se procurer que des lunettes. Or, notre chevalier parfumé, avec des habitudes de coquetterie ayant quarante ans de pratique, ne consentit pas même à les essayer.

Mme de T..., cause de ce désagréable incident, expédia à l'instant même un domestique à Paris, et le lendemain matin, en se mettant à table, M. Artaud, sous sa serviette, trouva un charmant lorgnon. On peut imaginer tout ce que, sur ce thème, suggéra une galanterie cultivée en cour de Rome, où, longtemps, M. le chevalier avait fait partie du corps diplomatique.

La comtesse avait décidé cette même matinée de demander au maître de céans de faire avec elle une promenade en tilbury, sentant qu'il fallait racheter par quelque bonne grâce sa fantaisie aquatique de la veille. Pendant qu'elle disposait sa toilette, on entendit une voix retentissante appelant Pinson, le garde-chasse. Alors il s'établissait, entre maître et serviteur, de longs dialogues au sujet des eaux et des bois, toujours pleins d'intérêt.

Cette campagne d'Augerville plaît et attache. Une

ceinture d'anciens fossés, avivés par une eau courante, entoure le château, laissant sur une des façades l'espace d'un parterre. Le parc semble un fragment soustrait à la forêt de Fontainebleau. De beaux rochers, non artificiels, sont réunis par de légers ponts en bois, et varient le paysage. Là-haut, de grands pins d'Italie vous offrent leur ombrage. Dans le bas, de jolies allées coupées dans les taillis sont favorables aux courses à cheval et aux voitures légères.

Berryer aimait beaucoup cette dernière façon de parcourir sa propriété. Je l'ai vu parfois s'arrêter, me confier les rênes, descendre, se coucher par terre, pour découvrir si un semis de chênes commençait à montrer ses pointes vertes. C'était plaisir de le voir ainsi ; tout cela se faisait *con amore*, avec l'allure d'un homme qui n'a d'autre souci que l'heure présente. Il taillait belle part aux affaires, sans empiéter sur les plaisirs. Que d'habileté dans cette distribution! Rien ne demeurait en souffrance, tout était prévu ou conjuré. Les procès et les clients, la politique et la Chambre, rien ne devenait entrave. L'amour même, qui, dans sa vie, jouait un rôle important, se conciliait, par une volonté dominatrice, avec ses plaisirs d'amitié. Il se dédoublait, se multipliait, et par un charme réel, une fois présent, il était tout à vous. Quel attrait piquant dans ce laisser-aller apparrent! Ce gaspillage du temps devenait un véritable luxe, une prodigalité.

Qui jamais l'a entendu s'enquérir de l'heure ? Désobligeante question! Toutefois il était d'une scrupuleuse exactitude, base indispensable des rapports de société. Jamais lettre ou billet ne demeurèrent sans réponse, et la correspondance prenait immédiatement un tour personnel, flatteur pour l'absent. J'insiste sur ces traits de caractère qui expliquent la solidité des relations d'amitié ; on ne pouvait y renoncer.

En ma présence, un jour, un homme aimable et spirituel, ennuyé de voir toutes les femmes *engouées* de l'orateur, soutint, contre de belles adversaires, qu'il refusait, en amour, la perfection qu'il accordait à Berryer dans les sentiments de *mezzo* caractère.

« Connaît-il cette passion, ce feu dévorant, concentré, qui est avant tout exclusif? Non! son cœur s'évapore entre les mille et une ! »

L'auditoire féminin se récriait, s'exclamait.

«Eh bien! demandait-il, quelle femme pourrait montrer de lui des lettres comparables à celles de Mirabeau à Sophie? »

Naturellement, sur ce point délicat, personne ne prenait la parole ni ne cherchait au fond de sa poche. Regardant ce silence comme gain de cause, il poursuivit :

« Croyez bien que, si Berryer ne dépensait en monnaie sa pièce d'or, peu de femmes, parmi les plus sages même, pourraient se vanter d'avoir résisté à cette éloquence passionnée, pénétrante. Pouvoir éveiller, agiter les passions, quel don divin! Mirabeau est bien la preuve de ce que j'avance. Pourtant il était puissamment laid ! Jugez, avec tout l'agrément de figure de votre idole, jugez de ce qui adviendrait! »

Il y avait quelque justesse apparente dans ce dire; mais quelle large part d'inconnu existe encore dans le cœur et la vie même de ceux qu'on croit le mieux savoir !

Après avoir vu le tilbury emporter la jeune veuve et le châtelain, je me rendis au petit salon, où j'étais à peu près sûre de trouver la maîtresse de la maison mollement plongée dans une bergère. Là, règne un jour mystérieux, qui, tamisé par des tentures cramoisies, répand sa teinte animée sur un beau marbre de Canova, placé au milieu du salon. Cette Vénus a été léguée, en 1838, par le duc de Fitz-James à son ami Berryer. Tout dans cette retraite favorise l'épanchement, amène les confidences.

« Eh bien! demanda Mme Berryer en m'apercevant, votre opinion est-elle arrêtée? Est-ce l'amour ou l'amitié que vous venez de mettre en voiture?

— Moquez-vous de moi, ma chère, répliquai-je. A cet égard, je ne sais que penser. Vu à la loupe, je crois à l'amitié ; mais, à distance, une sorte de mirage me fait supposer un amour réciproque consenti.

— Il n'en est rien, Elma! fut-il dit d'un ton d'autorité. Faut-il donc vous répéter que mon époux ne peut rien me cacher? »

Ce ton affirmatif me fit rire.

« Je ne saurais croire, madame, que cet homme, d'un tact délicat, vous fasse d'aussi étranges confidences.

— Je ne les lui demande pas : mais j'ai plus d'un moyen de me tenir au courant de sa vie. Dans le sommeil, s'il paraît un peu agité, je lui prends la main et l'interroge ; il répond à mes questions.

— Le soupçonne-t-il, le sait-il? m'écriai-je, au comble de l'étonnement.

— Oui, il le sait. Que lui importe? Il sait aussi que je suis sa meilleure amie, incapable d'abuser. Mariés tous deux à l'âge de dix-neuf ans, un attachement solide, dont la confiance forme la base, succéda entre nous à l'amour. Remarquez que je dis confiance et non confidence. Il y a des sujets qui vivent à l'état de sous-entendus ; nous ne les abordons guère. Quant aux lettres qui tombent sous ma main, je les lis sans scrupule. Ainsi, hier, il en est arrivé une dont le timbre seul indiquait le contenu. C'était un rendez-vous, et je m'ingéniais à deviner comment on s'y prendrait pour vous quitter, mesdames. Ce matin, au réveil, mon époux m'a annoncé qu'une affaire au Palais l'obligeait à passer vingt-quatre heures à Paris. Cela me contrarie fort, a-t-il ajouté d'un ton sincère. Vous avez, mes aimables amies, tout l'honneur du regret. C'est Mme de Rupert qui sera de passage dans la capitale.

— Comment; son enthousiasme pour cette personne dure encore?

— Hélas, oui. C'est devenu, ma chère, une passion à grand orchestre. Nous avons des jalousies, des exaltations mystiques; la religion y a un rôle, le remords met des entraves, puis une phase contraire y succède; l'on prie ensemble, c'est-à-dire à la même heure, à deux cents lieues de distance. Ma chère, en tout il y a de la mode. J'ai connu un temps, continua avec bonhomie Mme Berryer, où les femmes adressaient ce genre de dévotion aux étoiles et à la lune; il paraît qu'on a changé tout cela. »

Ici un court silence donné aux souvenirs, puis, retournant à Mme de Rupert :

« Que je voudrais, Elma, vous faire lire une de ces lettres si incandescentes!

— J'avoue, madame, que si cela se pouvait faire honnêtement, je m'en amuserais.

— On trouve beaucoup d'esprit à cette femme... de l'imagination, d'accord; mais elle est envahissante, fatigante... et, convenons-en, mon amie, elle n'est ni belle, ni jolie.

— Puisque telle est votre opinion, je ne vous contrarierai pas sur ce point; et je veux à ce sujet vous conter une histoire, où j'ai joué un rôle très embarrassant.

« L'hiver dernier, à l'un des raouts de l'ambassade anglaise, j'aperçois M. Berryer circulant dans la foule et pilotant sa conquête. Il m'aborde, fait une présentation en règle; nous échangeons quelques mots gracieux sur le désir de nous connaître; puis tous deux se tournent vers le comte de la Ferronnays, l'arrêtant au passage. Au même instant, mon oncle le général, que vous connaissez bien, fond sur moi comme un cyclone, et, de cette voix qui fait merveille un jour de bataille, me crie : « Elma!

quel est donc ce grand garçon habillé en femme que promène notre député?

— Pardon de vous interrompre, dit gaiement la châtelaine, mais c'est excellent, c'est tout à fait cela!

— Patience, écoutez ce qui suit; j'arrive au lamentable. Pour arrêter le flux d'appréciations de mon oncle, j'avance précipitamment le pied, le posant en façon de pédale sur celui du général. Au même instant, je saisis le regard brillant du député, attaché sur mon avertissement. Je n'ose plus retirer le pied révélateur, et je demeure jambe tendue, fort gênée de mon rôle amical, d'autant que cette physionomie expressive que nous connaissons ne disait que trop clairement qu'il avait tout entendu. Résultat : embarras réciproque toutes les fois que le nom de Mme de Rupert se présente dans la conversation.

— Pour ma part, chère amie, reprit Mme Berryer, je suis charmée de votre bonté maladroite. C'est une leçon. Il ne faut pas prétendre ériger une femme pyramidale en beauté, et de, l'absence déplorable de formes, constituer une élégance. »

Il faut se souvenir que celle qui parlait ainsi, avec des traits charmants et un teint éclatant, de taille moyenne, avait toujours été un peu grasse. « C'est un paquet de roses, » disait d'elle une envieuse.

Le soir de ce même jour, personne ne soufflait mot encore d'un départ. La musique vint remplir la plus grande partie de cette soirée. Notre châtelain adorait placer une partition de Rossini sur le pupitre, s'asseoir près du piano, et, guidé par les paroles, battant du pied la mesure, chanter de mémoire tour à tour toutes les parties, sans connaître une seule note des clefs de *sol* ou de *fa*. Musicienne, la comtesse se prêtait volontiers, comme moi, au rôle d'accompagnateur. Les souvenirs du Théâtre-Italien venaient colorer, accentuer la partie vocale. C'était tour à tour Lablache et Rubini, puis la

Sontag, la Pisaroni, ou la diva Pasta, que, par une sorte d'imitation, tenant à la vivacité du souvenir, le geste, la physionomie et la voix du chanteur nous indiquaient.

Les heures pour Berryer s'écoulaient ainsi délicieusement. Souvent quelque anecdote surgissait, qui, comme un point d'orgue, suspendait l'exercice vocal. Cette fois, ce fut en feuilletant l'opéra du *Barbier*, que tout à coup son séjour à Bade en 1836 et sa rencontre avec la charmante Sontag, devenue comtesse Rossi, lui revinrent en esprit.

Sur un théâtre de société, on voulait représenter une pièce de Scribe, *les Premières Amours*. Or, la Sontag ne consentit à remplir le rôle de jeune première que si, à son tour, le grand orateur se laissait enrôler, en acceptant celui de père noble. Le traité fut conclu, et, lors de l'exécution presque impromptue de l'œuvre, le seul reproche qui se pût adresser à Berryer, qui avait joué, assurait-on, avec un naturel exquis, était d'avoir donné à son rôle certain caractère qui troublait le spectateur. On arrivait à confondre parfois le père et l'amoureux, tandis que, précisément, le jeune premier, lui, remplissait son rôle d'une façon toute paternelle.

Il y a dans la pièce une situation où, pour conquérir son consentement au mariage, la jeune fille demande à son père ce qu'elle pourrait faire pour lui plaire. Une délicieuse surprise avait été préparée au public. D'accord avec l'orchestre, Berryer tira de sa poche une feuille de musique, qui n'était autre que la cavatine du *Barbier de Séville*. En reconnaissant la ritournelle, les spectateurs éclatent en transports. La cantatrice, après une courte hésitation que le père sut faire cesser, entama une fois encore cet air d'*una voce poco fa*, qui lui avait valu tant de succès scéniques.

« Oh! que j'aurais aimé être là! s'écria Mme de T..., jouir de ces accents, et surtout... voir jouer ce père qui n'en était plus un! Comme vous aimez le théâtre, monsieur! Je l'ai constaté il y a longtemps. N'étais-je pas en votre compagnie dans une avant-scène des Italiens, lorsqu'un soir, l'illusion fut pour vous si complète, que, debout et vous adressant à la Pasta, vous vous êtes écrié : « Ah! cara!!! » Oui, monsieur, et toute la salle vous a entendu.

— Quelle exagération! reprit en riant Berryer.

— Est-ce surprenant, avec cette voix qui sonne comme une cloche? Comment pouvait-on ne pas vous reconnaître? Tout le monde se retournait, et je me cachais. Ce public croyait peut-être que vous commenciez un discours. Voyons, dites la vérité. Je suis certaine que vous avez eu des velléités prononcées d'aborder le théâtre!

— Pourquoi le nierais-je, madame?

— Oh! je suis là pour l'attester, s'écria Rikomski.

— On ne te consulte pas, mon bon ami.

— Non; mais j'atteste et je circonstancie. C'était sous le règne de la belle Émilie Contat, — alors un magnifique soleil couchant, — un peu forte par exemple. »

Ici le geste descriptif achevait la phrase.

« Richomme, tu es un être insupportable; un bavard, qui ne sait ce qu'il dit. »

A cette attaque, Rikomski réplique avec bonne humeur :

« J'ai encore de la mémoire, et j'aime à la produire. je n'ai plus que cela!

— Allons, allons, séparons-nous, fit Berryer, je dois me lever tôt. Je pars avec MM. Artaud et Roger qui, prudemment, se sont retirés il y a une heure déjà. — Mesdames, avez-vous des ordres à me donner pour Paris? »

Sans répondre, la comtesse prit un air boudeur.

« Revenez vite, dis-je, souriant au souvenir du commentaire que j'avais recueilli, dans la journée, de ce voyage subit.

— Je ne serai que vingt-quatre heures, » acheva le châtelain en baisant la main de la jolie veuve.

Gagnant nos appartements, Mme de T... me demanda si j'avais sommeil, se déclarant pour sa part terriblement éveillée.

« Entrons chez moi et causons, dis-je.

— Vous êtes aimable et j'accepte, » fut sa réponse.

Puis, par la pensée continuant la soirée, la comtesse me demanda comment je m'expliquais le vif attrait qui poussait l'un vers l'autre Rossini et Berryer.

« Rien n'est plaisant comme l'épanouissement de ces deux visages lorsqu'ils se rencontrent.

— Ma chère, pour qui les connaît bien, répondis-je, cela s'explique par des affinités d'esprit et des aptitudes semblables.

— En fait d'affinités, reprit la veuve, je les soupçonne fort, l'un comme l'autre, de ne pas cultiver la désespérance; ils n'acceptent d'ennuis que l'inévitable; de l'amour que les plaisirs. Enfin, tous les deux prennent la vie du bon côté. Mais vous m'accorderez que ces analogies, dans les esprits et les goûts, ne modifient pas la diversité de nature de ces deux hommes éminents. L'orateur demeure indifférent, répulsif même aux intérêts d'argent, généreux au delà de sa fortune; tandis que le musicien devient de plus en plus parcimonieux, avaricieux, oubliant complètement les chiffres de ses recettes. J'opposerai encore la sensualité gastronomique de ce dernier à la sobriété du premier, dont les recherches de table sont toutes en l'honneur de ses hôtes. Voilà de terribles différences!

— Ma chère belle, ne savez-vous pas comment notre Berryer se plaît à ignorer ce qui pourrait amoindrir l'estime où il tient les gens qu'il aime? Ces deux illustres ont reçu en naissant le même don; ils ont le pouvoir d'émouvoir et de passionner les humains. Ils parlent une langue différente, mais tous deux sont des charmeurs. Lorsqu'ils se rencontrent, Rossini entend la façon chaude et intelligente dont son génie est compris, et il se sent tout à fait heureux. Notre ami, de son côté, n'éprouve-t-il pas alors cette jouissance intime que l'on goûte dans l'exercice de ses facultés? Ce n'est pas avec tout le monde que l'on peut être éloquent !

— Accordé ! je jugeais superficiellement. »

Je continuai à parler, oubliant l'heure avancée de la nuit, tout en insistant près de la comtesse sur les effets prodigieux de l'art oratoire. « N'est-il pas vraiment magique, disais-je, de réussir par un acte de la volonté à transmettre à qui vous écoute toutes vos impressions, à faire rire ou pleurer, jouir ou souffrir, haïr ou aimer ?

— Je ne conteste pas ; seulement expliquez-moi alors comment une femme peut résister à l'amour qu'elle inspire, s'il est dépeint éloquemment ?

— Chère comtesse, fis-je en riant, tout en arrangeant mes cheveux pour la nuit, c'est là précisément ce que je désirais vous demander. »

Rougissant légèrement, sa réponse fut :

« Je vous devine. Aussi bien je suis aise de saisir cette occasion d'éclairer des doutes que je lis parfois dans vos yeux. Venez avec moi, je vous confierai la lettre même reçue au moment de venir ici. »

Toutes deux, marchant sur la pointe des pieds, nous gagnâmes l'appartement de la comtesse ; là, dénouant un ruban qui réunissait quelques feuillets, consultant les dates, elle me remit une lettre du 1er août.

« Emportez-la avec vous, dit-elle ; je ne saurais en ma présence voir lire de telles douceurs ; mais vous me la rendrez, » fit-elle, me menaçant du doigt, et laissant échapper une partie de ses papiers.

Je me précipitai pour les ramasser.

L'aimable Lucy dit en riant :

« Vous les tenez? eh bien! emportez ces lettres, elles marquent diverses époques; et maintenant, bonsoir, Elma! Je suppose que nous venons de souffler sur le flambeau de la cérémonie. »

Ma réponse fut un baiser. Je m'enfuis, ayant hâte de m'enfoncer dans ma lecture; en gourmet, je réservai pour la dernière la lettre la plus récente, et je pris celle datée de 1837, adressée à Mme de T... en Angleterre, où elle assistait au couronnement de la reine Victoria.

Jeudi matin 1837.

Ne croyez pas que j'en aie parlé seulement pour me mêler à la conversation ou pour mettre en scène un acteur de plus, dans cette journée des brancards, où tout le monde partait pour Boulogne. Ce n'était pas même un simple désir, mais bien un projet très arrêté et qui s'exécutera; aussi je vous demande de n'oublier pas de me dire de Londres, quand vous serez à Brighton, et combien de jours vous y comptez demeurer. Ce n'est pas que je me plonge en des rêveries sur votre façon si gentille de m'appeler ou sur le charmant cantilène de Mme de X..., qui met, dites-vous, traîtresse, grand prix à ma venue. Hélas! hélas! je commence à ne plus voir les choses de la vie que ce qu'elles sont, et, sceptique consciencieux, je ne marche plus ferme et confiant dans ces belles espérances que j'ai vu quelquefois faire de l'avenir; pourtant vous avez toujours grande raison de dire: Il fera ce que je veux; pourtant je ne cesse de murmurer contre ma sottise, et l'*enfin c'est égal* a toujours le même accent et porte en lui le même remords.

Y a-t-il rien, en effet, de plus ridicule que d'être aux yeux du monde comme si... et de n'être pas en effet comme ça.

Mais n'est-ce pas que la marquise est bien charmante à écouter tout un jour, et délicieuse à voir cheminer nonchalamment au bord des grandes lames noires de la mer et sur les difficiles galets? Et puis vous me promettez bien un peu de soleil à Brighton?

Bah! ne vous ai-je donc jamais parlé de mes courses sur les rives de l'Océan, de la marée d'équinoxe à Saint-Malo, où j'ai manqué périr? j'avais vingt-trois ans; d'une cloche qui sonna au milieu de la nuit avec un interminable vacarme et mit sur pied toute une maison, à mon grand embarras! Et entre Boulogne et Calais, en un lieu qu'on appelle Ouessant... Mais je vous ai dit tout cela.

En somme, l'Océan est grand, et son bruit et sa mauvaise odeur me plaisent aux jours sérieux, aux jours de pensées jetées au delà de l'horizon du monde ; mais les idées de vie, de joie, d'amour, oh ! c'est l'onduleuse et caressante Méditerranée qui les colore et les rajeunit.

Allez donc vous promener au cap *Griné*, que je n'ai pas vu depuis vingt ans, asseyez-vous un moment au haut de cette falaise, et vous me direz s'il ne vous vient pas envie de bondir ; j'ai vu de ces mouvements-là en ce lieu.

Enfin, notre Chambre est fermée ou plutôt vidée ; mais, à mon grand ennui, je suis pris pour quatre jours par un long et fastidieux procès. J'ai vu X..., qui attaque et tue le ministère aujourd'hui même.

Dites-moi de Londres qui va à Brighton. A Brighton ! là le revoir, là mon dépit, là comme ici ma tendresse et ma joie quand même... L'heure de l'audience sonne, dites donc à la marquise quelque JUDICIEUSE et agréable parole, selon ma pensée.

BERRYER.

Après cette lecture ma curiosité cherchait à éclaircir si le ton de la correspondance entre Berryer et la comtesse, devenue veuve, était demeuré le même. Le court billet suivant me tomba sous la main, daté de 1838.

Chère, ah bah ! il faut appeler les choses par leur nom ; vous, la plus aimable de toutes, dites-moi si vous voulez de moi et à quelle heure, je serai exact. En tous cas, redites-moi en quel lieu se donne le concert, je me le suis fait dire cinq ou six fois, et je l'ai six fois oublié ; mais aussi pourquoi ne parlons-nous que de choses aussi indifférentes ?

« *Shake hands.* »

Dans ce billet s'en était glissé un autre plié en pointe.

Chère, puisque hier au soir vous étiez moins souffrante, et ne manquiez que de la force de laisser tresser vos cheveux, vous pourrez sortir aujourd'hui. Je croyais n'être libre qu'à quatre heures, mais je le serai beaucoup plus tôt. Ne voulez-vous pas que nous visitions le musée Isabey, au grand jour ? Et ne pourrions-nous pas nous donner l'amusement de voir quelques autres raretés ? Dès une heure je serai à vos ordres ; si donc vous pouvez sortir plus tôt, faites-le dire, commandez et il vous sera obéi.

Je suis peut-être un grand sot, je ne vous ai pas dit mot, avant-hier, de la charmante lanterne. C'est tout ce que je désirais avoir, c'est un de ces petits bonheurs que je goûte encore avec joie d'enfant. Comment ne vous en ai-je pas dit merci ? Il faut qu'en vous voyant, j'aie pensé à tout autre chose qu'à la joie du cadeau. Serait-il donc vrai, qu'il n'est pas vrai, que ce me soit égal ? Ah ! *povero !*

A bientôt, je vous baise les mains.

Enfin la lettre la plus récente.

Août, Augerville.

Chère ! (car sans illusion, je supprime le possessif), tout ici est en fleur et l'air est parfumé ! ne nous viendrez-vous pas ? Ils sont si bons les jours où je vous regarde marcher dans votre liberté ! Rien n'est plus charmant à contempler, et plus riant à aimer. Si vous ne venez de suite, aumônez-moi d'un petit mot bien amical. Vous êtes du petit nombre de personnes dont mes pensées les plus chères peuplent ma solitude, et que je fais converser avec moi, en regardant couler l'eau, ou écoutant bruire le vent dans les arbres. Envoyez-moi quelques bonnes paroles à mêler à celles que je vous prête ; faites-moi voir que mes rêves ne sont pas mensonges, ni vos promesses non plus.

Adieu, vous que j'aime à part, et à travers tous les goûts, toutes les passions, toutes les joies, tous les entraînements de ma vie. Objet de regret, de dépit, de contentement, admiration et charme. Je vous envie à tous, et ne suis point jaloux. J'ai bonheur à ce qu'on vous aime et vous comprenne, et voudrais cependant qu'il n'y eût que moi qui vous fus bien « *Your for ever* ».

BERRYER.

De quel nom baptiser cette singulière intimité ? me demandais-je en repliant les lettres ; une flirtation ? Non, c'est un sentiment, une espérance, élevée à sa plus haute puissance...; et, sans avoir trouvé à la chose un baptême qui me satisfît, je m'endormis.

Le lendemain, Berryer partit ; nous trouvâmes à propos, Lucy et moi, de consacrer la journée à la châtelaine, nous réservant la soirée. La poste apporta l'annonce positive de la venue du prince de Belgiojoso et du virtuose Géraldy. Engagées d'avance, la comtesse et moi, à assister à la comédie qui se jouerait prochainement au château de P... par une excellente troupe d'amateurs, nous prétendions ne pas renoncer à ce divertissement. Or, il était dans les habitudes du château de ne préciser ni les arrivées ni les départs. Cependant j'insistai en demandant si les musiciens indiquaient un jour précis.

« Géraldy s'annonce pour la fin de la semaine, se déclarant certain d'entraîner le prince. Je pense, ajouta Mme Berryer, qu'ils nous donneront le samedi et le dimanche.

— Quelle bonne fortune musicale! m'écriai-je : ténor et basse !

— Qu'est-ce donc qui a pu entraîner votre basso-cantante au mariage? demanda Lucy.

— Il ne saurait l'expliquer lui-même, fis-je, me tournant en riant vers la maîtresse de céans, car il aimait ailleurs. Ne le savez-vous pas, madame? Il a la passion loquace, se confie à tout le monde; il ne la tairait donc qu'à vous seule ?

— Allons, ma chère Elma, vous vous plaisez à taxer de folie mon pauvre Géraldy. Bien reçu à Augerville, enthousiaste dans l'expression, il aura rendu ses sentiments de façon à induire en erreur ceux qui ne savent pas que je suis une vieille femme, et que Mme Géraldy est jeune et jolie.

— Est-ce l'acte de naissance qui règle les sentiments? demanda la comtesse.

— Du moins, répartit Mme Berryer, il n'y a aucune tricherie de ma part. Dieu sait, mesdames, que je ne me suis jamais rajeunie d'un jour... que dis-je ? d'une heure !

— Oh! m'écriai-je, ce serait plutôt le contraire ! Pardonnez-le-moi, mon excellente amie, il me semble parfois que c'est une petite taquinerie conjugale que vous exercez, ayant précisément le même âge que votre mari. »

Elle sourit, sans me contredire. Assez franche, elle ne

s'épargnait guère. Cependant, subissant une sorte de routine, elle ne s'étonnait pas de plaire encore. Ses toilettes de couleurs sombres étaient sans prétentions à la jeunesse, mais l'élégance des détails y donnait de l'intérêt ; l'éclat du teint, le brillant des yeux bleus, aux larges prunelles, rendaient le visage agréable à regarder.

Notre causerie fut interrompue par un bruit de carambolages incessants venant de la salle de billard. Ouvrant la porte, nous trouvâmes Rikomski, qui, seul et en manches de chemise, se démenait comme un beau diable pour perfectionner son jeu, prétendait-il.

Sa perruque était posée sur un affreux buste en plâtre de Louis XVIII. Il l'apostrophait violemment, lui reprochant la charte de 1815, ses billes manquées et les malheurs de Charles X. Passant ensuite brusquement à *notre Henri*, nom qu'il prononçait toujours emphatiquement, — il chanta en larmoyant : — *Quand le bien-aimé reviendra !* — puis finit par se coucher sur une des banquettes placées autour du billard, en s'écriant : « Mon Dieu, mon Dieu, si Berryer m'entendait ! » Un fou rire termina la scène.

Pour le ramener au sérieux, on lui annonça qu'il allait avoir l'honneur de nous servir de nautonier. Ce plaisir le laissait très froid. Habile rameur, par paresse, il dissimulait volontiers ce talent. Parmi les folies qu'il débita en naviguant, il donna un libre cours à son hostilité contre les promenades en bateau. « Je prétends, nous dit-il d'un ton de confidence, donner à ce sujet un avis indirect au seigneur d'Augerville Mais, diable ! il y faut des détours, pour donner des conseils : avec nos grands hommes comme avec nos rois ! Je le ferai en chantant, comme à l'Opéra-Comique.

— Oh ! je vous vois venir, Rikomski, interrompit Mme Berryer ; vous brûlez d'envie de nous faire connaître quelques petits vers nouveaux ; vous avez toujours mis beaucoup d'amour-propre à votre talent pour le couplet. Chantez donc, mon cher. »

Sans se faire prier davantage, abandonnant la rame, gesticulant, il entonna d'un air héroïque :

> Je veux, sur l'amoureuse rive,
> Brûlant d'immortelles clartés,
> Fixer la course fugitive
> Des éternelles voluptés !

« Que signifie ce galimatias, s'écria la châtelaine, où avez-vous donc pris cela ?

— Moi, madame, je trouve cela grandiose. Remarquez que c'est l'orateur qui parle ! A mon tour maintenant, la leçon indirecte. Et prenant une voix flûtée : Attention, mesdames !

> Sur les eaux quand l'amour s'expose,
> Un rien peut le faire périr...
> C'est sur une feuille de rose
> Qu'il navigue vers le plaisir !

« Remarquez ce vers, répétait-il : « Un rien peut le faire périr... »

Et nous applaudissions.

« Je voudrais, reprit-il, faire passer le goût des promenades aquatiques, amener le seigneur de ces lieux à mettre du vin dans son eau...

— Voyons, galant batelier, rentrons, dit d'un ton moqueur la châtelaine, et je conviendrai qu'en fait de chansons, vous en avez fait de meilleures que celle-là.

— Je ne dis pas non, madame, je ne dis pas non. »

Et, comme nous abordions, il sauta vivement à terre, d'où il cria :

« Le couplet que je viens d'avoir l'honneur de vous chanter, est de la façon de M. Dupaty, membre de l'Académie française. » Puis il se sauva, triomphant du succès de sa mystification.

Le soir venu, nous pûmes enfin causer avec abandon, Lucy et moi.

« Voilà, dis-je, en lui restituant ses lettres, qui de votre part, prouve un puissant charme de captation, et, chez l'homme, des nuances vraiment délicates dans ses sentiments. J'y constate aussi ce discernement que La Bruyère déclare ce qu'il y a de plus précieux, après les perles et les diamants. Toutefois, le jeu demeure dangereux.

— J'en conviens ; mais la raison me crie sans cesse que nos rapports d'affection ne doivent pas se transformer. — Je me ris des fausses suppositions, et quant à ma victime, faut-il la plaindre ? N'a-t-elle pas l'air heureux en ma compagnie ?

— Voulez-vous, dis-je, chère Lucy, connaître un des grands charmes de vos relations ? Il naît précisément de ce que l'homme fait retrouve près de vous des impressions de sa jeunesse ; il désire, sollicite, espère et désespère, et puis... et puis... faut-il tout expliquer ?

— Je vous en prie, pas de réserve.

— Bénissez, ma chère, les nombreuses distractions qui sauvent la position. Voyez, comme s'il n'était pas déjà favorisé par d'aimables compatriotes, la Russie, dit-on... car vous n'ignorez pas ce que tout le monde sait ? un de ses colosses de neige brûle pour lui d'une flamme diplomatique !

— Oh ! pas autant que cela, j'espère, interrompit la comtesse en me fermant la bouche avec la main.

— Quoi ! seriez-vous jalouse ?

— Non certes ; mais cela ne me plaît guère. Je préférerais ne pas y croire.

— Lucy, Lucy ! C'est là cependant ce qui préserve votre idéal.

— Que vous avouerai-je ? *vorrei e non vorrei !* »

Ainsi se montrait le bout de l'oreille féminine.

En nous rejoignant le lendemain, Lucy déclara avoir peu dormi.

« J'ai médité, dit-elle ; avec profit ! j'espère. Décidément, cher Mentor, je trouve vos raisonnements topiques.

— Je devrai donc, imitant Rikomski, m'écrier : Ciel ! si Berryer m'entendait ! »

Mais il n'avait rien entendu, et, comme c'était annoncé, il revint dans la journée, joyeux de nous retrouver. En quittant Paris, avait-il été attristé? Je l'espère pour lui. Il aurait ainsi goûté le même jour les deux bonheurs que peut donner l'amour : larmes et sourires ! — la tristesse de l'adieu et la joie du retour.

« Réparons le temps perdu ! s'écria le voyageur d'une voix animée. Nous pouvons, avant le dîner, faire une belle promenade. »

Et nous nous mîmes en marche. Rien ne languissait. Comme nous approchions du château au retour, Berryer, s'emparant du bras de la jolie comtesse, lui adressa d'une voix émue ces deux vers de Musset :

> Si je vous le disais, pourtant, que je vous aime,
> Qui sait, brune aux yeux bleus, ce que vous en diriez?

— Sans hésiter, je vous dirais : « Monsieur, vous êtes un infidèle ! » puisque jamais on ne vous a connu le cœur inoccupé !

— Voilà qui s'appelle taper sur les doigts, fit Berryer regardant Lucy tendrement. Puis se tournant vers moi :

— Me traiteriez-vous aussi durement, chère, si j'introduisais en variante : « blonde aux yeux noirs? »

— Oh! moi, je répliquerais : « Ce qui vous charme particulièrement dans cette délicieuse déclaration de Musset est l'élasticité de la dédicace. Voyez toutes les variantes auxquelles se prête le thème : — Rousse aux yeux verts, blonde aux yeux bleus, brune aux yeux noirs...

— Assez, assez ! cria Berryer.

— Et, continuai-je, cela ne vous coûte que la peine d'en varier l'accent. Asseyons-nous un moment sur ce banc avant de rentrer, et veuillez, monsieur, nous dire la pièce de vers en son entier. Entre la brune et la blonde, la situation devient critique et digne de votre talent. »

Il faut en convenir, ce fut dit, détaillé, révélé, avec un art incomparable. L'émotion, l'organe, tout y concourait. Quels regrets que le poète ne fût pas là pour jouir de cette diction merveilleuse !

Encore émue de cette déclaration poétique, dont à bon droit la comtesse s'attribuait la chaleur pénétrante, rien ne pouvait tomber plus à propos, pour rompre la chaîne d'idées et de sentiments qu'on venait d'éveiller, que l'arrivée d'Eugène Delacroix, que nous trouvâmes installé auprès de la châtelaine. Nouvel élément venant se mêler à notre intimité. La vie mondaine se trouve ainsi tissée qu'elle sauvegarde souvent nos bonnes résolutions. L'éminent artiste reçut de nous tous le plus cordial accueil. Berryer mettait quelque amour-propre à répéter que lui et Delacroix étaient cousins. Les séjours trop courts que l'on pouvait obtenir du grand artiste étaient employés en bonnes causeries et en promenades que l'on alternait avec la musique. Pour le peintre comme pour l'orateur, une passion musicale véritable mêlait cet élément à tous leurs plaisirs. Ce fut même la base de leurs premières relations. Une similitude de goûts les attirait dans le même monde. Bientôt ils purent apprécier les rapports qu'établissaient entre eux la délicatesse du tact, la finesse de l'esprit, la fierté des sentiments. Ils ne vivaient pas de la même vie; la politique entraînait l'un vers le monde extérieur, tandis que le travail artistique retenait l'autre chez lui. Cependant, un lien d'estime affectueuse s'était formé. Une visite au château d'Augerville en était un témoignage annuel. Delacroix y venait sans crayons ni pinceaux; il avait promptement constaté l'impuissance absolue du châtelain à comprendre la peinture. Pour cette intelligence, si bien douée d'ailleurs, c'était lettre close. Il ne possédait pas même cette sorte de science superficielle qui s'aiguise en visitant les galeries et les collections de tableaux. Il fallait qu'il en fût ainsi pour supporter, sans souffrir, la vue des détestables portraits placés sous ses yeux. Il eût poignardé ces méchantes toiles, s'il eût été connaisseur ou simplement amateur.

Il venait cependant d'orner son salon d'une réduction bien faite du tableau de l'*Entrée d'Henri IV*, par Gérard. Cela remplissait tout le panneau du fond. Berryer y promenait avec complaisance ses regards, mais en propriétaire greffé de royaliste, et non pas en artiste.

Delacroix, aimable, séduisant, d'une politesse exquise, sans aucune exigence, jouissait pleinement à Augerville d'une sorte de vacance qu'il s'accordait. Il se prêtait alors à toutes les distractions; très empressé aux promenades, à cette seule condition qu'il lui fût accordé le temps de se costumer. Irait-t-on en bateau, à pied ou en voiture? Aussitôt la décision prise, il s'éclipsait, puis reparaissait, ayant combiné ses vêtements pour affronter soit la mer de glace, le soleil du désert ou le vent de la montagne. Cette manœuvre nous divertissait, ayant découvert, par une de ces trahisons du séjour à la campagne, que sur son lit demeuraient étalés des gilets, des cache-nez, des coiffures, numérotés et correspondant aux degrés du thermomètre. Nous ignorions alors de quelle déplorable délicatesse de larynx il était affligé.

A le voir ainsi affublé, on riait, mais en sourdine; on n'aurait pas osé le traiter en bon enfant; la cordialité, chez lui, était teintée d'une nuance de cérémonie. Récemment, j'avais assisté à une petite scène de salon qui n'avait pas nui à l'estime où je tenais son caractère.

Il avait été invité d'une manière pressante à venir dîner chez la princesse de Belgiojoso, à Port-Marly, où elle avait loué une campagne. Delacroix admirait cette beauté intelligente sans se sentir attiré par elle; les formes amples, les tons riches des femmes d'Orient, voilà ce qui l'inspirait. En face de cette pâleur marmoréenne, de ce corps effilé comme celui des saintes dans les œuvres gothiques, de ces yeux immenses dont les paupières ne palpitaient point, il répétait : « C'est beau! très beau! » et demeurait froid. Le sourire seul, disait-il, lui rendait le sentiment d'un être vivant et féminin.

Donc l'artiste se laissait prier par la belle personne; sa réserve habituelle le tenait hésitant; seule, son excessive politesse le fit céder. Quant au jour indiqué, ce serait celui qui lui conviendrait; aucune échappatoire ne lui était laissée.

Vers six heures du soir, un jour d'été, Delacroix entre sans bruit dans le salon, où la princesse, très animée, livrait bataille contre Bixio, homme de lettres et politique, qui savait fort bien se défendre. Les lutteurs s'arrêtèrent un instant; puis, après une bienvenue très accentuée, très flatteuse, la discussion, suspendue un instant, reprit avec un redoublement de chaleur.

La princesse soutenait en tout et pour tout la supériorité de son pays sur le nôtre. Son esprit passionné n'admettait aucune concession. Bixio répliquait :

« Le Français ose plus, il ne garde pas son opinion en poche ou dans son âme, comme disent volontiers les Italiens; c'est tout simple! Depuis longtemps, en ce pays-ci, les hommes ont cessé de vivre opprimés comme le sont vos compatriotes, princesse; le Français est plus franc, plus vrai... »

Haussant les épaules et devenue agressive :

3

« Je ne comprends pas, monsieur Bixio, dit-elle, qu'étant d'origine italienne, vous osiez porter un tel jugement! »

Bixio, riant, ce qui exaspérait la belle Milanaise, répondit :

« Je ne doute pas qu'une fois passionnés, les Italiens ne se battent bien pour soutenir une cause; mais ils ne le feront pas de sang-froid, par principe...

— Par principe! s'écria la princesse, bouillante de colère, qu'entendez-vous par là? Quel est le principe, pour un Français, qui ne fléchisse pas devant un dîner? »

Ce trait malheureux, inexcusable, échappé à la violence, reçut promptement sa punition. Un silence glacial le souligna. Delacroix se leva tranquillement et se dirigea vers la porte du jardin. Lorsqu'on annonça le dîner, Mme de Belgiojoso envoya Pietro, son domestique, prévenir le convive absent. Après un instant d'attente, le serviteur revint et déclara que le monsieur était parti. Le reste de l'explication se fit en milanais.

Le repas fut maussade. Un sentiment de solidarité faisait à tous ressentir l'offense. Plus que personne, la princesse eût voulu anéantir ce propos inqualifiable, si contraire à son sentiment hospitalier.

Mais il n'était pas dans son caractère d'avouer un tort, d'exprimer un regret. Combien ce langage était éloigné de la considération qu'elle témoignait aux hôtes distingués qu'elle recevait! il était tout à fait opposé et tout à fait en contradiction avec ses procédés de simplicité affectueuse et hospitalière. Aussi les convives demeurés près d'elle ce jour-là se prêtèrent, en souvenir du passé, à l'oubli d'une parole visiblement échappée à la colère.

Mais Eugène Delacroix, nouveau venu, atteint par ce que l'attaque avait de général, ne put y trouver d'excuse. Jamais il ne retourna chez Mme de Belgiojoso, tout en ayant le bon goût, soit à la rencontre, soit en parlant d'elle, de paraître avoir oublié l'épisode.

Nous en eûmes, à Augerville, la preuve immédiate par une conversation qui s'engagea sur l'étude des écritures comparées.

Berryer expliquait un travail curieux entrepris par M. le comte de Falloux, précisément sur cette science quasi-chiromancienne. Se rencontrant en Suisse avec le comte, Berryer mit sous ses yeux une lettre écrite par la comtesse de T...

« Je ne répéterai pas, continua le châtelain, s'adressant à elle directement, tout ce qui m'a été dit sur cette fine écriture; mais on a conclu en demandant comme une faveur d'être présenté à celle qui l'avait tracée.

— Ma petite écriture est fort glorieuse, répondit Lucy, surtout, mon cher ami, de sa ressemblance avec la vôtre; autrement j'imaginerais qu'il y a supériorité dans les bonnes grosses écritures lisibles. Est-ce une parenté d'esprit? Voyez l'écriture de monsieur, ici présent (désignant Delacroix), de Musset, de George Sand, de Mme de Belgiojoso; on ne peut nier une ressemblance dans le tracé des lettres. »

Paraissant porter, pour la première fois, son attention sur ce sujet, Eugène Delacroix réfléchit un instant, puis il dit :

« Effectivement, il doit y avoir de certains rapports intellectuels entre les deux femmes que vous venez de nommer; les fronts sont également beaux dans leur développement; mais le bas du visage, chez la princesse, est plus fin, plus distingué, et le charme des fossettes, ajouta-t-il en souriant, diable! il en faut tenir compte. »

D'après cette appréciation, on voit comment le côté artistique, chez le peintre, primait et grief et préférence, si ce qui se disait en ce moment des relations de George Sand avec Delacroix était fondé.

Une fois la curiosité éveillée, chacun parla d'aller chercher dans son portefeuille quelques sujets de comparaison. Une lettre de Rossini fut réclamée. J'entraînai le peintre chez moi pour lui montrer combien, dans l'écriture du châtelain, était marquée la disposition ascendante des lignes, remarque qu'il n'avait pu faire dans les courts billets qu'il tenait de lui. « Cela indique, expliquai-je, dans cette science de l'écriture, une nature heureuse, disposée à l'espérance, confiante dans l'avenir. »

Comme Delacroix examinait attentivement la lettre que je venais de placer entre ses mains :

« Lisez-la, lui dis-je, elle est adressée, par mon intermédiaire, à un magistrat de mes proches parents ; elle donne précisément la note de l'élévation de sentiments, de la générosité de caractère de l'homme qu'à bon droit nous aimons. »

L'offre fut acceptée avec empressement.

Paris, 1840.

Chère, il serait trop tard pour prendre une autre résolution, l'affaire doit être plaidée à Lille aujourd'hui même. Je ne saurais, d'ailleurs, regretter de ne point avoir accepté cette cause. J'ai dû agir ainsi que je l'ai fait. M. le conseiller se trompe, en jugeant la question du point de vue du ministère public. Il n'existe aucune solidarité entre les membres de la Chambre. Le devoir d'un avocat qui y siège, n'est pas de faire châtier toutes les fautes de collègues dont la nomination peut être un tort des électeurs. L'avocat n'est pas, comme le magistrat, gouverné par l'obligation de faire faire justice de toutes personnes, de tous criminels. Son ministère est libre, et ce n'est pas céder à de légers scrupules, quand on refuse une cause par un motif même personnel. Ici je ne veux pas être accusé de m'être complu à faire sévir contre un adversaire politique, je voudrais moins encore qu'on pût croire que j'aurais été excité par les offres qu'on m'est venu faire.

Je ne suis pas l'avocat de tous, mais de qui je veux, et j'use de cet heureux privilège, quand il me serait pénible d'attaquer un homme avec lequel j'ai eu des relations même éloignées. A d'autres la rigidité des devoirs ; ma profession ne m'en impose pas de semblables, et j'aime toujours peu me porter accusateur. Je n'ai jamais rempli ce rôle que contre mes naturelles dispositions.

A ce soir, mais toujours tout à vous.

BERRYER.

On nous cherchait, on nous appelait. Delacroix me serra affectueusement la main, en me restituant l'autographe.

En étudiant l'écriture du grand maestro au salon, Mme de T... prétendant y lire tout un caractère, semait le portrait de traits malicieux. Voulant mettre fin à cette étude au scalpel, qui blessait l'amour passionné de notre châtelain pour ce génie musical :

« Laissons là les écritures, s'écria Berryer ; passons à l'étude des compositions! »

Ce fut à moi d'occuper le piano. A demi-voix, je demandai à la comtesse, lorsque son tour viendrait, de nous jouer du Chopin. Elle y excellait, et je désirais faire naître l'occasion de parler sur ce personnage.

Nos deux amateurs, constituant le public, se disposèrent à écouter attentivement. Placés l'un vis-à-vis de l'autre, le contraste physique qui existait entre ces deux hommes était singulièrement mis en lumière.

Eugène Delacroix, mince, de taille moyenne, d'une tournure distinguée, paraissait délicat. La pâleur de sa figure s'accentuait par l'encadrement de cheveux très noirs, la ligne des sourcils et la couleur foncée des prunelles, que voilaient de longs cils frisés. La forme du nez était régulière, le sourire fin et serré, quoique les dents fussent jolies. Après cette esquisse, faut-il répéter ce qui quelquefois se disait à voix basse, que cette pâleur d'une teinte jaunâtre et ce sourire bridé tout particulier pouvaient faire songer au prince de Talleyrand ? Était-ce là l'effet de ce que l'on appelle communément un regard? Du temps du Directoire, le prince avait beaucoup contribué à faire nommer ministre aux affaires étrangères le père de Delacroix, dont la mère était charmante. — En faut-il davantage pour alimenter la médisance ?

Berryer, lui, plein de vie, de force et d'activité, traitait sa santé en esclave. En ce moment, il se préparait au plaisir. Ses yeux brillaient voluptueusement. Son nez, légèrement aquilin, battait des ailes ; ses dents, fortes, d'une éclatante blancheur, éclairaient un sourire épanoui. Les deux physionomies s'accentuaient d'une façon différente, dans l'attente d'une jouissance musicale.

Il fallut d'abord satisfaire l'appétit rossinien des deux auditeurs. Leurs natures contrastées se reliaient sympathiquement au génie du grand compositeur : — tous trois étaient éminemment coloristes.

Après avoir parcouru plusieurs partitions, je feignis de la fatigue et fis prendre ma place à la comtesse. Celle-ci nous prépara, en préludant avec douceur, à l'exécution d'une délicieuse rêverie de Chopin.

Accoudé sur une table basse, notre grand peintre caressait de sa main pâle et nerveuse une abondante et sombre chevelure, à reflets bleuâtres comme de l'acier bronzé. Son regard, à la fois voilé et lointain, semblait atteindre la pensée du compositeur, tandis que le puissant orateur, l'œil humide, sa large poitrine oppressée, troublé par l'étrange harmonie des accords plaintifs, demeurait immobile comme si quelque vision funèbre lui fût apparue. A la dernière vibration de ce ton mélancolique, le silence succéda. Berryer le rompit en s'écriant :

« Quel diable d'homme que ce Polonais ! Il remue les tombes, évoque les morts ! »

Et, prenant Lucy par la main :

« Chère, je vous assure que cette musique est malsaine, très malsaine, » répéta-t-il en ramenant la comtesse près de Mᵐᵉ Berryer, assise sur un canapé.

Celle-ci lui adressa le plus fatteur compliment sous

forme de reproche. Mme de T... avait trop bien joué, en provoquant l'émotion jusqu'à la souffrance.

« Et nous ne voulons pas de cela, continua-t-elle du ton d'une douce raillerie, ni en amour ni en musique. Qu'en pense monsieur Delacroix?

— En effet, madame, le rôle de dilettante n'implique pas celui de désespéré.

— Ce dernier rôle serait-il celui qu'a pris Chopin près de Mme Sand? demandai-je. Dans le monde, on parle d'une passion persistante et d'une ténacité fatigante.

— Il demeure idolâtre, paraît aveugle; enfin, madame, il agit en enfant gâté. »

Telle fut la réponse lancée d'un ton sarcastique.

— Il y a de la faute de Mme Sand, dit Berryer. Pourquoi, dans ses livres, se plaît-elle à revêtir l'amour d'une teinte maternelle? Elle est prise au mot : l'enfant pleure, l'obsède, quand elle veut s'éloigner.

— Mon Dieu, mon Dieu, que je la plains! m'écriai-je d'un ton si lamentable que tout le monde éclata de rire.

— Madame, votre pitié s'amoindrirait, répliqua Eugène Delacroix, à voir comme elle exprime la fatigue de l'ennui. Croiriez-vous que Mme Sand imagina de nous lire un soir, à tous deux, le manuscrit de sa *Floriani*, roman où se retrouvent l'adoration entêtée de Chopin et la bizarrerie de son caractère, peints avec une vérité transparente? Ce héros ne comprend que ce qui lui est identique, n'ayant pas le sens de la réalité; intolérant d'esprit et d'une jalousie effrénée, il est tout naturellement despote. Comme ce héros, cependant, est parfaitement élevé, il persécute la femme qu'il aime poliment et gracieusement sur chaque chose. Il lutte contre les idées. Pour lui, une femme n'existe que d'une manière relative. Il ne laisse aucun moyen indirect à la femme qui n'aime plus de faire connaître ses sentiments; elle ne le peut qu'avec dureté, brutalement même.

« J'étais au supplice pendant cette lecture. »

Et qui a connu Delacroix, être nerveux et susceptible, pouvait aisément s'imaginer ce qu'avait dû être ce supplice.

« Mais, demanda Berryer, pendant cette lecture, que devenait la nature sensitive de Chopin?

— Ma foi, je ne pourrais le dire; le bourreau et la victime m'étonnaient également. Mme Sand paraissait absolument à l'aise, et Chopin ne cessait d'admirer le récit. A minuit nous nous retirâmes ensemble. Chopin voulut m'accompagner, et je saisis l'occasion de sonder ses impressions. Jouait-il un rôle vis-à-vis de moi? Non vraiment; il n'avait pas compris, et le musicien persista dans l'éloge enthousiaste du roman.

— Voilà qui prouve bien, remarqua la comtesse, que, pour être compris, il faut parler aux gens leur langue. A la place de Mme Sand, je mettrais des paroles sur la *Marche funèbre* de Chopin, avec ce titre : « Enterrement de nos amours! » et je placerais la pièce sur son pupitre.

— C'est évident, fit Rikomski, qui, guettant le moment d'entrer en scène, saisissait le joint quand la musique cessait; et je lui dirais, à ce Chopin : « Je n'ai jamais été votre mère; je ne suis plus votre amante; me prenez-vous pour votre nourrice? »

Après s'être amusé de cette sortie grotesque, notre artiste s'approcha de la maîtresse de la maison, et, à voix basse, exprima le regret qu'il éprouvait de son prochain départ.

« Ne parlons pas de cela, s'écria Berryer, dont l'oreille et l'œil étaient prompts à tout saisir, je ne le souffrirai pas! Tous ici nous voulons vous garder. Je propose ce soir de prolonger la veillée, ne vous demandant qu'un quart d'heure pour expédier une lettre, pendant que Mme Berryer nous fera servir un thé, avec faculté de le changer en grog, et nous porterons un toast à la prolongation du séjour de mon cher cousin.

— Bravo! fit Richomme en se frottant les mains; et comme j'ai lu aujourd'hui tout ce qui concerne le procès Lafarge, j'en entretiendrai le monde pendant que le maître fera sa correspondance. Si le président était là en face, je lui dirais : « Interrogez-moi, je suis prêt à répondre à toutes les questions. »

— Allons, ne se croit-il pas accusé! » fit Berryer se moquant et s'éloignant.

Alors, se tournant vers la châtelaine, qui lui était souvent d'une grande ressource :

« Je voudrais bien voir notre Berryer, dit Rikomski, défendant Mme Lafarge. Cet époux n'intéresse personne, tandis qu'elle est fort gentille et distinguée. Ce misérable Pouch, qui pour lui plaire ne trouve rien de mieux que d'orner sa cheminée avec des oranges à clous dorés, comme on en voit chez des portiers! Fi donc! de là, indignation de la jeune vierge, poudre blanche et le reste!

— Ah çà! Richomme, demanda Mme Berryer étonnée, vous la tenez donc pour coupable?

— Oui et non, madame, attendu que Pouch méritait le poison. Mais le grog s'avance, j'abandonne l'audience.

— Cela ne fera pas mal, mon cher, car vous déraisonnez. Je vais aussi me retirer. J'entends mon mari qui revient et chante avec entrain un *buona sera* à quatre voix. Je dis, comme lui, bonsoir à tous. »

Nous nous assîmes autour de la table à thé, riant et parlant tous à la fois. Après un moment de confusion, la conversation revint sur Mme Lafarge. On demandait à connaître sur ce procès l'opinion du grand avocat.

« Vraiment, dit Berryer, plus je vieillis, moins j'ose me prononcer sur la culpabilité d'un accusé.

— Savez-vous, mon cher ami, remarqua Delacroix, que

le ton pénétré dont vous parlez de l'incertitude des jugements humains, même de la part d'hommes éclairés, donne fort à réfléchir sur la peine de mort?

— Oui certes, cher cousin, et je veux à huis clos vous conter un fait personnel, auquel je ne songe jamais sans éprouver une sorte de frisson.

« C'était en juillet 1835; j'avais obtenu un rendez-vous amoureux. Il fallait pouvoir aller et venir incognito, sur la frontière, entre France et Savoie. De là nécessité absolue de posséder un passeport sous un faux nom. Thiers alors était ministre. Je m'adressai à lui; et, sur ma parole d'honneur de n'en pas faire un autre usage, le passeport me fut délivré. Je déroutai si bien mon monde, que mon cher abbé de Lamennais écrivait à cette date, 22 juillet, au baron de Vitrolles :

« Berryer quitte Paris, en quête de quelques mouve-
« ments généreux chez les rois! »

« Au lieu de cela, je passais toute une semaine dans l'ivresse amoureuse; entre autres, nous demeurâmes enfermés trois jours pleins, sans sortir, sans demander l'heure, sans vouloir la connaître.

« Le glas de la séparation sonne enfin! — Je gagne Chambéry, et là, voici le premier mot que j'entends, adressé au postillon qui attelle : « Vous savez la nouvelle? le roi est mort! » Je m'écrie : « Comment! Louis-Philippe? — Oui, monsieur, il a été tué hier dans l'après-midi. » Avec cette rapidité que le danger prête au calcul, tout de suite j'envisage le péril de ma situation. J'accourais à Paris au moment où mon parti réclamait ma présence. S'il était en suspicion, si la police mettait sa griffe sur moi, elle me saisissait muni d'un faux passeport. On m'intentait un procès; impossible de rendre compte de mon temps durant cette dernière semaine. Eussé-je été traîné sur l'échafaud, je devais me taire. L'honneur m'y obligeait. Le même sentiment me forçait à ne point révéler le nom de celui qui m'avait livré le passeport. J'étais pris dans un inextricable réseau de mystère.

« Qu'auriez-vous fait, mon cher Delacroix, si vous eussiez été appelé à me juger ? Me comdamner, c'eût été avoir tort et raison ! »

Se levant avec vivacité, et frappant sur l'épaule de Berryer :

« Quelle sottise de s'exposer ainsi ! interrompit la comtesse; votre histoire rend malade. Qu'allez-vous donc faire là-bas ? »

Entendant cette singulière exclamation, nous fûmes tous pris de fou rire ; et, rougissante, notre étourdie se joignit à l'élan de gaieté qu'elle venait de provoquer.

« N'étant pas sur la frontière de Savoie, dis-je à mon tour, retirons-nous ; il est deux heures du matin ! »

C'était résolument qu'Eugène Delacroix voulait nous quitter. Entre les deux coups de cloche, qui avertissent les appétits du matin, le châtelain s'empara de son hôte, lui demandant instamment de prolonger son séjour.

« Je ne le puis absolument pas, lui fut-il répondu : j'ai donné parole à mon ami Chenavard, qui arpente les galets à Dieppe en m'attendant.

— Quoi ! vous quittez notre compagnie pour celle de ce farouche personnage ? Voilà qui est mal, mon cousin !

— Mon cher Berryer, excusez-moi, ma santé exige cet air salin, et mon esprit y gagnera aussi, dans de longues causeries avec ce farouche, qui est fort aimable, je vous assure.

— Je n'ai fait que l'entrevoir, je n'en puis juger. Je suppose cependant que, sur plusieurs points, nous ne serions pas en sympathie.

— C'est possible, fit Eugène Delacroix, la tête inclinée de côté, comme s'il réfléchissait, et que les deux personnages fussent en sa présence, surtout, mon cher, si votre résistance était volontaire. Il est, je vous le déclare, plus sensitif et pénétrant que Chopin. Quel esprit substantiel et varié ! quelle grâce et quelle souplesse dans les définitions ! C'est absolument comme son crayon.

— Mais enfin, qu'a-t-il fait ? » demanda Berryer un peu impatienté, la qualité de philosophe sous-entendue ne l'attrayant guère.

— Cher cousin, venez me voir : je vous montrerai une simple tête de Christ, que je lui ai soustraite. Elle est accrochée dans mon lit, et y demeurera jusqu'à ma mort. Il est prévenu. »

Berryer parut fort étonné, et n'insista plus.

Le déjeuner servi, la maîtresse de la maison entra, donnant le bras à un nouveau venu qui n'était pas un inconnu. Amédée Hennequin, fils d'une célébrité du barreau, député, ami politique du chef légitimiste, auquel ce père l'avait chaleureusement recommandé, faisait partie de l'intimité à Augerville. C'était une âme droite, honnête, un esprit fin, moqueur, naïf et perspicace. Gauche dans ses mouvements, taillé physiquement à la grosse, la jeunesse le défendait contre la laideur. Son tourment secret était une crainte exaltée, maladive même du ridicule. De complexion amoureuse, il eût désiré plaire, se dévouer peut-être... Mais il entrevoyait l'obstacle, et sa susceptibilité irritée le rendait critique sans indulgence envers les hommes, et timide près des femmes. Avec moi, peu à peu il s'était apprivoisé et me divertissait par des apartés pleins de malice, aussi bien que par les naïvetés sentimentales qui lui échappaient.

Après le repas, à mi-voix, le châtelain dit à Delacroix :

« Les ordres sont donnés. La voiture à quatre roues sera attelée et vous conduira à Étampes. D'ici là, cher cousin, laissez-nous oublier que nous aurons le chagrin de vous perdre. »

Puis, revenant à son jeune protégé :

« Quoi de nouveau, monsieur Médée? fit-il.

— On s'occupe du procès futur du prince Louis-Bonaparte. Cela sera curieux, si le choix de l'avocat dont on parle se confirme.

— C'est bon, c'est bon, jeune homme; je vous entends, je vous devine. Mais vous savez que l'on doit garder le secret même entre confrères. »

Puis, se tournant vers Delacroix :

« Je vous présente, mon cher cousin, un jeune avocat qui, au premier jour, fera son début dans quelque gros procès. En attendant, il est très littéraire, poétique, et hugolâtre. Aussi, je le tiens en garde contre l'antithèse; je l'engage à s'en défier.

— Vraiment, repartit Eugène Delacroix, à la façon dont notre grand poète abuse du procédé, on constate une fois de plus qu'on est fatalement entraîné à verser du côté où l'on penche. Il faut avec effort se bien connaître et se combattre. Ainsi, en peinture, j'étudie, dans les grandes œuvres, la pureté des lignes, particulièrement la maestria du dessin, je m'en pénètre, j'admire! Je lutte ainsi contre la propension envahissante de ma palette.

— Mais, dit Amédée à son tour, M. Victor Hugo peut s'autoriser de l'exemple des anciens. Ils se servaient beaucoup de la métaphore, ainsi que de l'antithèse, et j'ai entendu à Paris, en visite chez Mme Berryer, l'abbé de Lamennais lui-même appuyer beaucoup sur l'heureux effet obtenu par l'antithèse

— L'abbé avait raison, mon cher enfant; les anciens, pour donner plus de clarté aux idées abstraites, les matérialisaient par la comparaison. Aussi de cette forme l'abus seul est à reprendre. La question de quantité n'est-elle pas la loi dominante que nous retrouvons en tout?

— Ainsi, lança malicieusement Lucy, M. Berryer

déclare qu'en aimant il est important de garder la juste mesure?

— Ai-je dit un mot de cela? J'en fais juges tous ceux qui sont ici présents.

— Cependant, d'après votre conseil, il faudrait doser la passion comme un poison?

— Que dites-vous des femmes, monsieur mon cousin? N'est-ce pas à perdre l'esprit? Savez-vous, comtesse, que vous me remettez en mémoire une maxime formulée par l'un de nos amis : « La logique des femmes n'est qu'une insistance privée de toute raison. »

— Oh! l'impertinent! fit en riant aux éclats Mme de T..., qui ne savait résister à un trait spirituel. Nommez-le, je l'exige!

— Volontiers. Mon auteur est Paul de Musset.

— Eh bien, je réplique : La logique, chez l'homme, est insistance appuyée volontiers sur la force. Nous voilà quittes. Je ne fais aucun cas de cette logique masculine dont l'homme se pavane. Au raisonnement je préfère le sentiment. Il peut très bien guider.

— Et vous faire aimer, » ajouta très bas Berryer.

Pendant ce, le jeune Hennequin, philosophe fraîchement enrôlé, mêlait de « ah! » et de « oh! » ses rires étouffés.

Delacroix reprit :

« J'ai connu un homme qui avait été souvent amoureux...

— Fi! que c'est laid! interrompit encore la comtesse.

— Faut-il continuer? demanda le narrateur.

— Oui; voyons, que disait ce monsieur?

— Il assurait qu'en s'étudiant on pouvait toujours découvrir d'où partait en amour le point d'affolement, soit qu'on fût frappé en surprise par des miasmes flottants dans l'air, ou atteint par une fièvre inoculée par un léger contact. Chez une femme, prétendait-il, la beauté n'est que l'enseigne qui nous attire. Ce sera un détail infime, souvent une imperfection, qui exercera la séduction. De même, dans l'intelligence, ce n'est certes pas la logique qui nous domine; ce sera plutôt la grâce dans la déraison. Il y a une telle disproportion en amour entre la cause et l'effet, que, sur ce sujet, vous ne sauriez, la plupart du temps, être absolument sincère, même avec un intime ami. C'est une étude, assurait-il, qui a l'avantage de remplir les intermèdes amoureux, et dont le résultat peut surprendre l'observateur.

— Cet homme est un disciple de Fichte, osa avancer le jeune Médée.

— Mais enfin, dis-je à mon tour, à quoi lui servent ses découvertes, en dehors de l'étonnement qu'il éprouve?

— Ma foi, vous me prenez sans vert, répondit notre grand artiste d'un ton de bonhomie. Seulement, cela peut expliquer la diversité des choix; autrement, il est évident que tous les hommes seraient épris de la même femme, celle qui approcherait le plus de la perfection.

— Voilà qui serait péniblement incommode, conclut sardoniquement le philosophe à barbe naissante. »

Tout en devisant ainsi, on avait gagné les parterres. Marchant un peu en arrière, Berryer faisait remarquer à l'artiste, en regardant Lucy, la grâce particulière de sa démarche. Bien faite, dans des proportions fines et délicates, elle semblait à peine poser à terre; souvent, dans le monde, au bal surtout, l'épithète de sylphide lui était appliquée; la nature, chez elle, avait tout fait avec soin : le teint, d'un pâle rosé, était transparent, le rire perlé; les yeux parlaient; elle était douée, et le singulier sentiment que poursuivait Berryer était naturel chez un homme auquel rien n'échappait de ce qui avait charme ou valeur.

Un soleil radieux éclairait le paysage ce jour-là.

« Quelle belle journée ! s'écria le châtelain. Je crois

voir les feuilles s'ouvrir, tout reverdit; nous sommes au printemps, je le sens! Cette impression ne dit-elle pas encore quelque jeunesse ? Répondez, madame Elma!

— Certes, oui, mon cher ami; et quant aux chiffres des années, je suis tout à fait du sentiment du célèbre docteur Samuel Johnson, qui écrivait : « Je n'accorderai « jamais que je vieillis, tant que rien ne sera changé dans « mes dons de conversation, qu'elle sera toujours aussi « féconde, aussi variée. »

— Votre Johnson était homme de sens!

— Oui, vraiment! et l'on sait de lui de bonnes histoires, où se retrouvait son horreur de la vieillesse. Ainsi, devenu très âgé, il rencontre un ancien condisciple; celui-ci commence aussitôt d'une voix lamentable : « Ah! monsieur Johnson, que d'années écoulées! et nous sommes tous deux devenus des vieillards! — C'est bon, c'est bon, monsieur Edwards il ne faut pas comme cela se décourager les uns les autres. » Et il s'éloigna rapidement. »

Je remarquai que tout le monde riait, hormis Berryer; il était trop vulnérable sur ce sujet. Il reprit :

« Oui, on rencontre des *maladrets* qui n'ont que des choses déplaisantes à vous rappeler ; fuyons-les! »

Nous venions d'atteindre la pelouse, et là, assis sur de petites buttes gazonnées, la comtesse fit un rapprochement entre la vue dont nous jouissions et les paysages qu'elle avait admirés en Angleterre.

« Cette beauté de verdure, je l'accorde, dit Berryer; mais vous vous êtes plu à Londres, tandis que la grandeur sans goût m'y fatigue. Vous me parliez des raouts comme s'ils piquaient votre curiosité, et, pour moi, la cohue sans passion, sans joie, sans esprit, me serait insupportable. Il ne faut de l'Angleterre, de ce pays protestant, habiter que les châteaux pour se perfectionner dans le goût et l'intelligence du confortable. Et si là on peut se rencontrer avec des membres distingués des Chambres, causer avec des *leaders*, alors l'intérêt s'éveille. Vous souvenez-vous, chère comtesse, d'une lettre adressée à Londres à l'époque du couronnement, où je parlais d'Eugène Delacroix et du tableau que j'aurais voulu lui inspirer?

— Si je m'en souviens! Est-ce que j'oublie ces choses-là? C'était précisément au lendemain d'une fête donnée par le duc de Wellington. On y avait fort remarqué que le noble duc était demeuré assis sur un même divan avec le maréchal Soult, les deux guerriers devisant longtemps ensemble, placés sous un portrait en pied du grand Napoléon. Si j'étais mon cousin, disiez-vous, j'aviverais bien ces figures-là sur ma toile.

— Oh! vraiment, exclama Delacroix, vous pensiez cela? Mais je crois, cher ami, que ce singulier rapprochement parlait plutôt à l'esprit qu'au pinceau. Vous en pouviez tirer grand parti dans un mouvement oratoire; vous vous aidiez du passé et de l'avenir. Tandis que, moi, quelle vie eussé-je donnée à ces personnages? Au lieu d'un portrait, il y en aurait eu trois. L'inattendu de cette réunion qui faisait fermenter votre imagination m'eût laissé très froid.

« L'expression de la vie, de la passion, voilà ce qui m'émeut; la splendeur du coloris m'attire irrésistiblement. Ainsi là, vis-à-vis de nous, ces deux femmes de natures contrastées, en les regardant, je sens palpiter mon pinceau : l'une, d'une incarnation transparente, aux cheveux bruns et soyeux, pleine d'un charme délicat; l'autre, aux formes puissantes d'une Antiope, dont les cheveux blonds ondés et dorés semblent ajouter au caractère pénétrant de ses noires prunelles; là-bas, un paysage aux teintes fondues, cette eau courante à deux pas... Tout cela me paraît le point de départ d'une sorte de Décaméron. Nous placerions en opposition le jeune

Amédée, avec une guitare en bandoulière, un peu dans l'ombre, ajouta le peintre en riant ; et du doigt il traçait en l'air son esquisse, tout en clignant des yeux.

— Oh ! mon cher, s'écria le châtelain avec explosion, vous nous crayonnerez ça, avec un peu de couleur ensuite ! Jurez-le, vous reviendrez ? »

Et l'heure du départ sonnait si juste qu'on se serra hâtivement la main en répétant : « A bientôt. »

Après la séparation, une sorte de langueur s'empara de la petite réunion.

« Allons-nous donc faire, demanda Berryer d'un ton moqueur, comme un brave homme de ma connaissance, qui, toutes les fois qu'il prononce le mot *adieu*, fond en larmes ?

— Cependant, répliquai-je, à la campagne les visiteurs causent aux propriétaires un double plaisir : celui de l'arrivée et celui du départ.

— Comment l'entendez-vous ? demanda chacun.

— J'adresserai ma réponse à notre bonne châtelaine ; j'en appelle à sa sincérité. »

Et je regardai Mme Berryer.

« Est-ce que les goûts divers à satisfaire, le bien-être de ses hôtes, leur amusement de chaque jour, ne lui causent pas quelque souci ? Ne sent-elle pas le poids de cette responsabilité ? Oui, je le soutiens, au petit chagrin de la séparation succède... On respire largement ! »

Mme Berryer hocha la tête d'une façon approbative, tandis que son mari s'indignait et menaçait de me garder de force, ce qui me donnerait un vigoureux démenti.

« Vraiment, interrompit la comtesse, je regrette de paraître passer à l'ennemi ; mais aux remarques d'Elma j'en ajouterai une qui m'appartient en propre. Pourquoi remonte-t-on le perron tout consolé, en fredonnant ? »

Le fredon était, en effet, une habitude de Berryer.

« Allez-vous donc aussi, s'écria-t-il, gagner la redoutable faculté d'analyse de votre alliée ?

— De ma part ce serait inquiétant ; il n'y aurait pas, à côté, une grande bonté.

— Vous avez raison, madame. Cette bonté, je la connais si bien, répliqua notre ami, que, si elle l'eût permis, j'aurais voulu vivre à ses pieds !

— Eh bien ! et les miens ? fit plaisamment la jeune veuve, en les rapprochant l'un et l'autre, et nous les montrant. »

Au même instant, d'un geste indiquant au bout de l'allée le curé, que nous ramenait la châtelaine :

« Voilà, dis-je, qui met fin à tout marivaudage ; » et j'allai au-devant d'eux.

Ce curé, qui était de très petite taille, avait une longue figure, dont le menton marquait, pour ainsi dire, la moitié de la hauteur. La robe cléricale, ainsi que le vigneron son père en avait jugé, était donc fort utile. Cette tête était régulière. De grands beaux yeux, faits pour regarder, plutôt que pour voir ; de très belles dents, qui ne s'étaient point usées à manger. Il avait vécu misérable, jusqu'au jour où la cure d'Augerville lui fut octroyée. Alors, logé dans un bâtiment éloigné, mais dépendant du château, il fut généreusement pourvu à tous ses besoins. Cœur simple, bonne nature, plein de zèle, le petit curé cherchait, en officiant, à se pénétrer du sentiment de dignité que son seigneur châtelain voulait lui infuser. Dans l'intérêt du culte, je soupçonne que la leçon pratique s'ajoutait à la leçon théorique ; le tout à huis clos. Aussi, devenu modestement fier, le petit curé tenait beaucoup à ce que je le visse officier. J'accédai, et le comblai en l'assurant qu'il exerçait avec dignité ; en effet, il faisait de son mieux, le cher petit homme, se redressant, se tiraillant, se grandissant jusqu'à relever en l'air ses gros sourcils, et les y maintenir avec effort, durant toute la messe.

Berryer était religieux par tempérament, et par goût il était catholique. Cette forme du christianisme s'imposait du reste à sa politique légitimiste. Loi d'ensemble dont il fallait préserver l'harmonie. En théorie, il admettait sans effort que la manière de prier dépendît de l'esprit particulier d'un peuple ou de la diversité des époques. La croyance en une justice divine et l'espoir d'une vie future pouvaient exister, selon lui, dans un esprit indécis et ne pouvant parvenir à fixer l'expression de sa religiosité. Cela accordé, il se distinguait fort de ce qu'on nomme *un dévot*. C'est ce qui explique aussi que, dans les discussions qui naissent de la dissidence des opinions religieuses, il n'apportât aucune âpreté. Amoureux de la pompe catholique, il ressentait une véritable antipathie contre la forme austère et sèche du culte protestant.

Cette répulsion se peignait en quelques mots : « A la pensée seule, disait-il, de me trouver dans la Genève protestante, entre MM. de Broglie et Guizot, j'éprouve une oppression physique. Je me sens étouffer! »

Quand on étudie attentivement les hommes, souvent on découvre ce qui relie en eux des goûts en apparence disparates. Ainsi l'amour passionné du théâtre s'allie à merveille avec la dévotion pratique du culte catholique. Le clergé le comprenait bien, quand il attirait les fidèles par la représentation des mystères.

En sortant d'une brillante représentation de la Comédie-Française, électrisé par le talent des Contat et des Fleury, tout jeune, Berryer prenait pour une vocation l'ardeur qui le poussait vers le théâtre. N'y a-t-il pas quelque analogie entre cette ardeur et l'entraînement qui, dans sa longue existence, le fit songer sérieusement à entrer dans les ordres? Certes, ce ne fut jamais pour vivre au désert. Non ; il caressait alors en imagination les succès de la chaire. Il voyait à ses pieds la foule attentive, puis émue ; une influence persistante sur ce sexe toujours aimé ; un cadre favorable à la vieillesse, préoccupation incessante de son esprit. Qui sait même si, à quelques années de distance, dans sa rêverie, il n'entrevoyait pas la tiare, compensation suprême au poids des ans ? Alors se déroulait sous son regard la pompe romaine, la chapelle Sixtine, l'encens, les cierges et les costumes... et, dans ses divers élans, se retrouvait l'écolier qui, chez les Pères de l'Oratoire, parcourant les arcades du collège de Juilly, déclamait avec une émotion inexpliquée ces deux vers de Delille :

> Ici marche entouré d'un murmure d'amour,
> Ou l'orateur célèbre, ou le héros du jour !

Ce qui en tout temps l'agitait sourdement était l'emploi de ses facultés. Riche, il voulait se dépenser. La vanité n'eut jamais place au conseil ; il était actif et fier.

Après cette sorte d'exploration dans le domaine de l'homme public, il est bon de revenir à l'homme privé, si charmant de simplicité et de bienveillance.

Nous le trouverons organisant une partie de loto, pour amuser son petit curé, qui avait dîné au château ; il fallait voir le maître d'Augerville diriger et animer le jeu, ainsi que la joie enfantine et franche que laissait éclater l'abbé. Jamais, en voyant successivement tous ses numéros, il ne soupçonna nos fraudes pieuses.

Parmi nous, cependant, il y avait un réfractaire. Rikomski ne se soumit point au mot d'ordre. La châtelaine le chapitrait en vain.

« Je ne suis pas fait pour amuser des curés, répondait-il obstinément.

— Richomme ! vous parlez comme un jacobin !

— J'ignore, madame, comment les jacobins se comportaient au loto; moi, je joue pour tout de bon, ou je ne joue pas. »

Cette résistance était la joie d'Hennequin, qui, pour son compte, n'aurait osé la pratiquer, mais admirait l'énergie de la résistance.

Le brave petit curé disait naïvement :

« C'est donc vrai qu'au jeu il y a des personnes qui portent malheur? Quand M. Richomme appelle, jamais je ne gagne! »

Le vendredi s'écoula en incertitudes sur l'arrivée des voyageurs attendus. Le soir, Berryer prit des cartes et confectionna des patiences. Une fois ce jeu commencé, le joueur était complètement absorbé, se passionnant et se couchant fort tard. Était-ce une étude qu'il poursuivait sur le hasard des calculs, ou un intérêt superstitieux qu'il recherchait dans ces diverses combinaisons de cartes?

Le samedi, vers six heures du soir, comme nous revenions de la promenade en dissertant sur les torts de l'inexactitude, Berryer nous arrêta :

« Écoutez! je ne me trompe pas, j'entends des voix, et le piano résonne! »

A ces mots, nous voilà à courir, criant :

« Ce sont eux! »

En effet, en approchant, nous reconnaissons, chanté à plein gosier et les fenêtres ouvertes, le duo de Generali : *Che bella vita, che'l militar!* Telle fut la façon de s'annoncer du prince Belgiojoso et du maestro Géraldy. On devine qu'après cette fanfare, toute cérémonie se trouvait mise à l'écart. Ce ne furent qu'exclamations bruyantes, échanges de poignées de main. Mme Berryer se moquait des promeneurs, qui n'avaient eu que le finale du duo; les voyageurs annonçaient un appétit brillant, et nous avions juste le temps de nous habiller avant le dîner. Cette toilette du soir était une satisfaction donnée au seigneur du lieu, qui se plaisait à voir les femmes en toilettes élégantes. Berryer donnait le ton. Il dînait toujours en habit fermé sur le devant par des boutons de métal. Le matin, il portait une veste en velours.

Le repas fut animé et la soirée délicieuse. Pourquoi Delacroix était-il parti? Nous tenions à notre disposition des voix incomparables et des talents exquis, choisissant, désignant des morceaux préférés. On écoutait, assis nonchalamment sur des canapés.

« Quelle belle et bonne chose que la musique! s'écria Berryer :

It wakes each silent string[1]!

« Je me surprends à citer en anglais, et j'ai tort. J'ai lu quelque part qu'il n'y a que les choses qu'on ne comprend pas qu'il faut exprimer dans la langue qu'on entend le moins.

— Aussi, repris-je, je demeure toute surprise de la citation dans votre bouche.

— Eh bien! chère, êtes-vous curieuse parfois de connaître l'enchaînement de la pensée? Voyez : — c'est le plaisir très senti que les chants de ces messieurs m'ont fait goûter, qui m'a remis ce vers anglais en mémoire, me reportant en même temps à l'époque où, avec un petit misérable dictionnaire de poche, j'étudiais l'anglais dans ma prison de Nantes, en 1832.

— Est-ce une sensation pénible, demandai-je, que provoque ce retour vers le passé?

— Non pas ; j'ai vécu là avec moi-même, ayant arrangé ma prison en cellule; et, dans ce cadre, le silence et la méditation se prêtaient aux illusions monacales, qui m'ont toujours été chères. Croyez bien, cependant, que je ne

---

1. Elle fait vibrer les cordes muettes!

regrette rien de mes rêveries, entouré à cette heure de charmantes réalités. »

Sur ce compliment à facettes, nous nous joignîmes à ceux qui acclamaient l'entrée d'une collation que devait égayer le champagne frappé. Une vive discussion s'établit. Nous fîmes la guerre à Géraldy, qui abusait de la flexibilité de sa voix grave pour la déguiser en fausset. Il luttait, voulant nous faire entendre une vieille romance, et nous lui refusions cette satisfaction. Rikomski en avait saisi le refrain :

> Et l'on revient toujours
> A ses premiers amours !

qu'il déclama de la façon la plus comique, ajoutant :

« Cette morale est absurde ; jamais on n'y revient, jamais ! par cette raison péremptoire — qu'on les a profondément oubliées ! — J'en appelle à monsieur mon prince ?

— Pour cette fois, mon pauvre Rikomski, nous ne sommes pas d'accord.

— Quoi ! vous vous souvenez ? demanda celui-ci, ébahi.

— Oui, oui ! Faut-il être sincère, confesser mes premières amours ? »

Le cercle aussitôt se forma autour du prince.

« Mesdames, je réclame votre indulgence pour l'aveu !

« J'ai gardé un si vif souvenir de mon premier péché, que, même aujourd'hui, il y aurait rechute, je crois, si je rencontrais l'objet de cette jeune flamme. J'avais dix-neuf ans. C'est le temps de ma vie où j'ai été le plus amoureux. Cette fois seulement, j'ai perdu le boire et le manger. Tu entends, Rikomski ?

— J'entends, mais je ne comprends pas. Pour ma part, je mesurais toujours la violence de mes amours à celle de ma soif.

— Eh bien! mon cher, voilà pourtant comme j'étais, et j'adorais la créature!

— Une belle Milanaise, sans doute? interrogea Mme Berryer. — Prince, nous sollicitons son portrait.

— Elle était belle et Milanaise, en effet. C'était la fille d'un cordonnier. Passant dans la rue, je la vis à sa fenêtre. Je pris feu. Une tête d'une beauté! Un regard! Une bouche! Ma parole d'honneur! le souvenir m'en émeut toujours! Et j'ai pourtant rencontré bien des personnes agréables en ce monde! »

La physionomie de Richomme était à peindre, écoutant, la bouche ouverte, se délectant au récit.

Après un court intervalle, le narrateur reprit :

« Jusqu'ici, cependant, mon histoire n'a rien de singulier.

— Non, franchement, dit Rikomski. Le prince était jeune et beau, la fille était belle et jeune...

— Patience! J'arrive au nœud de l'affaire : la fille était bossue!!! »

Bossue! — A ce mot, comme par une commotion électrique, chacun de répéter : « Bossue! »

« C'est bien le nœud, fit tristement Richomme.

— Et vous ne vous en aperceviez pas? demanda vivement Mme de T...

— Si l'on y regardait de près, dis-je, bien des épines dorsales paraîtraient douteuses.

— Non, non! Pas de palliatif! s'écria bravement le prince; pas d'excuse à ma folie! Comme Polichinelle, elle était bossue devant et derrière, le cou encaissé entre les deux montagnes! — Oh! mon cher monsieur Berryer, vous m'eussiez compris, vous! Ce visage distillait l'amour. Son regard m'anéantissait, sa bouche m'incendiait... J'ai difficilement guéri de cette passion; en y songeant, je m'attendris encore! »

Nous demeurâmes silencieux; chacun cherchait dans

sa mémoire quelque point de comparaison à cet étrange amour. Hennequin, lui, s'étonnait, non de l'amour ressenti, mais de l'aveu qui nous en était fait. Braver ainsi le ridicule !

Pour ranimer la conversation, j'attaquai Berryer, sur l'interpellation directe du prince.

Pourquoi avait-il été désigné comme l'homme qui, grâce à sa mobilité puissante, pouvait en amour tout admettre et tout comprendre?

« Sous cette innocente interrogation, répliqua Berryer, je devine, madame, l'accusation de légèreté, d'inconstance, de versatilité dans mes goûts et mes inclinations. Pour répondre à ce sous-entendu, je pourrais vous citer vous-même, charmante Elma, comme une preuve de la constance de mes sentiments. Mais je prétends ne pas répondre par les plus jolis compliments du monde à votre attaque sournoise.

« Je dirai donc que le prince s'est adressé à moi par courtoisie. Les gens du meilleur sens en ce monde mesurent l'étendue et la dignité de l'intelligence de l'homme sur la variété de ses richesses et sur cette diversité de puissance avec laquelle il s'empare de tous les trésors du monde. Cette mobilité, cette domination variée de l'esprit, fait toute sa gloire. Pourquoi n'en est-il pas ainsi du cœur? pourquoi?

— Parce que l'éducation des femmes est tout à refaire, s'écria Belgiojoso.

— Bravo, mon cher prince, dit Berryer, je vote avec vous pour un plan d'éducation qui enseigne aux femmes, pour leur bonheur comme pour le nôtre, qu'il faut tendre à s'aimer *confortablement.*

— Je trouve, dit Belgiojoso, les dames, en France, un peu juives. En matière de sentiment, elles tiennent un compte courant de doit et avoir, poussant la chose jusqu'à prétendre faire la police pour la voisine. Dernièrement la plus brillante de nos cantatrice de salon, au théâtre, m'a reproché mon admiration pour la Pauline Garci omme une infidélité à la Grisi!

— C'est bien cela! fit Berryer. Répondez donc, cher prince, que c'est au contraire faire preuve de constance dans ses goûts. Vous restez sous le même charme, et ce sont les mêmes plaisirs que vous recherchez.

— Mais vraiment, monsieur, s'écria la comtesse, votre explication admise ouvrirait la porte à deux battants à toutes les inconstances. Plus d'individualité, de personnalité, rien que des sentiments collectifs! »

Et comme cela avait été exprimé avec une certaine animation, Berryer répondit en souriant :

« Veuillez me permettre d'expliquer la forme que prennent, dans la pratique, ce que vous nommez des sentiments collectifs : peut-être y serez-vous plus indulgente. Mon art consiste à réunir en imagination, sur une seule tête, tous les charmes répandus en cent beautés diverses. Voilà comment le caractère transige avec le cœur.

— Oh! oh! murmura le jacobin Rikomski, c'est plus fort encore que le mystère des trois personnes en une! »

Puis aussitôt, effrayé de sa hardiesse, il chercha à rompre les chiens, et ne trouva rien de mieux que de contrefaire Géraldy, en hurlant d'une voix sépulcrale le grand air de *Robert le Diable :*

Nonnes, qui reposez.....

Aussitôt, avec un mouvement de colère, M*me* Berryer l'interpellait :

« Je vous ai déjà défendu de jouer avec ce morceau, dit-elle; c'est mon air de prédilection! »

Géraldy s'approcha avec précipitation :

« Je suis à vos ordres, belle dame, vous le savez, tout ce qui vous plaira.

— Eh bien ! je demande mes nonnes ! »

Le choix fut acclamé. Je pris mon rôle d'accompagnateur, et bientôt cette voix puissante nous remplit tous d'émotion.

Abandonnant ensuite le piano, je m'approchai de ceux qui discutaient leurs préférences musicales.

Berryer plaçait Rossini comme compositeur très au-dessus de Meyerbeer. Il enfantait ses chefs-d'œuvre, remarquait-il, sans auxiliaire, tandis que les opéras du musicien allemand sont un alliage de l'art musical avec l'art dramatique. Le chanteur doit s'y montrer acteur, sous peine de faire *fiasco;* tandis que pour représenter les œuvres rossiniennes, que réclame-t-on ? Des chanteurs musiciens. Quelle que soit l'exécution, des parties entières s'imprègnent dans les mémoires, et le plaisir s'avive à les répéter, avec n'importe quelle voix, même sans voix !

« Faites cela avec du Meyerbeer, je vous en défie ! »

La comtesse se prétendait impartiale, parce qu'elle plaçait sur la même ligne les deux compositeurs.

« Mais, madame, s'écriait Belgiojoso l'interrompant, leurs procédés de composition suffiraient seuls à déterminer leur valeur musicale. Chez l'un, des années s'écoulent à nourrir l'idée, enfanter et construire l'œuvre, tandis que, chez le nôtre, l'inspiration et l'exécution coulent de source, comme la parole chez le seigneur d'Augerville.

« L'opéra de *Tancrède* a été écrit en six jours, chez moi, à la Pliniana, près Milan, et cela au travers d'une partie de chasse. Quand nous rentrions harassés par dix heures de courses dans les bois, s'asseyant au coin de la table, en attendant le repas réparateur, Rossini couvrait de petites notes quelques feuillets. Puis, au dessert, s'installant devant un pianino, placé là exprès : « Allons, Emilio, me disait-il, et toi, Pompéo, — mon cousin, doué d'une superbe voix de basse, — allons, mes enfants, essayons cela! » Et nous voilà déchiffrant ce griffonnage serré, le maestro prenant à son compte toutes les parties absentes. Quant aux chœurs, c'est à pleins poumons que nous les empoignions, prétendant ainsi nous rendre compte de l'effet à la scène. Puis Rossini retournait à son coin de table pour corriger et ajouter d'autres feuillets. L'intérêt que nous prenions à la chose nous tenait éveillés. Ma parole si nous ne croyions pas composer! On se couchait enfin. A six heures du matin, Pompéo, sonnant de la trompe, nous réveillait tous, et nous reprenions la chasse sans plus songer jusqu'au soir à ce *Tancrède*, dont je conserve le manuscrit original au palais Belgiojoso, à Milan.

« Quel bon temps! fit le prince avec un soupir où se confondaient le regret de la patrie et celui des années charmantes de la verte jeunesse.

— Revient-il prochainement en France ce merveilleux cousin? demanda Berryer. J'ai assisté un soir à une discussion bien plaisante entre Rossini et lui. Pompéo Belgiojoso avait chanté à miracle le premier air du *Barbier*, accompagné par le maestro; celui-ci, très satisfait, se levant de son siège, embrasse l'amateur en disant : « Très bien, carissimo Pompéo, tu m'as compris! — Compris! s'écrie le chanteur révolté; je le crois bien, mieux que toi! Tu as fait le chef-d'œuvre sans t'en douter. Tout ce qu'il y a là d'imagination d'esprit, de vérité, d'inimitable, tu ne le sais pas! Je pourrais t'en apprendre long sur cette composition : mais je ne le veux pas, concluait-il d'un air digne; je le garde pour moi. — *Povero me!* fit le maestro, comme il me traite! » Et il riait aux larmes. »

Quelques accords se firent entendre. C'était Géraldy se préparant aux chants plaintifs. Le malicieux Hennequin avait provoqué cette exécution.

« Assez, assez! m'écriai-je avec élan; ne gâtez pas le plaisir que vous venez de nous donner, par des chansons de ramoneurs ou de petites mendiantes.

— Belle dame, le public cependant adore mes romances.

— En ce cas, il les faut garder pour ce public-là. »

On riait de mon franc courroux. Je fermai le piano, déclarant qu'on ne ferait plus de musique. Il était tard, on se retira. Le prince et moi nous restâmes en arrière.

« Nous voilà seuls, dit Belgiojoso, parlons donc un brin de l'épouse de notre basse chantante. Elle est piquante et tout à fait jolie. Pourquoi ne la voit-on pas? Est-il jaloux? C'est, je crois, un mariage d'inclination?

— Je vais vous conter la chose. Vous jugerez s'il y faut mettre cette étiquette.

« Remarquant la jolie Nathalie un soir chez moi, Géraldy demanda pourquoi elle ne se mariait point.

« — Tout bonnement, dis-je, parce qu'elle n'apporte en mariage que des vertus, des talents et de la beauté.

« — Comment! s'écrie-t-il indigné, parmi tous ces gants jaunes (désignant ainsi un groupe d'élégants et frappant vigoureusement sa poitrine), pas un n'aura le cœur de prendre pour femme cette délicieuse créature! Je leur montrerai, moi Géraldy (nouveau coup de tamtam), de quoi est capable une âme d'artiste! »

« Et, après cette sortie, il se dirige vers le piano, conserve l'air féroce en regardant les insouciants gants jaunes, et chante en perfection. De la soirée, il n'approche de la jeune fille; mais, le lendemain matin, se présentant chez moi, il me prie de vouloir bien transmettre sa demande en mariage à la charmante Nathalie.

« Je veux donner une leçon, continua-t-il, à tous ces riches oisifs, bons à rien! »

« Voilà, mon cher prince, comment sont éclos la déclaration, la demande et le mariage. La jeune femme est musicienne, douée précisément du tact et autres qualités qui manquent à l'époux, en sorte qu'il a commis une folie raisonnable.

— Mais l'amour? demanda Belgiojoso.
— Je crois qu'elle-même ne saurait qu'en dire.
— Quoi! Innocente à ce point?
— J'ai été consultée à ce sujet, fis-je en prenant un air capable.
— Eh! madamina! que ne s'est-elle adressée à moi?
— Vous seriez vraiment docteur compétent, le grief étant un peu musical. Mais je ne saurais m'expliquer davantage. »

Alors les supplications devinrent si bruyantes, que notre châtelain descendit s'enquérir du motif de cette hilarité.

« Ah çà! je veux rire avec vous, mettez-moi au courant. »

Je laissai la parole au prince, qui, joignant quelques appréciations de sa façon sur l'union géraldienne, provoqua chez Berryer une gaieté aussi folle que la sienne.

« Chut, chut! fis-je, vous allez faire lever tout le château! »

Et je voulus me retirer. Continuant ses folies, Belgiojoso se mit à mes genoux, implorant rien qu'un mot qui pût mettre les deux curieux sur la voie des recherches.

« Qu'est-ce que sa gentille femme lui reproche? » insistait-il.

Tenant la porte entr'ouverte, je jetai ces mots en pâture :

« De choisir l'heure du berger, pour étudier ses points d'orgue. » Et je m'enfuis lestement.

Le lendemain, je sus que sur ce thème, il avait été longuement raisonné.

Notre dimanche fut animé de la présence de quelques **voisins de marque conviés à une courte séance musicale** de jour. Tout se passa à souhait. Exact à son poste, le petit curé ouvrait la bouche pour mieux entendre. Il confiait dans l'oreille à Hennequin sa préférence marquée pour Géraldy :

« Le son est bien plus fort, m'sieu ! bien plus beau, m'sieu. Voyez donc l'effet dans ma petite église ! On deviendrait sourd, m'sieu ! »

Le courrier du matin nous avait apporté nos invitations au château de D..., il fallait partir le lendemain matin. La comédie avait lieu dans deux jours.

Nous allâmes prévenir la maîtresse de la maison de ce départ prochain. Elle nous promit le secret, pour ne pas assombrir cette dernière journée ; mais un ordre surpris révéla nos projets à Berryer. Il vint nous trouver. Trop homme du monde pour insister sur une résolution arrêtée, il combattit pour une promesse de prochain retour.

« Quoi ! vous m'abandonnez toutes deux, lorsque incessamment m'arrivent et d'Alton-Shée et les Musset ?

— Le jeune pair, répliqua Lucy, ne vous viendra qu'après la comédie, où il remplit un rôle ; et je m'étonne que vous invitiez les deux messieurs de Musset ensemble.

— Oui, madame, et cela n'en sera que mieux. Ils se font valoir mutuellement. Alfred s'amuse prodigieusement de l'esprit de son frère ; et Paul se plaît partout où s'amuse Alfred. »

Un retour à jour fixe ayant été consenti, le ciel redevint serein.

« Employons bien notre soirée, répétait le châtelain, faisons un programme, consultons les jeunes femmes.

— Cher monsieur Berryer, dit le prince, je ferai tout ce que vous voudrez ; je chanterai, je danserai, si vous consentez à remplir une promesse dont le souvenir me poursuit. Vous souvenez-vous, un soir où l'on parlait de la façon particulière dont vous lisez la comédie, vous souvenez-vous avoir répondu à mes instances, par l'engagement de me régaler de ce plaisir, tant que je voudrais, si je venais à Augerville? M'y voici; vous voilà. Un petit public d'amis. Se peut-il rien de mieux? »

Hennequin s'élança, prêt à monter à l'assaut de la bibliothèque. Le choix fut discuté; il s'arrêta sur l'*École des Bourgeois*, de Dallainval. On ne pouvait mieux tomber. Berryer retrouvait, dans cette pièce de l'ancien répertoire, le souvenir des meilleurs acteurs, entre autres celui de Fleury, qui s'identifiait avec tant de talent au rôle du marquis de Moncade.

« Mon cher Médée, cria le châtelain, sur le troisième rayon du corps de bibliothèque n° 2, vous verrez une vieille édition reliée à tranches rouges : c'est Dallainval; apportez. »

Les yeux fermés, le propriétaire pouvait mettre la main sur l'ouvrage dont il avait besoin. Cet esprit d'ordre lui était inhérent; il l'apportait dans ses idées comme il l'appliquait aux objets matériels : cela donne la clef de cette richesse de temps dont il semblait disposer en prodigue.

Dès les premières scènes, on constatait chez le lecteur la faculté de s'identifier naturellement avec les divers personnages. Né à une époque transitoire et révolutionnaire, il était comme pénétré de ce double courant de privilèges et de justice, de préjugés et d'égalité, de dépendance et de liberté au milieu duquel il avait grandi, Dans l'*École des Bourgeois*, le personnage du marquis met à la scène les travers les plus saillants de la noblesse de cour en 1728. Ce qui nous semble à cette heure le comble de l'infatuation et de l'affectation était le ton naturel du monde à cette époque. Pour nous amener à trouver d'une excellente comédie les dialogues entre le marquis de Moncade et la veuve Abraham, riche financière, jetant à pleines mains l'argent pour combler le fossé large et profond qui sépare Benjamine, sa fille, du marquis, il faut, avec un art exquis, ressusciter le passé, lui rendre la vie. Nous citerons un fragment :

LE MARQUIS DE MONCADE.

Comment, diable ! madame Abraham, comment, diable ! je n'y prenais pas garde ! Quel ajustement ! quel air de conquête ! Que la peste m'étouffe, si vous n'avez encore des retours de jeunesse. Oui, oui, et on ne vous donnerait jamais l'âge que vous avez.

MADAME ABRAHAM.

Vous êtes bien obligeant, monsieur le marquis.

LE MARQUIS.

Non, je le dis comme je le pense. Quel âge avez-vous bien, madame Abraham ? Mais ne me mentez pas ; je suis connaisseur !

MADAME ABRAHAM.

Monsieur le marquis, je compte encore par trente ; j'ai trente-neuf ans !

LE MARQUIS.

Ah ! madame Abraham, cela vous plaît à dire... trente-neuf ans ! avec un esprit si mûr, si consommé, si sage, cette élévation de sentiments, ce goût noble, ce visage prudent ? Vous me trompez assurément, vous avez trop de mérite, trop d'acquis, pour n'avoir que trente-neuf ans. Oh ! ma foi ! vous pouvez vous donner hardiment la cinquantaine, et sans crainte d'être démentie.

MADAME ABRAHAM (à part).

On s'en fâcherait d'un autre ; mais il donne à tout ce qu'il dit une tournure si polie...

Lorsque la bourgeoise veut parler des avantages considérables qu'elle fait à sa fille, le marquis la renvoie, du haut de ses talons rouges, à son intendant Pot-de-Vin. « Vous vous arrangerez avec lui, dit-il dédaigneusement. »

MADAME ABRAHAM.

Et voilà, en avance, une bourse de mille louis pour faire les faux frais des noces.

LE MARQUIS (*prenant la bourse gracieusement*).

Eh bien! madame, donnez donc... Êtes-vous contente? En vérité, vous faites de moi tout ce que vous voulez; je me donne au diable, il faut que j'aie bien de la complaisance.

Rien ne peut rendre le comique de cette scène, jouée par Berryer. Quel prodigieux acteur il devenait, et comme il savait prendre aussitôt la rondeur mêlée d'orgueil financier de l'oncle Mathieu, dont la résistance au mariage fléchit, lorsque le marquis l'aborde en l'embrassant et se déclarant son neveu.

Après avoir tous écouté la pièce avec un intérêt passionné, le prince s'écria :

« Cher monsieur Berryer! je vous dois une véritable conquête; grâce à vous, j'aurai connu le monde de 1728. Mais c'est bien vivant que j'ai connu, toujours grâce à vous, le marquis de Moncade, avec sa distinction naturelle et les ridicules de son époque. Quant aux dames Abraham, il y en a aujourd'hui encore. Plus d'une fois, j'ai été assailli par leurs compliments pesants et leurs singulières invitations, tandis qu'aujourd'hui les travers aristocratiques n'ont plus l'audace de ceux de l'autre siècle.

— Il semble, répliqua Berryer, qu'ils soient échus en partage à nos riches parvenus. La vanité d'argent de ceux-ci équivaut à celle des marquis sous l'ancien régime.

— Mais, demanda Belgiojoso, se peut-il admettre, comme le prétendent des mélancoliques de vieille roche, que cette ancienne forme de la société puisse revenir?

— Non, prince. Tout est changé en France. A l'époque de mes élections, en parcourant le Midi, j'ai pu constater combien dans ce pays, demeuré royaliste, était effacée toute trace de la hiérarchie aristocratique. Voilà ce qu'il faudra qu'Henri V comprenne, s'il revient sur le trône;

autrement ce ne sera qu'un passage. Puisque tout est changé en France, il faudra bien aussi que le mode de gouvernement change.

— Vous auriez alors un beau rôle, dit Belgiojoso pensif et tirant sa moustache. Mettre les rois à la raison n'est pas chose facile! Et pourtant vous possédez la sagesse de l'esprit et la puissance de la parole.

— Ah! mon cher ami, si, comme souvent je l'ai rêvé j'étais entré dans les ordres, si la chaire eût été ma tribune, j'aurais pu avoir une influence persistante, durable dans ses effets. Sous la forme religieuse, l'éloquence peut fanatiser les masses; ainsi peuvent s'accomplir des choses considérables. Voyez les croisades! Mais en politique, sous un régime parlementaire, les plus grands succès ont rarement un lendemain. J'ai tenté parfois de faire entendre aux hommes le langage de la raison, de leur faire comprendre ce que les partis gagneraient à l'esprit de conciliation; mais bast! toute tentative de ce genre se heurte contre le tempérament de nos Chambres, comparable à celui des Zélandais, qui font la guerre uniquement en vue du plaisir de la bataille. L'art consiste donc, mon cher prince, à ne pas tenter l'impossible, à mesurer ses forces. Voyez un peu, fit Berryer riant, comme mon éloquence échouerait, si je tentais d'obtenir l'abolition du cigare, ce dangereux passe-temps que vous pratiquez journellement!

— Si comme vous, cher monsieur Berryer, je savais défendre une cause, j'entreprendrais de défendre celle de mon ami le cigare, mais je n'engagerais pas la lutte contre vous. Je serais vite écrasé par l'art que vous possédez de doubler en quelque sorte les idées par des faits. Je vous trouve en matière politique beaucoup trop modeste lorsque vous amoindrissez votre puissance d'action. Si vos convictions ne peuvent obtenir un succès immédiat, combattant l'esprit révolutionnaire qui règne, l'effet n'en saurait être perdu. Il se fera sentir dans un temps plus éloigné ; c'est une semence que certain souffle fera germer.

— J'admire, prince, votre bonne grâce ; vous me donnez pour l'avenir les espérances qui, sans doute, soutiennent votre foi radicale durant l'épreuve de l'exil.

— Oh ! vous savez, en politique, nous appliquons les mêmes expressions dans les deux pays à des choses très diverses. Notre point de départ, à nous autres Italiens, c'est la haine de l'étranger, qui nous a si cruellement opprimés, et, pour devenir forts, nous travaillons à l'unité. Je suis pourvu d'une bonne voix pour chanter : *Viva la libertà !* Mais il me manque, pour entraîner mes compatriotes, cette merveilleuse éloquence qui fait votre gloire.

— De ce ton sincère, voilà une louange bien aimable, reprit Berryer ; mais à reconnaître combien les succès de la parole sont éphémères, l'amour-propre s'humilie. Après nous, que reste-t-il ? La mémoire de quelques survivants prolongera d'un jour peut-être notre renommée. Mais le souvenir ne s'en peut transmettre, il s'évanouit comme le son ! »

Insistant, le prince répliqua :

« Cependant, si une fée vous offrait l'échange de ce don d'éloquence en toute autre faculté humaine, hésiteriez-vous ?

— Non, non ! s'écria Berryer, se levant impétueusement, ce serait de l'ingratitude envers le ciel. Je dois à cette organisation d'orateur des jouissances d'une intensité incomparable. Lorsque la passion m'entraîne et fait couler à plein bord le torrent des paroles, je ressens physiquement des transports aussi vifs que si je pressais une femme adorée dans mes bras. Et pour l'intelligence ! quelle fête de s'écouter avec surprise, de partager l'étonnement des autres, de jouir de la sensation qu'on impose ! »

Sa belle figure s'était animée; sa valeur se révélait : tout homme envieux en pouvait être jaloux.

Le lendemain de cette soirée, la comtesse de T..., Belgiojoso, Géraldy et moi, par un déjeuner rapide, nous préludions au départ. En robe de chambre, Mme Berryer vint nous surprendre d'une façon gracieuse, pour nous répéter une fois encore : A bientôt! De son côté, le châtelain ne tenait pas en place. Il allait à la voiture placer un, deux, trois coussins, prétendant par ces soins rendre moins rude notre route en calèche ouverte. Sous cette activité il dissimulait le chagrin réel que lui causaient les départs.

Nous étions pressés, bruyants, et les maladresses provoquaient nos rires.

« O jeunesse, que je vous envie! s'écria Berryer, le cœur gros.

— Quoi! un méchant sentiment, dit la comtesse. — Monsieur! si vous lisiez dans mon cœur, vous le trouveriez pénétré du tendre chagrin de vous quitter. N'est-ce donc rien? »

La main qu'elle tendait fut pressée, baisée, puis le signal du départ donné.

Nous n'avions pas encore atteint la grille, que nous aperçûmes, en haut d'une des tourelles, Rikomski, avec un bonnet de coton enfoncé sur les yeux, en signe de douleur, et agitant, en façon de drapeau, un grand mouchoir à carreaux, auquel il avait su donner un aspect éploré. Par un geste amical nous répondîmes à sa manifestation.

En nous éloignant d'Augerville, notre dernière soirée au château devint un thème tout trouvé à nos regrets : les chants, la lecture de la comédie, puis enfin cet élan inattendu sur l'éloquence, et nous rendions grâces au prince de l'avoir provoqué; tous ces souvenirs étaient repris tour à tour. Chacun cherchait à caractériser par quelque remarque particulière le charme que la présence du maître de ce lieu exerçait sur ses hôtes.

« C'est la séduction d'un esprit compréhensif jusqu'à la divination, disait l'un. — Et nullement, reprenait un autre, ce genre d'esprit qui se tient à l'affût, tire sa flèche et rentre dans le silence. — Remarquez, ajouta Mme de T..., comme il se plaît à faire comprendre, sentir, partager ses impressions?

— C'est un grand artiste! » s'écria avec emphase Géraldy.

De sa part, l'expression pouvait avoir une application restreinte. En la généralisant, elle devenait profondément caractéristique, s'appliquant avec justesse à toute l'existence de l'orateur.

Artiste, il l'était naturellement, sans effort, comme certaines beautés féminines, dont toutes les attitudes semblent une révélation de l'art.

Chez Berryer, les goûts et les sentiments, la vie privée et la carrière politique, furent soumis aux lois artistiques, en ce qu'elles ont de plus saisissable : la mesure et l'à-propos.

1847 ET 1848

L'atelier de peinture de M. Sanders. — M⁽ˡˡᵉ⁾ de Portal. — M⁽ˡˡᵉ⁾ de Rutières et son amie M⁽ˡˡᵉ⁾ Doucet. — La comtesse Kalergis. — Le magnétiseur Marcisset. — Une séance de somnambulisme. — Alfred de Musset. — Le nom de Rachel deviné. — Berryer et M⁽ᵐᵉ⁾ Esther Manby. — Le docteur Teste. — Une prière espagnole. — Le major Frazer. — Un mariage annulé. — Le capitaine de Montclar. — Le trousseau et le nez de M⁽ˡˡᵉ⁾ de Mareuil. — La princesse de Lichtenstein. — Une séduction. — Mariage de M⁽ˡˡᵉ⁾ de Portal. — Le comte de Rosheim. — *Sur une morte*, d'Alfred de Musset. — Une soirée intime. — Les peintres mélomanes. — Le prince de Belgiojoso. — La comtesse d'Alton-Shée. — Billet d'Alfred de Musset. — La comtesse de Vergennes. — Un souper sérieux. — Une chute de cheval. — Le boléro d'Alfred de Musset. — Opinion de Berryer et de Chateaubriand sur la gloire. — Les moines de l'Abbaye-aux-Bois. — Le baron Charles de Rosheim. — Un bal costumé chez la princesse Lichtenstein. — La belle *inconnue*. — Paul de Molènes. — Un méchant sorcier. — Lettres de M⁽ˡˡᵉ⁾ de Rutières. — Un père et son fils rivaux d'amour. — Révélations. — L'approche d'un cataclysme. — Un morceau de musique du président Troplong. — La fusillade de février. — Un duel impromptu. — Avènement de la République. — Les élections. — Les élections de Berryer. — Les journées de Juin. — Mort tragique de M⁽ˡˡᵉ⁾ de Rutières. — Une lettre venue trop tard.

Je donnai mon consentement! Il s'agissait de poser en modèle complaisant et patient, une fois la miniature commencée, de ne point couper court, dans un accès d'impatience, un travail consciencieux de ma charmante amie Emilie M... Elle possédait un habile pinceau et un don de ressemblance vraiment remarquable.

Il faut l'avouer, ce n'étaient cependant pas ces qualités qui influèrent le plus sur ma décision. La curiosité sur cette vie d'atelier, voir par mes yeux les élèves dont m'entretenait Émilie, voilà ce qui l'emporta sur une sorte de répugnance naturelle que j'éprouvais à me laisser pourtraire. En outre, je devais me rencontrer là avec une femme de mes amies, la comtesse Kalergis, qui posait en ce moment.

Lorsque je fis mon entrée dans l'atelier, après l'ascension des cinq étages, Emilie poussa une joyeuse exclamation, et de tous les pupitres les nez se dressèrent en l'air. Seule M{}^{lle} de Portal ne tourna pas la tête. Parfait exemplaire d'élégance parisienne, une des plus habiles parmi les élèves de M. Sanders, elle tenait le premier rang à l'atelier. Elle régnait sur ce petit monde, où se heurtaient déjà les amours-propres et les passions. Se déclarait-elle fatiguée, on savait à l'avance que c'était à la suite d'un bal d'ambassade ou d'un concert à la cour. L'entrée d'Alix de Portal, annoncée par le froufrou de ses jupes et les parfums qu'exhalait sa personne, faisait toujours sensation dans la modeste salle d'étude; les pinceaux demeuraient immobiles, on écoutait avidement les détails qu'elle daignait communiquer sur cette société élégante qu'elle avait le privilège tant envié de fréquenter.

Dès la première séance, je pus constater que M{}^{lle} de Portal était la reine de cet essaim d'élèves, pour la plupart jeunes et jolies, qui, dès le matin, envahissaient l'atelier de peinture, où jusqu'au soir elles bourdonnaient.

Une seule abeille, paraît-il, échappait à cette autorité, c'était Dalila de Rutières, intéressante créole dont sans cesse m'entretenait ma jeune amie peintre; à ma première séance, elle était absente; mais on parlait d'elle, et j'écoutais.

Parmi les élèves, une grosse fille rougeaude, nommée Eulalie, manifestait une hostilité animée contre la créole. On retrouvait là cette guerre de races, qui sous toutes les formes, existe entre les natures distinguées et les natures vulgaires. Mlle de Portal, l'écoutant, haussait les épaules. Ce geste m'enhardit le lendemain à interroger celle-ci au sujet de sa compagne absente.

« A vrai dire, madame, répondit Alix, je crois que Mlle de Rutières a été charmante, aimée... abandonnée ! cela se devine, se sent, se voit.

— Bravo ! s'écria la grosse Eulalie, nous donnons des brevets de beauté à toutes les femmes pâles et décharnées ! »

Mlle de Portal lui décocha un regard plein de mépris.

« Voyons, dit Émilie, sans avoir recours aux suppositions, Mlle Doucet ne pourrait-elle éclairer notre jugement ? »

Dans nos causeries avec ma jeune artiste, j'avais appris à connaître Marianne Doucet comme l'amie dévouée de la belle créole ; j'appuyai la demande d'Émilie.

« Qui ne serait ému, nous fut-il répondu, par la réalité seule qui sans cesse est sous nos yeux? une orpheline luttant courageusement par le travail contre la souffrance et la pauvreté ? — Douée de toutes façons, ajouta Marianne, une sorte de fatalité semble l'atteindre dans ces dons mêmes. »

Chacun tendait l'oreille, espérant une plus ample information, lorsque Eulalie rompit le silence:

« De plus fort en plus fort ! s'écria-t-elle d'une voix vraiment formidable. Hier, cette beauté clair de lune était, à n'en pas douter, l'héroïne d'un roman moderne ; aujourd'hui on en fait un personnage de tragédie antique ! Pour ma part, mesdemoiselles, je déclare ne pas vouloir me prêter à ce fatalisme, qui toujours ici fait prendre la meilleure place à cette prédestinée. L'atelier, le maître y compris, semble n'appartenir qu'à elle. Il faut corriger mademoiselle la première ! Comme je paye régulièrement mes leçons, je ne demande de grâce à personne, et je prétends maintenir l'égalité entre nous deux. »

Comme elle achevait sa phrase, Mlle de Rutières ouvrait la porte ; elle répéta :

« L'égalité entre nous deux ? Ah ! ma belle, si cette égalité doit se constater par la force du poignet, je demande à ne pas lutter contre vous. »

Tout le monde se prit à rire de l'à-propos, hors la robuste Eulalie, dont le visage s'empourpra de colère.

Sans se presser, Dalila ôta son chapeau et son long châle. Sa taille s'élevait au-dessus de la moyenne, et sous l'ampleur d'une blouse sombre la délicatesse de sa complexion se trahissait. L'étroit poignet des manches laissait à découvert des mains pâles et fluettes, qui maniaient le pinceau avec dextérité. Sa démarche nonchalante était pleine de grâce, et le désordre de ses cheveux noirs ondés indiquait l'absence de coquetterie, et non l'absence de soins. Très rapproché de l'œil, le sourcil était tracé par une ligne droite et fine. Les prunelles, d'un bleu noir, miroitaient comme l'ardoise au soleil, ce qui contribuait à la singularité de ce regard, tour à tour froid ou ardent, scrutateur ou passionné. A ce visage régulier, un nez droit, fin et un peu court, donnait une nuance de fantaisie. On ne voyait pas rire aux éclats Mlle de Rutières, mais qu'elle était charmante lorsqu'un sourire entr'ouvrait ses lèvres pâles ! Alors de petites dents perlées, ainsi qu'une légère fossette à la joue, rendaient à son visage son caractère de jeunesse.

Après avoir aligné ses pinceaux, elle vint examiner le travail de Mlle Doucet.

« Quelle richesse de tons ! dit-elle à mi-voix en regardant attentivement Mme Kalergis qui posait. Un pareil modèle est une de ces bonnes fortunes d'artiste qui ne saurait m'arriver. — Voilà les cheveux d'or chers à l'école vénitienne ; et les yeux ! voyez, ma chère, ils ne sont ni bleus ni noirs, ni gris ni verts : les prunelles semblent deux violettes de Parme. Quant au teint, s'il vous embarrasse, écrasez quelques roses sur votre palette, et trouvez l'art d'en faire usage. »

En signe d'approbation, caressant les cheveux de son amie, disposés en bandeaux lisses que le souffle de la mode n'avait jamais soulevés, Dalila, du regard, parcourut l'atelier, pour décider où elle installerait son pupitre. Avisant une fillette dont l'innocent visage rappelait le type des têtes de Greuze :

« Petite, lui dit-elle, donnez-moi votre place près de la fenêtre ; quand on possède des yeux de quinze ans, on y voit trop au premier rang. »

Celle-ci se recula complaisamment. Eulalie partit alors d'un gros éclat de rire.

« Vous êtes bien gaie ce matin, mademoiselle ; est-ce que vous allez vous marier? demanda Dalila.

— Il y aurait des choses plus étonnantes, reprit la rieuse d'un ton piqué.

— Aussi je m'y attends.. Oui, mes chères demoiselles, toutes ici vous vous marierez, excepté moi. Je dois vivre et mourir seule ! »

Elle raillait en commençant cette phrase, qui se termina d'un ton mélancolique. Au travers de la petite guerre que soutenait Mlle de Rutières contre ses compagnes, elle s'aperçut que la comtesse aux cheveux d'or s'était faite son alliée. En effet, amoureuse de la nouveauté, captivée par ce je ne sais quoi qui donnait un caractère d'intérêt aux moindres choses venant de cette étrange fille, la comtesse n'en pouvait détacher ses regards, s'étonnant de la voir agir sous les yeux d'un nombreux auditoire avec la même simplicité que si elle eût été seule dans sa chambre. Ainsi, plusieurs fois par jour, elle venait réchauffer ses pieds au petit poêle en faïence qui décorait l'atelier. Quel singulier déballage elle exécutait alors ! Otant de gros chaussons, d'où l'on voyait surgir de petites pantoufles, où se nichaient des bas épais, il ne restait place en dernier lieu que pour un de ces pieds microscopiques dont les créoles ont le privilège. Une petite toux fréquente commentait ces précautions excessives, exigées par sa prudente amie Marianne

Vers cette époque, M. Sanders, le professeur, ayant commandé plusieurs copies à Mlle de Rutières, celle-ci prolongea son séjour à l'atelier au delà de l'heure accoutumée. Je m'arrangeai pour faire coïncider mes séances avec les siennes, et Mme Kalergis obtint de Marianne la même faveur, afin de demeurer ensemble les dernières. La conversation prit ainsi un tour familier, où les vingt ans de l'orpheline formaient un étrange contraste avec le détachement qu'elle paraissait mettre aux intérêts de ce monde.

Une fois, s'arrachant à une sorte de rêverie, comme entraînée par un courant d'idées :

« J'ai été belle, dit-elle, qui le croirait ? Et pourtant, je suis jeune encore !

— Entre toutes, vous êtes toujours la plus jolie ; de cœur on se sent entraînée vers vous, lui dis-je.

— Vous êtes aimable et bonne, répondit-elle ; mais croyez-moi, madame, pour être heureuse, endurcissez ce cœur.

— Soyez sans inquiétude sur l'avenir de madame, interrompit la comtesse, me signalant du geste ; voyez combien sa physionomie est heureuse ! elle défie le chagrin.

— Oui, vous avez raison. Tandis que moi, continua Mlle de Rutières, oserai-je l'avouer ? j'ai la conviction d'une mort violente. Un jour, en passant devant une glace, avec les cheveux épars, je crus me voir enveloppée d'une sorte de linceul noir... O mes amies ! continua

Dalila avec émotion, sans cesse je retrouve cette funeste impression !

— Allons, allons, je le vois, vous croyez aux pressentiments et aux apparitions, j'en suis sûre.

— Voilà qui me plaît fort, interrompit d'un ton enjoué la comtesse ; là-dessus nous nous entendrons, tandis que Marianne hausse les épaules en nous écoutant. J'adore toutes ces choses mystérieuses et incompréhensibles. L'autre jour j'ai été en partie de plaisir chez le fameux magnétiseur Marcillet. Il possède en ce moment un sujet merveilleux, et nous avons obtenu (nous étions nombreux) une séance des plus intéressantes. Écoutez bien. J'avais une lettre dans ma poche. Cette fille, nommée Catherine, a redit tout haut ce qu'on m'avait écrit !

— Mot à mot? demanda Mlle Doucet, ouvrant de grands yeux.

— Non, mademoiselle, parce que lire la fatiguait. Elle a dit : « La lettre contient une déclaration d'a-amour... »

— Mais, interrompit vivement la jeune artiste, c'était fort indiscret ce qu'elle révélait là !

— Pas le moins du monde, dis-je à mon tour en plaisantant ; une déclaration est sans valeur tant qu'elle n'est point endossée.

— C'est juste, très juste, ma chère. Ne sommes-nous pas toutes exposées dans le monde à recevoir quotidiennement des déclarations de ce genre ? La somnambule a ajouté que j'avais beaucoup ri en la lisant. Puis elle a fait un portrait du jeune adorateur.

— Ressemblant ?

— Oui, mademoiselle Doucet. Aussi ressemblant et moins flatté que celui que vous faites d'après moi, sans pinceau, en quelques mots seulement. Le plaisant était que l'auteur de la lettre se trouvait présent et tremblant d'émotion : un tout jeune homme. Moi, je répétais

« Nommez-le, nommez-le! » Elle n'a jamais voulu. Oh! quand on va là, il faut s'armer de patience; ces créatures sont odieuses par leur mélange de réticences et de divinations. »

Dalila écoutait avidement.

« Eh bien! fis-je à mon tour, on doit ces jours-ci m'amener le célèbre Marcillet. Il faut que Mlle de Rutières déroge à ses habitudes de retraite, ainsi que son amie Marianne. Ce sera une séance de jour, avec peu de monde; quelques-uns de mes habitués seront seuls admis. Nous regarderons attentivement. Je demande à Mlle Doucet d'ouvrir alors de grands yeux, comme elle le fait à cette heure. Et vous, comtesse, un *bis* ne vous ennuiera pas ?

— Non, non, répliqua Mme Kalergis. Je suis devenue enthousiaste de l'incompréhensible. »

Démêlant une grande hésitation dans la volonté des deux amies, je m'éloignai sans insister. Huit jours plus tard, je leur expédiai ma double convocation, appuyant sur le caractère d'intimité de la réunion du lendemain. Viendraient-elles? Oui!

Tout en souriant, Dalila m'avoua en entrant que l'incertitude s'était prolongée jusqu'au dernier moment. Elle écrivait excuse sur excuse. Marianne voulait venir, trouvant cette rencontre préférable à la visite projetée au domicile de Marcillet.

Je voyais pour la première fois les deux amies hors de l'atelier Sanders. A leur entrée, je les regardai curieusement. Marianne dessinait sa tournure raide et distinguée dans une robe noire collante, éclairée par un col et des manchettes blanches, costume auquel aucune variation dans la température n'apportait de changement. Agée de trente ans environ, sans famille, vivant seule au Marais, imprégnée par l'éducation d'idées de règle et de routine, elle formait un parfait contraste avec Dalila. Celle-ci possédait une grâce créole pleine de désinvolture. Chaque attitude devenait une pose favorable à l'artiste. En entrant elle se débarrassa d'une mantille noire en dentelle, jetée sur sa tête. Un caraco en velours violet, garni de fourrures, marquait sa taille élancée, qui s'enveloppait ensuite dans les plis profonds d'une jupe noire.

« Quel bonheur! s'écria-t-elle, il n'y a personne. Je profite de ce moment pour vous prier de me permettre de demeurer dans un petit coin, sans aucune présentation.

— Il sera fait, ma belle, comme vous le désirez. Espérons du moins, repris-je en riant, que notre magnétiseur sera de parole. On sonne! c'est lui peut-être. Non, c'est Alfred de Musset: « Comment! vous de si bonne heure? » m'écriai-je.

— Oui, madame, et je pensais trouver déjà le major Frazer à son poste. En nous séparant sur le boulevard, à deux heures du matin, nous nous sommes juré d'exercer ici une surveillance attentive pour déjouer les diableries du sieur Marcillet. Nous ne le perdrons pas de vue!

— Vous êtes tous de même, fis-je, haussant les épaules, résolus à ne rien croire, tout en brûlant de voir. — Mais, silence! j'aperçois le major qui précède notre homme et son sujet. »

Quelques invités encore se succédèrent, puis enfin la jolie Esther de ***, et je fis fermer ma porte.

Cette dernière arrivée était une jeune femme qui, après trois ans de mariage, travaillait à recouvrer sa liberté sous la direction sage et habile de son défenseur, M. Berryer; l'homme qu'elle avait épousé était Anglais, cadet de grande famille, physique agréable et distingué; il était joueur, et c'était là son moindre défaut. Du jeu, il avait fait une industrie, et la charmante petite créature, une fois à Londres, dut reconnaître à quel rôle attractif elle était destinée dans son salon.

Ici l'attention générale se porta sur le magnétiseur,

dont le sujet fut promptement endormi. On lui posa un bandeau épais sur les yeux, lui présentant des cartes qui furent tout de suite nommées ; l'heure indiquée sur diverses montres fut aussi constatée sans erreur. De ces menues bagatelles, nous passâmes au singulier talent de lecture de la demoiselle Catherine. Voici l'expérience à laquelle elle fut soumise.

En se recueillant, se cachant, chacun écrivait un nom, un mot sur un papier, plié ensuite soigneusement en quatre, et toujours mystérieusement placé sur la nuque du sujet. On attendait un peu. Après une sorte de travail d'attention, Mlle Catherine articulait le mot. Ayant réussi plusieurs fois de suite, l'admiration parut générale. Tout le monde s'agita, les mains se tendirent vers la somnambule. Les demandes se multipliaient. « Suis-je magnétisable ? » Ou bien : « Pourrai-je endormir par la volonté ? » A ce moment j'engageai les deux amies auxquelles je m'intéressais particulièrement à s'approcher du sujet. Mlle Doucet, la première, présenta courageusement sa main. Après un silence qui se prolongeait :

« Vous ne me dites rien ? demanda Marianne étonnée.

— Votre vie est une page blanche, je n'ai rien à vous dire. »

Dalila se prit à rire, en prenant la place de son amie.

Aussitôt, le sujet parut agité, oppressé, et posant la main sur le côté, geste habituel à Mlle de Rutières :

« Je souffre là, » fit-elle.

Cela surprenait fort Marianne, qui dit précipitamment à son amie :

« Demandez à la somnambule ce qu'il faut faire.

— Vous distraire ; vous vous rétablirez. »

Et disant cela, le calme revenait.

« Ainsi, demanda l'orpheline après un court silence, l'avenir n'est pas inquiétant ? »

L'agitation du sujet reparut.

« Ne m'interrogez pas, fut-il répondu d'une voix émue. Méfiez-vous de lui... Si jeune, si belle ! » Et quelques larmes mouillèrent ses yeux.

Marcillet s'avançait faisant de grands ronds de bras. Catherine s'apaisa ; et les deux amies s'éloignèrent, l'aînée grondant la plus jeune, qui n'aurait pas dû, prétendait-elle, poser ainsi la question.

A cette petite scène non surveillée, une heureuse diversion fut faite par M. de Musset, demandant à la demoiselle Catherine si elle pensait pouvoir lire un nom dans sa pensée. Il promettait d'y porter fortement son attention.

« Essayons, » répondit-elle.

Il lui remit un crayon et une grande feuille de papier blanc. Après quelques minutes d'absorption, elle traça une lettre, qui parut jetée au hasard sur la feuille. Puis une autre fut lancée de la même façon, puis une autre encore, et cela fut ainsi répété six fois. Alors une des personnes attentives à l'épreuve s'écria, réunissant les lettres :

« Charle !... il y a Charle !

— Non, dit Musset penché sur la feuille et d'un ton serieux, il y a bien *Rachel*, c'est le nom que je pensais ! »

```
    A       C
      H R
    L       E
```

Pour le coup, un silence de surprise succéda à ce succès, puis tout le monde se mit à parler à la fois. Musset, lui, recherchait le procédé de l'esprit dans cette opération. Toujours endormie, cette fille expliqua que, pendant ce travail de divination, il lui semblait que des nuages s'interposaient, puis s'entr'ouvraient ; elle saisissait alors la lettre qu'elle traçait.

Dalila s'était rapprochée, écoutant curieusement l'explication.

« Il est probable, dit-elle à Alfred de Musset, que cela ne se passe pas chaque fois de la même manière.

— Vous avez raison, mademoiselle; par la diversité des fluides, il doit se produire des combinaisons variées à l'infini. »

Entre ces deux causeurs, un dialogue animé se continua quelques instants. Puis, tout fringant, Alfred de Musset vint me trouver, et d'un ton légèrement railleur :

« Voici ce qui arrive, madame ; vous avez refusé de me présenter à cette belle personne. Elle est venue à moi d'elle-même ! Une attraction sympathique. »

La séance était terminée. Les deux amies s'échappaient et étaient remplacées par la comtesse Kalergis, arrivant en retard comme toujours.

« Qui viens-je de rencontrer ? demanda-t-elle. Comment avez-vous réussi à apprivoiser la belle Dalila ? Et naturellement Marianne l'a suivie, comme un bon caniche. Savez-vous, chère amie, qu'en dépit de toutes mes avances, une fois mon portrait fini, ces deux jeunes filles semblent vouloir rompre net nos relations ? Moi qui n'avais en vue que l'extension de la réputation de Mlle Doucet, en soumettant l'éclat de ma blonde chevelure au coloris de son pinceau. C'est bizarre !

— Oui, vraiment, reprit Musset ; je n'eusse pas agi ainsi. Voulez-vous, comtesse, mettre à l'épreuve mon coup de crayon et mes sentiments ? Nous fondrons ensemble nos griefs, car la belle créole, sous prétexte d'incognito, n'a pas permis que je lui fusse présenté.

— Vraiment ! Eh bien, elle abuse de sa position, comme disait cette grosse rougeaude à l'atelier Sanders... (*se tournant vers moi*), vous vous souvenez, chère, celle qui lui reprochait de fonder ses droits abusifs sur une santé languissante et des infortunes ?

— Hélas ! hélas ! repris-je avec vivacité, ces titres à l'intérêt ne sont que trop justifiés. A ce sujet, comtesse, j'ai précisément deux mots à vous dire. Monsieur de Musset, éloignez-vous.

— Combien de temps me laissera-t-on en pénitence?

— Voyons, ne soyez pas taquin. La jolie Mme Esther de *** est dans le petit salon : occupez-vous d'elle, et laissez-nous couver une bonne œuvre. »

Ayant deviné, par quelques traits du caractère de Mme Kalergis, le besoin d'occupation que son activité réclamait tout à coup, il me vint en pensée de donner un emploi à cette activité au profit de Mme de Rutières. En vain, le professeur Sanders aidait son élève, en lui commandant de nombreuses copies. Sans cesse, sa santé l'obligeait d'interrompre un travail dont l'assiduité lui était funeste. N'y aurait-il donc pas moyen de rendre cette existence plus douce? Je soumis le cas à la comtesse, m'informant si, par son crédit près de la princesse de Lichtenstein, elle ne pourrait obtenir une position soit de demoiselle d'honneur, soit de lectrice, que sais-je?... Mme Kalergis réfléchit un instant.

« Pourquoi pas celle d'attachée comme peintre? Ne sait-elle pas l'allemand?

— Comme le français, répondis-je.

— Je vous ai aussi entendue dire qu'elle était de bonne famille?

— Excellente. Tous les quartiers voulus pour faire une chanoinesse.

— Eh bien! ma belle, je vais m'atteler à cette grosse affaire. Deux cœurs féminins qui veulent le bien sont pleins de ressources. J'ignore si je réussirai...

— J'en suis sûre, moi! m'écriai-je. Quelle satisfaction de lui annoncer cette nomination! » Et je frappai joyeusement des mains. Ce qu'entendant, Alfred de Musset accourut, croyant que par ce signal je levais la consigne.

Il nous conta plaisamment comment, par sa présence dans le petit salon, il avait coupé en deux une flirtation anglaise entre ma jeune amie Esther de *** et le major Frazer :

« Ils m'ont paru assez comiques tous deux, sifflant leur anglais avec délices. Je ne connais rien de plus affecté que des Français parlant cette langue avec l'accent insulaire. Il faut pouvoir lire dans Shakespeare ; mais le parler ! Peuh !

— Eh bien, monsieur de Musset, reprit la comtesse, je voudrais vous voir tourner cette difficulté, en faisant la cour à une belle Anglaise.

— Madame, je me servirais de cette langue pantomime, riche et confuse, que l'on apprend à l'Opéra en étudiant le style des ballets, et je terminerais ma déclaration par un tour de valse à deux temps ! »

En ce moment, M. Berryer entrait, et, tout en nous saluant du regard, il cherchait ma petite amie Esther ; il lui avait donné rendez-vous chez moi pour une nouvelle conférence, ayant consenti à se charger pour elle d'un procès très délicat et difficile à gagner.

Musset l'arrêta au passage.

« Quel regret, s'écria-t-il, que vous n'ayez pas assisté à la séance que vient de nous donner le sieur Marcillet ! J'aurais été bien curieux de connaître l'impression qu'en eût reçue M. Berryer, continua-t-il, nous prenant à partie ; cette fille n'a-t-elle pas été surprenante ?

— Mon cher Alfred, répliqua Berryer, je fuis ces sortes d'études. Elles ne servent qu'à troubler la pensée. C'est une recherche malsaine. Je vous suis avec plaisir, avec abandon, dans la fantaisie poétique ; mais ce fantastique dont on prétend faire article de foi, je l'évite. »

Mon ami, le docteur Teste, s'était glissé derrière M. Berryer. Je ne connus sa présence que par l'approbation qu'il donna à haute voix à l'opinion émise par le grand orateur au sujet de la science magnétique.

« Comment, vous docteur, qui avez fait des études si

intéressantes sur ces phénomènes bizarres, vous parlez ainsi?

— Précisément, madame, il y a là un mélange de savoir et d'ignorance qui m'est antipathique... entre toutes autres mains que les miennes, » ajouta-t-il en riant.

Esprit observateur et curieux, enthousiaste et sceptique, le docteur Teste, par ses qualités contradictoires, offrait un ensemble piquant et attrayant. Ajoutons que personne ne conte mieux que lui, et ne possède une mémoire plus richement emmagasinée.

« Est-ce à cette volte-face magnétique qu'il faut attribuer l'arrivée tardive de M. le docteur?

— Non, madame; tout simplement à mon dévouement à mes malades. Je vous ai parlé, je crois, d'une vieille Espagnole, qu'une peur terrible de la mort précipite sans cesse à mes consultations? Ce matin, un billet pressant m'appelle à son secours, et je sors de chez elle. Ce n'était qu'une indigestion dont, par esprit méridional, elle se refusait à accuser les pois chiches. Une fois éclairé sur l'origine du mal, j'écris mon ordonnance. Que vois-je alors? ma vieille malade se mettre à genoux devant un *Saint Jean*, beau Murillo, que je lui envie, et s'écrier en espagnol, présumant que seuls Dieu et elle connaissent cette langue : « *O mon Dieu, fais-moi la grâce que cet imbécile ne me fasse pas mourir en se trompant!* » Ne trouvez-vous pas, madame, que je suis bien récompensé d'avoir sacrifié au devoir le plaisir de votre matinée?

— Eh bien, repris-je, il ne faut pas qu'au plaisir de vous écouter nous sacrifiions les intérêts d'une jeune amie. »

Et prenant le bras de M. Berryer, je le conduisis près d'Esther Manby. J'en arrachai le major Frazer, qui de beaucoup eût préféré continuer son duo anglais. Discrètement alors, devinant qu'avec l'orateur il s'agissait de quelque affaire sérieuse, les visiteurs s'éloignèrent, tout en causant de magnétisme et accompagnant la belle blonde jusqu'à sa voiture.

Je fus invitée à assister à l'examen approfondi que faisait l'habile avocat de l'affaire de ma jeune amie. Etait-il possible d'obtenir une séparation judiciaire? La conclusion fut qu'il fallait obtenir la nullité du mariage anglais, en s'appuyant à l'ambassade sur quelque formalité négligée.

« M. Frazer, qui causait avec vous, madame, lorsque je suis entré, est en position, dit Berryer, de nous obtenir les renseignements et les pièces qui nous seront nécessaires. »

Esther, légèrement embarrassée en me priant de lui servir d'intermédiaire, acquiesça.

Effectivement, le major était en relations avec tout le personnel de l'ambassade anglaise. Secret jusqu'au mystère, il s'amusait d'une existence énigmatique, sur laquelle je basais, en le plaisantant, sa prétention à prendre le rôle du feu comte de Saint-Germain.

Il était petit-fils héritier direct de lord Lovat (Simon Frazer), Écossais, qui, ayant pris parti pour les Stuarts contre Georges II en 1745, eut la tête tranchée en 1747, à l'âge de quatre-vingt-huit ans. Une belle gravure d'Hogarth nous a conservé l'image de ce vieillard vigoureux, conspirateur intrépide.

A l'encontre de ceux qui s'affublent de titres auxquels ils n'ont point droit, Frazer ne porta jamais celui de duc, qui lui appartenait. Il avait hérité, avec ce titre, d'une fortune assez considérable en Écosse, mais chargée de nombreuses pensions viagères qui lui furent prétexte à vivre avec une extrême simplicité. Il ne tenait jamais compte des revenus que la mort ramenait fréquemment au propriétaire foncier. Etait-ce avarice? manie? dégoût de la mise en scène? Il serait difficile d'en décider. De lui je pourrais citer des traits de généreuse grandeur, et d'autres d'une mesquinerie étroite. J'ai seulement constaté qu'il se plaisait à l'économie. Pris sur le fait même de ladrerie, il riait du meilleur cœur, et s'y confirmait. Enfin, c'était ce mélange qu'on rencontre sans cesse quand on étudie à fond les caractères; un trait cependant me paraît tenir éminemment de l'avare : plus ses revenus augmentaient, plus il restreignait, je l'ai dit, ses dépenses. Sa nature était pleine de contrastes. Les formes élégantes et aristocratiques de l'homme du monde étaient au service d'une parfaite simplicité. Rien de plus courtois et de moins banal que sa politesse. Une femme de mes amies confessait que, volontiers, sur le boulevard, elle cheminait du côté que le major arpentait, pour provoquer son coup de chapeau, dont, disait-elle, la distinction et l'éloquence étaient incomparables. Ses attachements, comme ami, étaient à toute épreuve.

Je promis de l'intéresser au procès de la jolie mignonne Mme Esther de ***, et, préoccupée du projet conçu avec Mme Kalergis pour venir au secours de Dalila, j'en parlai de suite à mon ami Berryer, lui demandant son appui près de la princesse allemande, qui l'honorait d'une confiance particulière.

« Quoiqu'un peu gâtée par la flatterie, me dit-il, c'est une femme d'un esprit distingué, douée, en ce qui concerne les arts, d'un sentiment délicat. Nul doute qu'elle ne prenne en affection Mlle de Rutières quand celle-ci lui sera connue; mais, pour amener à bien ce plan, triompher des obstacles, il faudra, mon amie, déployer des talents diplomatiques et une volonté persévérante. Je vous promets de lancer quelques mots qui, peut-être, vous aideront.

— J'y compte, et je prends bon espoir, vous remerciant d'avance. »

Mais, à Paris, lancé dans la vie mondaine, on ne fait pas en vérité ce qu'on veut, même le bien ! Nous étions,

Mme Kalergis et moi, accablées de bals, de spectacles, de petites et grandes soirées. — La comtesse, très à la mode, était en outre entrée en rapports avec un prédicateur en vogue. Il l'avait inclinée vers ce genre de bonnes œuvres qui se déguisent sous toutes les formes de plaisirs mondains. Les devoirs qu'elle s'était créés ainsi ne lui permettaient plus de suivre son penchant, qui l'eût amenée plus souvent dans mon cercle. Les jours, les semaines se succédaient, nos efforts étaient différés, et Dalila perdait force et courage.

Pendant ce temps, au contraire, le procès en nullité de mariage de ma jeune amie marchait à grands pas. M. Berryer s'était adjoint le major pour cette partie que le caractère national du mari venait compliquer.

J'appris ainsi que, avec un zèle qui me parut un peu vif, Frazer avait traversé la Manche, pour saisir à leur source des renseignements importants sur la façon dont le mariage avait été contracté et les formalités remplies. Pour modérer la reconnaissance de la jolie plaideuse, il prétendait ce voyage utile à ses propres intérêts en Angleterre.

Tout, enfin, fut si bien combiné, puis exécuté, que la mignonne petite femme une fois encore se trouva libre, et reprit son nom de famille, Esther de Renduel. Son admiration, son enthousiasme ne tarissaient pas, en parlant de la sagacité, de l'ingéniosité, de la pénétration de l'illustre avocat qui lui avait obtenu gain de cause.

« Je lui dois plus que la vie, ajoutait-elle en s'animant.

— Notre major aussi vous a été précieux, repris-je, lui reprochant l'oubli qu'elle en faisait.

— Oh! oui, madame, » dit-elle, rougissant sans mesure.

Chère Esther! je suis sûre qu'en cet instant elle eût volontiers troqué ce teint transparent et traître contre le cuir de Russie inaltérable du major Frazer.

Lorsque je revis celui-ci, j'essayai en vain de le pénétrer. Les quarante petits boutons qui toujours fermaient ses gilets étaient vraiment allégoriques; il n'eut jamais de sincérité d'ouverture qu'avec le prince de Metternich fils et le jeune pair de France d'Alton-Shée. Il avait été élevé avec le premier, puis se lia avec le second comme celui-ci entrait dans le monde. Eh bien, avec ceux-là même il se plut à laisser du vague sur la date de sa naissance. On prétendait que la mort en Écosse d'un frère cadet avait facilité cette fantaisie. A un ami qui le plaisantait sur son âge, je lui entendis répondre :

« J'ai atteint quarante ans, l'âge pour un homme des conquêtes et de la scélératesse ! »

Petit, bien fait, d'une force herculéenne, habile virtuose, dirai-je, en tous les exercices du corps, il cédait à la tentation de n'avoir que l'âge qu'il paraissait. Avait-il tort ?

Le succès du procès de M. Berryer réchauffa mon zèle pour Mlle de Rutières. « Il faut vouloir, » répétais-je. Pour me ranimer, j'allai la voir.

La pauvre enfant était logée près de l'atelier Sanders. Je montai aussi haut qu'on peut monter, et la trouvai seule. Ses beaux cheveux tombaient en grosses boucles sur ses épaules. Elle paraissait charmante, roulée dans un grand peignoir, qui trompait le regard sur sa maigreur. Un beau piano droit, au-dessus quelques rayons de bibliothèque, ornés de beaux livres, témoignaient d'un passé évanoui.

« Voilà qui me prouve que Marianne est venue, fis-je, désignant de la main un gros bouquet de roses de Noël et de verdure placé dans un vase en terre brune.

— Oui, elle est venue en se rendant à l'atelier. Je suis devenue si faible qu'il me faut suspendre mon travail. De toutes façons, madame, je suis heureuse de vous voir. Une nouvelle complication s'ajoute à toutes celles de mon existence. Alix de Portal, hier, a annoncé son mariage à l'atelier; elle a nommé le capitaine de Montclar. Eh bien! si je connaissais une fille bien née qu'il a trompée, abusant de ses seize ans, serait-ce mon devoir d'éclairer la famille de Portal sur l'immoralité de cet homme? »

Disant cela, une pâleur extrême succéda à une vive coloration.

« Mon enfant, dis-je, prenant sa main et la caressant doucement, on vous demandera une preuve. Aimez-vous Mlle de Portal au point de vous sacrifier ainsi?

— Peut-être, continua Dalila, y a-t-il, dans le sentiment qui m'inspire, une part à faire à la vengeance; c'est possible. Cependant, le désir de sauver l'avenir d'Alix de Portal me semble être ma véritable préoccupation.

— Que pense Marianne d'un tel aveu? demandai-je.

— Marianne? elle ignore tout à fait le monde. Sa manière de juger est donc absolument relative. Son attachement peut la tromper.

— Ne décidons rien, ma chère enfant, sans avoir regardé la chose de tous les côtés. Jusqu'ici, M. de Montclar m'apparaissait placé sous l'étiquette de danseur, promu au grade de *conducteur de cotillon*, faveur que toute maîtresse de maison, à la fin d'un bal, sollicite de lui avec insistance, et, à dire vrai, cela me paraissait devoir être un titre valable près de Mlle de Portal. Désormais je vais y penser différemment, et je vous reviendrai bientôt, mon amie, avec ma consultation. »

Je souriais, mais j'avais le cœur serré. Tout un passé, par cette demi-confidence, se déroulait tristement dans mon esprit. Je résolus de joindre la belle comtesse. Où pouvait-elle être? Pas chez elle, assurément. J'imaginai la rencontrer à l'exposition du trousseau de Mlle de Mareuil. Précisément, je la saisis là, enivrée de broderies, de dentelles, point d'Alençon, point à l'aiguille, bas en fil d'araignée, camisoles attractives et mouchoirs de poche dont le tissu aérien fit éclore quelques plaisanteries au sujet du nez majestueusement aristocratique de la mariée à laquelle ils étaient destinés.

Arrachant un instant l'aimable mondaine à ces tentations ruineuses, j'obtins d'elle la promesse qu'elle se rendrait, le soir même, à la réception hebdomadaire de la princesse de Lichtenstein, et reviendrait à la charge sur la demande, déjà ébauchée, d'une place d'attachée comme peintre à son cabinet. Au sujet du mariage de Mlle de Portal, pensai-je, nous verrons ensuite que décider.

« M. Berryer a cherché à préparer la voie, ajoutai-je, et la princesse a parlé de vous, ma chère, de votre délicieux talent comme pianiste, avec un tel enthousiasme, que notre grand orateur ne met pas en doute que, près d'elle, vous pouvez ce que vous tenterez. »

Par ce coup d'éperon j'espérais servir les intérêts de Mlle de Rutières.

En effet, à mon réveil, on me remit une carte sur laquelle était écrit au crayon : « Victoire! la demande est accordée; mais j'ai bien travaillé, je vous jure. Il est une heure du matin, je me couche exténuée! »

Sur ma carte, à mon tour, j'écrivis simplement : « Rendez-vous à quatre heures chez Dalila. » Je ne voulais pas enlever à Mme de Kalergis le plaisir d'annoncer son succès.

Berryer me conduisit. Il était venu me conter comment, à la soirée de la veille, il s'était plu à étudier la belle Russe, exerçant son rôle de solliciteuse. Elle y avait mis une coquetterie achevée. « Nous avons, comme public, remarqua-t-il, profité de sa bonne grâce à satisfaire tous les désirs musicaux de la princesse, qui a exhibé un répertoire intarissable de souvenirs. Aussi la comtesse, saisissant l'instant d'une reconnaissance attendrie, enleva la nomination. Ses yeux brillaient; son teint redoublait d'éclat. quand, se penchant à mon oreille : « La place est conquise ! » me dit-elle.

— Merci de votre collaboration, mon excellent ami, » dis-je en arrivant à la porte de Dalila, et je sautai en bas de la voiture.

A mi-chemin des cinq étages, je rencontrai la radieuse beauté qui, dans l'empressement d'annoncer l'heureux succès, avait couru d'abord à l'atelier Sanders, où elle pensait joindre Mlle Doucet. Là, me conta-t-elle, point de Marianne, et tout le monde en l'air. Alix de Portal, dans une toilette du meilleur goût, adressait à ses compagnes des adieux pleins d'affabilité. Il paraît qu'elle se marie dans huit jours ; je connais un peu le futur. J'ai adressé à la triomphante Alix un bout de compliment, et tout en parlant, soufflant et montant, nous arrivâmes.

Ce fut Marianne qui ouvrit la porte. L'expression de reconnaissance de notre orpheline pour le service que venait de lui rendre la comtesse fut noble et touchante. Quant à Mlle Doucet, on ne saurait peindre sa joie. On se prenait à l'aimer d'aimer si bien.

« Je voulais vous apprendre notre succès avant celle même que cela concerne, dit la belle comtesse en badinant, et je m'étais rendue à l'atelier Sanders où je n'ai pas trouvé la Marianne que je cherchais, mais toutes les têtes à l'envers par l'annonce du mariage prochain d'Alix de Portal.

— Nommait-on le prétendu ? demanda avec émotion Mlle de Rutières.

— Oui, vraiment, » répliqua Mme Kalergis ; et quand Alix fut partie, la grosse rougeaude dont je me souvenais répétait malicieusement : « Avez-vous remarqué comme la future dame insistait sur la naissance illustre du monsieur ? Que nous importe ? Est-ce que cela se partage ? Dans ma petite sphère on assure que ce capitaine n'a pas un sou ! J'ai ouï dire encore que cet homme n'était qu'un fat. » Méprisant l'envie qui gonflait le cœur de cette fille, j'ai, sans m'y mêler, laissé le débat s'animer en m'empressant de venir me joindre à vous, mes chères amies.

— Ah! madame, reprit avec effusion Marianne, quel à-propos entre la nouvelle de cette nomination et votre présence! Un scrupule de conscience torture en ce moment Dalila.

— Oui! interrompis-je, j'ai reçu une demi-confidence; c'est à Marianne de l'achever, et nous devrons avec elle résoudre la conduite à suivre au sujet du mariage de Mlle de Portal. »

Dalila se retira dans sa chambre à coucher, et, succinctement alors, Mlle Doucet raconta comment elle avait, en donnant des leçons de dessin, été mise en relation avec Mlle de Rutières, dans quel abandon la laissait un père qui, en mémoire de Rousseau, dépensait toute sa fortune en œuvres philanthropiques, et voulait d'ailleurs, en donnant à sa fille une éducation basée sur les principes de l'*Émile*, se faire à lui-même illusion et se figurer qu'il possédait un fils. « C'était bien singulier, ajoutait Marianne. Il lui laissait prendre tout ce qu'elle voulait dans une immense bibliothèque, parce que Jean-Jacques avait écrit quelque part que cette liberté ne pouvait faire de mal! Il lui a enseigné le latin, les mathématiques, l'équitation, les langues vivantes, la musique, que sais-je? Ils habitaient une belle propriété près de Saumur, et, dans les promenades à cheval du père et de la fille, ils rencontraient sans cesse des officiers en garnison à Saumur, ce qui désolait M. de Rutières qui haïssait le militaire. Dans sa jeunesse, un officier lui avait enlevé le cœur de sa fiancée; de là sa colère contre l'épaulette, de là aussi le malheur de sa fille! Songez donc, elle n'avait que seize ans! »

Ici, le récit, mêlé d'hésitations, parut s'embrouiller.

Mme Kalergis, venant en aide, dit avec douceur :
« Peut-être une rencontre dans les bois...
— Oui, je crois, » reprit avec vivacité Marianne.
Elle continua, parlant très vite :
« Et le père fut sans pitié, parce que la pauvre enfant refusa obstinément de nommer le séducteur. Hélas! comme elle me l'expliquait, entre ces deux hommes c'eût été un duel à mort! Un jour ce père barbare lui dit : « Déclarez à cet homme que vous n'osez nommer que je l'autorise à demander votre main, l'avertissant toutefois que vous n'aurez ni dot pour le présent ni héritage après moi. » Elle fit l'épreuve ; sa lettre ne reçut aucune réponse. Depuis la mort de M. de Rutières, ce capitaine a eu l'audace de se présenter et de prétendre établir des droits d'amoureux. Sa poursuite a été si obstinée, que Dalila, effrayée, indignée, m'a demandé durant plusieurs mois d'habiter avec elle. — Pensez-vous, mesdames, que vraiment il soit de son devoir de prémunir la famille de Portal contre l'immoralité de cet homme? »
— Cela, dis-je, demande à être prudemment pesé, n'est-ce pas, chère comtesse?
— Oui, vraiment, répondit-elle. Les avis de ce genre sont si mal venus quand un mariage est une fois décidé! Quelle lassitude au moment du contrat! tant d'obstacles déjà ont été franchis! D'ailleurs, vous le savez comme moi, cette conduite coupable rencontrerait en général une grande indulgence. La jeune fille elle-même croirait saisir un don Juan et en serait flattée.
— Vraiment! s'écria Mlle Doucet, pleine d'étonnement.
— Prenons rendez-vous ici pour demain, afin de conclure après méditation. »
J'étais certaine que, charmée de se trouver lancée dans le roman, Mme Kalergis serait exacte.
« Quelque bonne œuvre ne vous réclamerait-elle pas? dis-je avec une douce moquerie.

— Je suis bonne personne, répliqua-t-elle en riant, et mon exactitude le montrera. »

Vraiment, oui, le rôle de bonne fée lui plaisait.

Elle fit mieux que d'être à l'heure convenue, elle me précéda. Elle eut, tête à tête avec l'orpheline, une causerie minutieuse sur la nouvelle situation qu'elle allait aborder, expliquant, commentant ce qui pouvait plaire et la faire aimer de la princesse.

« Parlez allemand avec elle. Quand elle viendra voir vos peintures... faites de la musique, car cette Dalila est musicienne, nous cria la comtesse, en nous voyant entrer, Marianne et moi. Je viens de le découvrir à l'instant; son succès est assuré ! »

Et elle embrassait chaudement Dalila. Pour en finir, nous revînmes au mariage de Mlle de Portal.

Ouvrant le conseil, Marianne dit :

« Mieux vaut garder le silence.

— Dans le monde, le rôle d'Alceste est ingrat, ajoutai-je.

— Je vais poser une question qui peut être concluante, acheva Mme Kalergis. M. de Montclar possède-t-il des lettres de sa victime ?

— Oui, quelques billets.

— Quelle imprudence ! s'écria la belle blonde. Songez donc ! Si Dalila parle, le futur, pour se justifier, produira les lettres qui sont en sa possession, en y joignant les commentaires dont un fat irrité est capable. »

Le conseil finit par tomber d'accord de ne point agir, de crainte de provoquer de nouveaux ennuis.

« Et si cet homme prétendait se venger, me dit à l'oreille la comtesse, ne pourrait-il rendre prophétiques les menaces de la somnambule ? »

Détournant l'attention de ce pénible sujet, nous parlâmes du monde nouveau qu'allait aborder notre protégée.

Quelques jours plus tard, en effet, celle-ci se trouvait installée dans un petit corps de logis attenant au vaste hôtel princier. On y avait disposé un atelier de peinture. Peu à peu le bien-être, la distraction d'esprit, atténuèrent, puis firent disparaître l'affection de poitrine de la jeune *attachée*. Son teint se colora; elle redevint charmante. Quelques mois plus tard, dans une visite qu'elle me fit, en compagnie de Mlle Doucet, je remarquai qu'elle écoutait d'une oreille complaisante les exclamations de cette brave fille sur cet heureux changement. Marianne plaçait en son amie sa vanité et sa gloire. Cependant, effarouchée à l'idée d'une rencontre avec la grande dame étrangère, souvent elle se refusait le bonheur d'une visite. La princesse venait fréquemment à l'atelier, non seulement pour choisir quelque dessin, mais surtout pour causer dans sa langue maternelle. La possession de cette langue allemande, une naissance aristocratique avaient singulièrement incliné la balance en faveur de l'orpheline. D'autre part, les épanchements, autrefois si complets, entre les deux amies, se trouvaient interrompus. Pour y suppléer, Marianne obtint que de longues lettres, sous forme de journal, tromperaient l'absence.

Quoique se tenant fort à l'écart, certains échos du monde parvenaient jusqu'à la nouvelle attachée. Elle apprit ainsi qu'Alix de Portal, sous son nom de Montclar, était classée parmi les femmes à la mode, et que, nous rencontrant dans le monde, elle avait annoncé vouloir changer en intimité les rapports nés entre elle et nous à l'époque des portraits chez M. Sanders. Nous éprouvions, la comtesse et moi, quelque répugnance à entrer en relation avec une femme dont le mari nous inspirait une légitime aversion. Mais peut-on répondre par des grossièretés aux prévenances, lorsque les bonnes raisons à opposer ne se peuvent émettre?

En dépit d'une réserve marquée, la visite eut lieu.

Mme de Montclar se présenta avec un visage épanoui. Sans doute une toilette réussie était le secret de ce rayonnement. J'ai remarqué que la mode pour les élégantes, comme la règle pour les dévotes, devient une source de scrupules : les unes poursuivent l'absolution de l'Eglise, et les autres, avec le même zèle, l'approbation du monde. J'avais la clef de ces secrets féminins. Je débutai par un éloge vif et motivé de tout cet ensemble de chiffons; puis, peu à peu, notre dialogue prit la route du passé, le temps où l'on s'était connu à l'atelier Sanders. Alix annonça l'intention de consulter son ancien maître sur la miniature qu'elle avait entreprise d'après son mari :

« Vous ne sauriez croire, ajouta-t-elle, combien il est difficile de faire Maurice ressemblant : il a tant de physionomies ! A propos, vous vous souvenez sans doute de Dalila, Mlle de Rutières, cette personne originale et malheureuse que notre professeur protégeait? J'ai fait, chère madame, une plaisante découverte à son sujet : M. de Montclar l'a connue, mais *intimement* connue, autrefois !

— Il n'y a rien d'étonnant à cela, répondis-je d'un ton glacial.

— Permettez : il y a d'étonnant que, dès lors, je devinai son passé. Vous ne vous souvenez donc pas que je la décrétai une victime de l'amour? Du reste, mon mari jure que jamais femme ne l'a aussi vivement impressionné. Il paraît qu'elle était ravissante ! »

Ainsi éclatait cette vanité rétrospective que beaucoup de jeunes femmes attachent aux succès de leur époux.

« Si je vous comprends bien, répliquai-je irritée, Dalila avait donc plus de beauté que de discernement. La fatuité de monsieur votre époux le démontre.

— Oh! que vous avez raison, chère madame! les hommes sont indignes, et je les déteste.. »

En achevant ces mots, Alix se leva, regarda son visage dans la glace, lutta d'une main étroitement gantée contre les caprices d'une boucle de cheveux; puis, avec un charmant sourire, m'adressa un adieu plein d'avenir. Désirant laisser éteindre cette intimité fortuite, je fus longtemps sans rendre à Mme de Montclar sa visite; mais, vivant dans le même monde, c'étaient de perpétuelles rencontres. Montclar, comme un papillon qu'attire la lumière, ne manquait pas de tourbillonner autour de la chatoyante beauté russe; cela se passait parfois dans le palais même qu'habitait celle dont, si artificieusement, il avait brisé l'existence. La comtesse s'en souvenait, et faisait le plus froid accueil aux fadeurs du bel officier, dont la suffisance était telle qu'il ne s'en apercevait pas! C'était sa femme qui le remarquait pour lui, et qui querellait l'indifférence dédaigneuse de Mme Kalergis. De mon côté j'observai que l'élégante Alix accueillait différemment la cour très marquée qui lui adressait l'ambassadeur comte de Rosheim. Flattée par la conquête d'un personnage considérable, homme à bonnes fortunes et très à la mode, elle avait pour y réussir déployé une coquetterie habile; mais bientôt le désir de plaire avait fait place au sentiment.

D'autre part, avec le retour des forces, quelque intérêt aux choses du monde s'éveillait chez Dalila : les arts et la poésie en première ligne. Connaître des gens de mérite était chez elle une curiosité qui se laissait deviner. Avec franchise elle m'avoua que, si je l'invitais à mes petites réunions, elle ferait en sorte de n'y pas manquer.

« La rencontre de M. de Musset à votre matinée, Marcillet, m'a donné le désir de le revoir. Je l'observais en pensant à sa célébrité et n'ai pu surprendre un instant sa pensée me faisant écho. Son regard est vraiment de flamme, et l'air boudeur auquel se prêtent des lèvres fortes et vives en couleur rend plus frappant le rire soudain qui éclaire son visage; puis, sa tournure aristocratique m'a frappée.

— Eh bien! voilà, ma belle, un croquis qui, fait par une jeune beauté, plairait fort à notre poète; aussi je ne le lui répéterai pas.

— Bah! reprit Dalila, il doit être singulièrement blasé sur la louange, l'admiration et l'enthousiasme à brûle-pourpoint.

— Il se défend par la fuite, répondis-je, de ce qui s'adresse au poète; mais il est enclin à une sorte de fatuité enfantine pour les succès en prose, et là-dessus nous bataillons en riant.

— Dernièrement, continua Mlle de Rutières, sur une table, chez la princesse, j'ai ouvert une ancienne Revue où se trouvaient des vers *sur une morte*, signés par lui, et qui m'ont singulièrement émue. Je soupçonne la morte d'être très vivante; ces strophes sont aussi belles que cruelles. C'est une vengeance, n'est-ce pas?

— Une fantaisie de poète, répliquai-je.

— Non, non, chère amie! C'est fait sur le vif, cela est senti et souffert! Le cœur du poète, reprit vivement Dalila, ressemble à la cassolette dont le parfum s'exhale quand on l'agite. Mais dans son courroux Alfred de Musset me paraît redoutable. — Ces vers me hantent depuis que je les ai lus, il me semble voir celle dont il dit:

> Elle priait, si deux beaux yeux,
> Tantôt s'attachant à la terre,
> Tantôt se levant vers les cieux,
> Peuvent s'appeler la prière.
>
> . . . .
> Elle aurait pleuré, si sa main,
> Sur son cœur froidement posée,
> Eût jamais, dans l'argile humain,
> Senti la céleste rosée.

Elle aurait aimé, si l'orgueil,
Pareil à la lampe inutile
Qu'on allume près d'un cercueil,
N'eût veillé sur son cœur stérile.

Elle est morte et n'a point vécu
Elle faisait semblant de vivre ;
De sa main est tombé le livre
Dans lequel elle n'a rien lu.

« Comme je voudrais connaître la femme à qui s'adresse cette poésie ! s'écria Dalila. Ces derniers vers ne vous semblent-ils pas un renoncement absolu, un brisement du cœur?... Comme ils sont tristes ! »

Disant cela, assise à mes pieds, elle posait sur mes genoux sa jolie tête ; son regard devenait humide en songeant à la fin pleine d'amertume de cet épisode amoureux.

Tout à coup, croyant rencontrer une nuance de moquerie dans ma physionomie, elle se récria.

« Si vous ne plaignez la *morte*, reprit-elle d'un ton chagrin, du moins vous plaignez le poète ?

— Je le plains moins, ma belle, que d'autres qui, sans doute à sa place, eussent ressenti une souffrance moins intense. — Lui s'est vengé comme seul il le pouvait faire ; ne sentez-vous pas ce que ce pouvoir de vengeance implique de volupté ? Il a su créer une vengeance sans terme. Le temps n'est pas éloigné où le nom de la *morte* s'accolera aux vers ; les commentateurs abonderont, et lecteurs et lectrices deviendront ennemis de celle qui méconnut et fit souffrir celui qui parle à tant de cœurs et d'imaginations. »

Après un assez long silence, je revins au motif qui m'avait amenée.

« Mlle Doucet célèbre avec transport le retour de votre santé, et votre princesse parle, comme d'une révélation, de votre voix dont elle est aussi fière, ma chère amie, que si elle vous l'avait insufflée. Cette voix ne serait-elle pas un charmant prétexte pour nous réunir? M. de Musset vient de m'adresser sous ce titre, *Rappelle-toi*, deux exemplaires d'une romance dont Mozart lui a inspiré les paroles. L'une des feuilles, me dit-il, est pour la plus jolie marquise de France et de Navare, ma nièce; l'autre un en-cas dont je puis disposer. Sera-ce pour vous? cela me ferait grand plaisir. »

Troublée par cette proposition, Mlle de Rutières répondit d'un ton tout à fait sérieux:

« Non, pas encore, puisque vous vous intéressez à moi, à mes succès. L'émotion altérerait cette voix grave, que j'ai perdu l'habitude de diriger; laissez-moi un peu la travailler; permettez cette fois encore, mon indulgente amie, que je sois tout entière au plaisir d'écouter.

— Je me soumets! ce sera un prélude : je vais arranger une soirée pour cette semaine même; je compte y inviter votre princesse, qui m'a adressé d'aimable reproches, sur ce que je paraissais vouloir l'exclure de mes petites réunions, et, voyez le malheur! ce sont précisément les intimités qui sont l'objet de ses préférences. Ah! ma chère enfant! rien de plus difficile à réaliser qu'un cercle restreint. D'abord il faut éviter de prendre un jour fixe, afin de laisser aux choses un caractère impromptu qui sert d'excuse aux oublis volontaires. »

D'après ce principe, à trois jours de là ma soirée était préparée. Dalila y fit son entrée sous l'aile de la princesse de Lichtenstein. J'avais réuni les éléments d'une excellente musique et, ce qui n'est pas moins précieux, un auditoire d'élite : c'est dire qu'il se composait surtout de peintres; ceux-là seuls sont dignes d'être admis. Aux musiciens, il faut un rôle actif pour qu'ils y prennent intérêt; aux politiques et aux amateurs de littérature, il faut une retraite, un salon à l'écart, où ils puissent parler.

« Nos peintres sont déjà arrivés, dis-je à l'illustre mélomane allemande, du geste lui indiquant un groupe de causeurs animés, où se distinguaient Delacroix, Meissonier, Chenavard, Lehmann, Auguste Barre, etc., et voici, ajoutai-je, l'aimable comtesse Kalergis, qui, près des artistes, a le mérite, lorsqu'elle se met au piano, d'occuper à la fois les yeux et les oreilles.

— M. de Musset viendra-t-il? me demanda avec empressement, en entrant, ma jeune amie.

— Je ne saurais l'affirmer. Voici sa réponse à mon invitation, fis-je, mettant le billet suivant entre les doigts de Mlle de Rutières :

Madame,

Si un atome de moi vivait encore, il serait déjà allé vers vous, et à plus forte raison il irait demain soir. Merci cent fois de votre gentil souvenir, que vous m'envoyez frais comme une rose et brave comme vous.

Puisse ce papier vous trouver en préparatifs de coiffure, et, au risque d'avoir l'air d'une côtelette, mettez-moi en papillotte.

J'ai l'honneur d'être, madame, sans aucun doute....

A. M. (prononcez *Ah! hem!*) »

Dalila se prit à rire. « Me voilà aussi incertaine qu'avant votre marque de confiance, » dit-elle en me rendant le papier ; et au même instant, Musset entrait en compagnie du prince de Belgiojoso, et du jeune pair de France d'Alton-Shée. Tous trois avaient dîné ensemble et venaient chez moi terminer leur soirée.

« Quelle bonne chance, dis-je à Belgiojoso, nous allons de suite vous occuper. Là-bas, près du piano, voyez-vous Mme de Vergennes ?

— Oui, très bien ; elle est près de la duchesse d'Istrie, toujours *bellissima !*

— Eh bien, mon cher prince, avec vous, Mme de Vergennes consentira à aborder du Bellini. Dites-nous un duo du *Pirate*. Elle s'accompagnera, le préférant ainsi. »

Sans plus de cérémonie, tous deux prirent place au pupitre, et l'attention fut fixée; ce fut un enchantement. Pour la première fois, Mme de Lichtenstein entendait la comtesse de Vergennes.

« Quel organe, quel talent, quelle âme! s'écriait-elle avec enthousiasme. Ma bonne amie, si cette merveilleuse cantatrice était au théâtre, tous les soirs j'irais l'entendre. Cette voix remue toutes mes affections! »

Le trio du *Comte Ory* eut aussi son succès : entre le ténor du prince et la voix vibrante et pénétrante de M. du Tillet, la voix pure et fraîche de ma jeune amie Esther de Renduel était bien encadrée.

Alfred de Musset, toujours épris de nouveauté, goûtait fort ce talent dans sa fleur. D'Alton-Shée aussi aimait la musique, il en jouissait amoureusement et savait d'une façon piquante exprimer aux musiciens le plaisir qu'il ressentait. Berryer, présent, animait tout par ses bravos. Il trouvait alors l'occasion de pratiquer l'éloge, cette branche difficile et précieuse de l'éloquence privée. Le compliment donne la mesure du tact de celui qui le pratique. Berryer y excellait.

J'interrompis la musique, non seulement avant que l'attention fût fatiguée, mais alors que mon auditoire semblait encore affamé d'entendre. — Il y avait une certaine habileté à ce temps d'arrêt. — Tandis que des groupes animés de causeurs se formaient, je présentai à Mlle de Rutières le comte d'Alton-Shée et Alfred de Musset; — ce dernier paraissait préoccupé, distrait. — Le jeune pair, auquel la beauté créole de Dalila était particulièrement sympathique, lui fit vite sentir ce que son esprit vif, gai et bienveillant, apportait d'agrément dans la conversation. L'absence de vanité d'un cœur généreux et fier se laissait vite deviner, et cet ensemble ne pouvait manquer de plaire à la charmante artiste. Leur causerie étant vivement animée, Musset s'éloigna ; je crus reconnaître que son regard me cherchait, je le joignis :

« Qu'avez-vous donc ce soir, mon fieu ? l'air agité, disposé à fuir ? Enfin un air du vieux jeune temps...

— Il y a, marraine, des moments dans la vie de ce monde où un homme change de caractère, bon gré mal gré, et, lorsqu'il a l'avantage en outre d'être naturellement grognon, il peut le devenir encore plus.

— D'accord ; mais ne mettez pas d'amour-propre à m'en donner la preuve. Au contraire, soyez du petit souper que nous allons exécuter à huis clos. Mme Kalergis, que je viens d'engager à demeurer en arrière, vous réclame. De votre présence, elle fait une condition.

— Oh ! c'est un peu fort ! » fit Musset en jetant la tête en arrière.

Je connus ainsi tout de suite que là précisément était le *casus belli* qui l'assombrissait ; puis, le voyant froncer le sourcil, je me pris à rire.

« Quel nœud vous vous faites là ! comme disait cette pauvre chère âme de sœur Marcelline qui vous soignait pendant votre fluxion de poitrine. »

A l'éveil de ce souvenir, un sourire attendri changea la physionomie et le courant des idées du poète. Non, il n'est pas de ciel orageux, panaché, éclairé par un soleil de mars, dont la mobilité puisse être comparée à celle de son humeur. Éviter le nuage pouvait être difficile, le dissiper ne demandait qu'une caresse de l'esprit.

J'aurais désiré garder à souper Mlle de Rutières ; mais la dédoubler ce soir-là de la princesse était chose impossible à tenter. Comme elle vit M. de Musset circuler, elle crut qu'il partait et s'écria avec vivacité :

« J'ai encore manqué l'occasion ! »

Surpris, d'Alton-Shée, qui causait avec elle, offrit de le rappeler.

« Non, non ! mais voilà deux fois que je le rencontre sans pouvoir lui parler. »

En riant le jeune pair demanda : « Confiez-moi le message ; je jure sur vos beaux yeux de le transmettre fidèlement.

— Sans prétendre vous confier un message, répliqua Mlle de Rutières, je ne vous ferai pas mystère de l'objet de ma curiosité. Il y a peu de jours j'ai rencontré dans une ancienne *Revue* des vers d'Alfred de Musset sous ce titre : *A une morte*. Or, par la vivacité de l'attaque, je suppose que la *morte* est vivante. Je voudrais toutefois m'en éclaircir, et, soit en louant la beauté des vers, soit en blâmant cette cruelle vengeance, peut-être aurais-je obtenu quelques paroles qui m'eussent été une révélation. »

J'avais entendu ce bout de causerie ; je m'y mêlai en donnant à Dalila le conseil de profiter du bon vouloir de d'Alton-Shée.

« Pour vous plaire, dit ce dernier, je vous en dirai plus peut-être que vous n'obtiendriez du poète lui-même. J'ai assisté quelquefois au choc de ces deux amours, d'où jaillissait la vanité. Si, en affaires de cœur comme en affaires d'honneur, on donne tort à celui des deux qui provoque, la *bellissima morta* était la vraie coupable. Et comment pouvait-il en être autrement? l'idéal de la beauté était d'inspirer une passion glorieuse, en faisant le malheur du poète dont les larmes l'eussent immortalisée ; et lui ne consentait à fléchir le genou que pour rendre grâce d'une faveur ! J'ajouterai que la leçon donnée en vers a été vivement ressentie, mais que cette beauté n'en a pas moins continué à manger des cœurs. »

Sa curiosité vivement éveillée, Dalila ne voulait point abandonner le sujet, mais je lui dis à l'oreille :

« La princesse sonne le tocsin du départ ; hâtez-vous, ma belle. »

Nous la joignîmes, et le bonsoir fut plein de cordialité. En rentrant dans le salon, je fus saisie au passage par le comte d'Alton-Shée, qui me dit avec vivacité :

« Elle est charmante ; la reverrai-je ?

— Étant du même monde, habitant la même ville, ne se retrouve-t-on pas toujours ? fis-je en lui prenant le bras. La princesse m'a ce soir touché quelques mots d'un projet de bal déguisé ; vous y pourrez briller, l'animer, et revoir l'intéressante jeune fille.

— Vous me parlez de ces choses ! oubliez-vous donc, madame, que désormais je suis un homme politique ? — Le ciel s'assombrit, dit-il devenant sérieux. Que renferme le nuage ? Malgré son air placide et convaincu, ne croyez pas que M. Guizot le sache. On voudrait savoir à l'abri sa mère Mme Guizot, femme d'un grand mérite, et ses deux charmantes petites filles...

— Et nous tous, mon cher ami, nous tous et nous toutes ! Mais, je vous prie, allez dire à notre jolie Esther de Renduel le succès qu'elle a eu dans son trio.

— Non, madame. En ce moment même, le comte Ory lui parle d'une façon très animée. C'est mon ami, je ne veux pas interrompre le dialogue ; mais je sais quelqu'un à qui je me ferai un plaisir de dire : « Les absents ont tort. »

— Vous avez raison. Pourquoi donc le major Frazer n'a-t-il pas paru ?

— Instinct, madame ! il a pressenti la musique.

— Je crois vraiment, continuai-je, que, dans cette façon de haïr l'harmonie, il y a quelque dessein de critique contre ceux qui feignent de l'adorer et ne s'en soucient guère ; il y a lutte d'affectation.

— Tant pis, dit d'Alton-Shée, pour ceux qui se privent d'un plaisir, et tant pis pour ceux qui s'imposent une corvée ! Encore sous le charme de votre soirée, madame, je vais en parler avec la comtesse de Vergennes, qui y a largement contribué et avec laquelle je suis sûr de m'amuser jusqu'au moment où elle enveloppera de fourrures son précieux gosier. »

Peu à peu le monde s'écoulait. Le petit nombre d'élus admis au souper... furent la marquise Conrad de L. G., la comtesse K..., Belgiojoso, Alfred de Musset, Berryer, Frazer, d'Alton-Shée.

« Il s'agit d'un souper sérieux, vous entendez, messieurs, dis-je ; M. Berryer ne nous est demeuré qu'à la condition de se retirer de bonne heure. Demain il faut qu'il plaide et gagne un gros procès. M. de Musset s'est annoncé demi-grognon, avec permission, si le cœur lui en dit, de le devenir tout à fait. Voici M. le major, triste assurément, puisque je le boude d'être arrivé ce soir quand tout le monde partait.

— Bien à temps, madame, répliqua-t-il, ayant l'honneur d'être placé près de vous à souper.

— C'est bon, c'est bon, monsieur, j'ai transmis mes pouvoirs à une jolie personne qui saura assaisonner mes reproches.

— Monsieur le major, puisque je vous tiens, s'écria Berryer, s'asseyant à côté de lui, veuillez me dire quel degré de parenté existe entre vous et le Frazer dont parle Jacquemont dans sa *correspondance* du *Voyage aux Indes*, car j'explique par une parenté avec vous l'enthousiasme prodigieux que ressentait Étienne Becquet pour cet ouvrage, dont, tout en se plaignant de sa mémoire, il pouvait réciter des pages entières.

— Je ne pourrais avec précision satisfaire cette curiosité, répondit Frazer. Nous autres Écossais, portant le même nom et faisant partie du même clan, nous prétendons avec conviction à la parenté.

— Il me semble, avança la comtesse Kalergis, que l'on

ne devrait déterminer les degrés de la parenté que par une analogie de facultés et de goûts. Pour se faire tout de suite comprendre, on dit : Un esprit de la même famille que Voltaire ou Montaigne ; ne serait-ce pas charmant de jouir de son vivant d'un droit de parenté semblable?

— Comment obtenu ? demandai-je.

— Mais, repliqua la belle personne que rien n'embarrassait, par un vote!

— Voilà, s'écria Musset, une utopie que je condamne à mort! Comment, comtesse, vous ne reconnaissez pas que, pour tout talent, pour tout esprit original, ce procédé d'assimilation à tort et à travers est mortel? Ne nous jette-t-on pas sans cesse, comme de lourds pavés sur la tête, les noms de prédécesseurs illustres, grecs, latins, allemands, anglais, français?... Tout est bon à ce jeu meurtrier !

— A l'égard de Jacquemont, je suis à l'abri, dit en plaisantant Berryer. Je défie de me trouver avec lui un autre rapprochement que le goût de la musique et le culte de la Pasta. Du reste, comme je lis le *Journal des Débats*, ce diable de Becquet, avec ses enthousiasmes, est encore cause que, lors de ma dernière tournée électorale, j'ai mis dans ma voiture les lettres de Diderot à Mlle Volant. J'y ai rencontré quelques bonnes anecdoctes trop connues aujourd'hui ; mais je ne lui pardonne pas ses façons d'aimer. Qu'est-ce que cette exclamation à propos de la promenade solitaire à Langres ? « Ah ! mon amie, écrit-il à la demoiselle, qu'on serait bien trois sur ce banc ! » — Cela me rappelle trop l'apostrophe d'un galant monsieur qui s'écriait avec passion, sur les coussins moelleux d'un silencieux boudoir : « Ah! si je vous tenais dans un bosquet!... » — Je suis éminemment spiritualiste, mais pourtant...

— Je vous trouve sans indulgence, mon cher Berryer, pour les infortunés auxquels la présence d'esprit fait défaut ; ils m'intéressent au contraire. Je plains sympathiquement ces malheureux, continua d'Alton-Shée ; leur conduite est l'effet d'une imagination fantaisiste. Ce boudoir sombre a pu provoquer des pensées funèbres, le souvenir d'un *De profondis* glacial, que sais-je ? tandis que le parfum des fleurs, le chant des oiseaux auraient rendu aux désirs toute leur animation. N'est-ce pas, mon cher Musset, que, si parfois l'imagination vous est un puissant auxiliaire, d'autres fois elle vous devient un redoutable ennemi ?

— Ah ! mon cher, comme sur un tel sujet je pourrais enrichir votre album d'historiettes lamentables, qui vous feraient beaucoup rire ! De cette imagination je deviens parfois l'humble et obéissant serviteur. Aussi je n'ai jamais pu résoudre le problème que pose Pascal : — vous vous souvenez ? — Quel est le plus heureux, du roi ou du mendiant, qui, tour à tour, rêvent chaque nuit le sort l'un de l'autre ?

— Je n'eusse pas hésité dans le choix, fis-je, prenant vivement la parole. Je me serais décidée pour ce qui, en réalité, me plaisait, m'assurant ainsi, du moins, un réveil agréable.

— Un réveil agréable ! s'écrie Musset ; voilà, madame, une raison déterminante. Suis-je chagrin ? Je ne veux plus m'endormir ; j'appréhende trop le cruel réveil. Le meilleur remède que parfois j'ai trouvé à cet état de choses est d'exécuter une longue course à cheval. Je vous assure que le célèbre poète Horace, lorsqu'il a dit que le chagrin monte en croupe derrière le cavalier, a dit une bêtise pommée. Le chagrin tombe de cheval à chaque temps de galop.

— A la condition, ajouta la marquise Conrad en riant, que le cavalier demeurera solidement cramponné au cheval. D'Alton, racontez donc, je vous en prie, votre promenade dernière dans les bois de Montmorency.

— Volontiers. Alfred en était; il me redressera, si j'amplifie. En tête de la bande joyeuse était Alfred Tatet, qui nous recevait à Bury. Nous partîmes au galop de nos petits chevaux pour parcourir la forêt de Montmorency. C'était à qui passerait le premier, menant la cavalcade; tout à coup le cheval de Roger de... s'abat, et le beau garçon roule dans la poussière. En ce genre de parties, tout au plaisir, on n'est pas tendre pour ceux qui tombent et peuvent devenir un embarras. Cependant, voyant un groupe stationnaire, j'y vais voir : c'était Roger, assis à terre, le visage voilé par son mouchoir, et répétant : « Mon Dieu ! mon Dieu ! quel malheur ! mon nez est dépouillé, je suis défiguré ! — Mais ce n'est rien, criait Tatet, rien du tout ! — Oh ! ce n'est pas pour moi, répliqua Roger d'une voix larmoyante; je songe à ma pauvre mère qui ne s'en consolera jamais ! » Ma foi, ce culte du visage a fait évanouir toute sympathie parmi les compagnons; et quand, au repas du soir, Roger parut avec sa balafre et ses taffetas d'Angleterre sur le nez, il provoqua un rire homérique.

— Eh bien ! reprit la marquise, j'avouerai franchement que je me sens quelque sympathie pour le pauvre garçon menacé dans son nez grec. On prend l'habitude de la ligne droite, je vous assure, et, pour ma part, la moindre sinuosité qui surviendrait dans mon profil me serait un vrai chagrin.

— Et nous, marquise, nous ne nous en consolerions jamais ! absolument comme la pauvre mère de Roger, s'écria le prince.

— Celui dont nous parlons est un drôle de garçon, reprit Frazer : un mélange de bon enfant et de fatuité, de prétentions et de simplicité. Je l'ai vu soumis à une épreuve singulière : un soir, à un souper auquel j'assistais, il nous dit avec un véritable talent des vers inconnus; ils étaient beaux et furent acclamés; les convives présents parurent ne pas mettre en doute qu'il en fût l'auteur. J'admirai l'héroïsme avec lequel sa modestie accepta l'éloge et la méprise, tenant toutefois les yeux baissés. Seul je connaissais le poète, fit Frazer en saluant plaisamment Alfred de Musset, son vis-à-vis à table.

— Mais quelle mémoire! exclama ce dernier, c'est très flatteur. Il me les avait entendu dire une seule fois; je ne lui en veux pas le moins du monde de l'adoption; cependant, si j'avais été témoin d'un fait semblable, je douterais de moi-même plutôt que de l'ami.

— Soyons indulgents, dit en riant Mme Kalergis, pour ceux qui ont pris du champagne frappé pour un vin du cru.

— J'ai vu un public féminin mieux avisé, racontai-je à mon tour, alors qu'un jour de cet été, aux bains de rivière, une employée vint demander si Mlle de Musset était parmi les baigneuses. Aussitôt, de toutes les parties de l'école, partit avec ensemble le chant de l'Andalouse : *Avez-vous vu dans Barcelone...* La tête hors de l'eau, en sirènes, les nageuses lançaient leur note. Voilà qui vous eût amusé, monsieur de Musset.

— Surtout, madame, si j'eusse été admis parmi les baigneuses.

— Comme cette Andalouse fait vibrer dans mon souvenir, dit le prince, de jolies fins de souper! Il faudra, mes amis, nous entendre, aux jours chauds de l'année qui vient, pour faire irruption aux bains de rivière Ouarnier, puis exécuter l'enlèvement des Sabines!

— Si le méfait s'exécute, je demande, réclama Berryer, que ce soit animé par le boléro qu'Alfred a improvisé à Augerville, et que nous avons tant répété que l'écho le dit encore.

— Hélas! exclama la belle Russe, je n'y étais pas! Prince, je vous en prie, chantez-le pour moi.

— Je ne saurais rien refuser à une beauté aussi blanche, aussi rose et aussi blonde! »

7.

Un sourire malicieux de ma part accueillit cette déclaration, qui s'appliquait également à la comtesse de P***, dont les relations intimes avec le prince, après esclandre, n'étaient plus même le secret de la comédie.

« Allons, Emilio, chante! nous reprendrons en chœur, ajouta d'Alton. L'auteur seul est capable d'avoir oublié sa Pepita! »

Au même instant, se plaçant au piano entre la beauté blonde, venue du Nord, et la marquise, beauté brune et orientale, Belgiojoso, par un accord sonore, entama le boléro.

   Quand résonne ta castagnette,
  La plus leste et la plus coquette,
    C'est Pépa, ma Pépita,
     Mon beau lutin
    Qui rit soir et matin.
     Ah!... j'aime, j'aime...
  Ah! ah!... j'aime cette enfant-là.

  Lorsqu'elle danse le dimanche,
 L'œil au vent, le poing sur la hanche.
   Ah! Pépa, ma Pépita,
    Tes beaux yeux bleus,
   Comme ils sont amoureux!
    Ah!... j'aime... j'aime...
  Ah! ah! j'aime cette enfant-là

  Si jamais Pépa m'oublie,
  Si ma fleur, ma fleur chérie,
  Tombe brisée ou flétrie.
Toi mon âme, et ma joie et ma vie,
   Tu pourras me trahir,
    Et moi mourir!...

   Mais quelle folie!
   O ma maîtresse!
  Tes yeux pleins d'ivresse,
   Le Seigneur les a faits
Aussi purs qu'ils sont beaux, aussi doux qu'ils sont vrais.
   Allons, ma belle,
  Cœur brave et fidèle,
 Le soleil est dans les cieux.
Viens danser, viens chanter, et nous mourrons joyeux

Après cette boutade chantée, nous étions animés et gais.

« Mon cher Alfred, dit Berryer, quel cachet de jeunesse scelle toutes vos œuvres ! C'est un don précieux et unique. Le charme que j'en ressens me flatte singulièrement ; je suis au moment de m'écrier : « Nous autres jeunes gens... »

— Voilà une parole, répliqua Musset, qui dissipe les nuages qui m'encombraient le cerveau ce soir.

— Et je soutiens, moi, qu'un homme ne doit savoir l'âge de personne, dit la marquise, pas même le sien.

— Vous avez raison, madame, appuya Frazer, et M. Berryer moins qu'un autre. Tandis que nous vieillissons sans compensation, pour lui, chaque jour, de nombreux et glorieux succès...

— Ah ! mon cher major, interrompit l'orateur, je vous arrête là ! Je vous répéterai ce que j'ai entendu de la bouche même du vicomte de Chateaubriand : « La gloire est pour un vieil homme ce que sont les diamants pour une vieille femme, ils la parent et ne peuvent l'embellir. » N'est-ce pas bien dit, senti et ressenti ?

— Je ne puis souffrir M. de Chateaubriand, s'écria la comtesse. Monsieur Berryer, pardonnez-le-moi ; mais, voyez, cette citation même, quoique excellente, ne vient-elle pas jeter une note triste dans notre gaieté ? Cet homme ! quel cercueil ambulant ! C'est vraiment le jour où j'ai été admise dans le cénacle de l'Abbaye que j'ai éprouvé une cruelle déception. En venant à Paris, je ressentais une sorte d'ivresse à l'idée de pénétrer dans ce cénacle illustre. Toute jeune, un bel officier teinté de poésie me compara à Cymodocée. Je n'eus de cesse que lorsque je tins en main le livre des *Martyrs*, afin d'étudier cette chrétienne à la blonde chevelure enfantée par l'illustre écrivain. Sur cette base littéraire, je professais une profonde admiration pour l'auteur, et ce culte de ma pensée était un texte de plaisanteries que ne m'épargnait pas mon oncle, le comte de Nesselrode, près de qui j'étais alors à Saint-Pétersbourg. Arriva enfin le jour, souhaité entre tous, de mon initiation à cette sacristie d'Académie. Je pénétrai à l'Abbaye-aux-Bois! Dois-je avouer ici ma première impression? Je crus entrevoir une collection de figures de cire, branlant uniformément la tête en signe d'assentiment. Non, jamais, continua la comtesse, l'imagination ne reçut une plus dure leçon. Ne pouvant m'en consoler, je n'y suis pas retournée.

— Vous ne justifiez que trop, madame, répliqua M. Berryer, le dire de La Fontaine sur les jugements portés par la jeunesse : « *Cet âge est sans pitié.* » Cependant j'ose affirmer que, vu non plus dans la crypte de l'Abbaye-aux-Bois, mais isolé, cherchant à vous plaire, ce qu'il ne manquerait pas de faire, étant homme de goût, ce même personnage vous surprendrait par l'animation, le charme qu'il peut encore répandre dans une causerie.

— Charme que nous ne possédons pas, reprocha d'un ton boudeur la belle Russe à Berryer, qui semblait se disposer à lever la séance.

— Hélas! hélas! dit-il, il le faut. En grâce ne me retenez pas : je céderais!

— Oh! je m'y oppose! m'écriai-je. Séparons-nous. Regrettez-nous, mon cher ami. J'ai la religion du lendemain, je le veux sans remords! »

Le bruit de sièges qu'on repousse se fit entendre avec ensemble. On se partagea pelisses et manteaux. Les voitures avancèrent; et « au revoir! » fut dit par tous énergiquement.

Dans une de ces réunions où s'agitent les oisifs mondains, peu de temps après notre soirée, se répandit le bruit que Mme de Lichtenstein désirait produire dans son cercle une jeune fille bien née et d'une grande beauté, faisant partie de sa maison. Le major Frazer me transmit la nouvelle, en me demandant s'il ne s'agissait pas de la belle personne qu'il avait rencontrée chez moi le jour de la séance du sieur Marcillet.

Alarmée par la possibilité d'une rencontre entre M. de Montclar et sa victime, je me hâtai de joindre cette dernière, pour en causer avec elle. Je trouvai ma jeune amie dans son cabinet de peinture. Là, debout devant une fenêtre, elle demeurait plongée dans une sombre rêverie. Ce fut seulement en s'entendant nommer que Dalila tourna la tête.

« Qu'avez-vous, chère enfant? m'écriai-je, un grand chagrin? L'expression de votre visage le révèle.

— Si vous le prenez ainsi, répartit mélancoliquement Mlle de Rutières, je n'oserai plus me confesser, car, je vous le dis à l'avance, l'effet est hors de proportion avec la cause. Au moment où vous êtes entrée, je me reportais, en regardant ces allées jonchées de feuilles mortes, en écoutant siffler le vent d'hiver, à l'époque où j'ai souffert du froid et de la pauvreté; je regrettais ce temps!

— Allons, fis-je en l'embrassant, j'entrevois que, dans cette disposition, vous goûterez facilement mes avis. La princesse insiste, je le sais, pour que vous preniez part à son bal costumé. Sur ce point, ma chérie, mon sentiment est que vous ne cédiez pas à son désir.

— Comment! s'écria la jeune artiste, devenant très rouge et se redressant avec fierté; le monde est ainsi fait que je serais exposée à quelque humiliation? On me laisserait sentir que la position que j'occupe près de la princesse me rend déplacée dans cette fête? Vous le craignez, je le vois! »

Et des larmes d'indignation jaillirent de ses yeux.

« Dalila! voici la première fois que nous ne nous comprenons pas, répliquai-je chagrinée; ne devinez-vous donc point qu'à cette fête je redoute la présence de Montclar?

— Pardon, pardon, bien chère ! Sous l'impression fâcheuse de ce qui s'est passé hier, je ne sais plus ce que je dis. Le trait qui m'a blessée se rattache précisément au bal dont vous vous effrayez.

« Nous avions pris rendez-vous pour répéter des danses devant la princesse. Mme de Belzunce seule se faisait attendre ; chacun s'impatientait, et la princesse plus que les autres. « Tant pis pour les beautés inexactes, décida-t-elle enfin, on saura se passer d'elles. » Et, d'un petit signe de la main, elle m'invita à prendre la place vacante. « Mais, reprit l'orgueilleuse lady Glendover, me regardant avec insolence, je ne vois pas ici une quatrième femme *qui puisse* figurer avec nous dans la mazurka. »

« Comme elle achevait cette phrase, un jeune Allemand, Charles de Rosheim, fils de l'ambassadeur que vous connaissez bien, dégagea le bras dont lady Glendover s'était déjà emparée, et, après lui avoir adressé un profond salut, vint à moi, me priant de *daigner* l'accepter pour cavalier. « Vous choisissez une excellente danseuse, lui dit Mme de Lichtenstein, » toisant la vaniteuse lady d'un œil irrité.

« Là se borna l'expression de son déplaisir. Il y a des personnages, vous le savez, qu'il faut ménager et d'autres qu'il faut savoir sacrifier. Oh ! mon amie, que cette vie mondaine est sotte et misérable ! Après cette scène, placée en face de l'Anglaise, cruellement offensée par l'abandon du jeune de Rosheim, je dansai ; et toutes deux, quoique remplies de trouble et de fiel, nous nous appliquâmes à ondoyer avec grâce, en frappant le sol alternativement de la pointe du pied et du talon. C'est pitoyable ! Quel cœur ne s'atrophierait, soumis à ce régime de compression ! Si le baron Charles a cédé à un généreux élan, il faut l'attribuer à sa grande jeunesse ; plus tard il saura triompher de ses entraînements.

« Quand on a l'âme fière, il faut, je le reconnais, éviter

le contact de cette société aristocratique, où comptent seuls le rang et la richesse. Maintenant je regrette ma vie obscure, mais libre; aucune privation a-t-elle jamais eu pour moi l'amertume qu'un sot procédé m'a fait éprouver hier? Il l'a deviné, lui, il l'a senti, quand il m'a tendu la main. Je parle de M. de Rosheim, » reprit Dalila rougissant.

Je m'évertuai à panser cette âme blessée, et je réussis à en atténuer la disposition misanthropique qu'avait éveillée l'insulte, amalgamant de mon mieux la plaisanterie avec le raisonnement.

« Il saute aux yeux, ma belle, expliquai-je, que le jeune homme, à l'heure présente, est frappé d'un amour coup de foudre, comme il convient de le ressentir à un jeune premier, né au pays où croissent les Werther. Raisonnons, voulez-vous? Cet hommage rendu à votre beauté doit-il vous faire prendre le monde en aversion? Bien au contraire, me semble-t-il... »

En cet endroit ma morale fut interrompue par un message. Que voulait la maîtresse à sa protégée? La presser, d'une façon qui ne souffrait guère un refus, de remplacer définitivement Mme de Belzunce dans le quadrille polonais. Piquée au vif qu'on eût répété sans l'attendre, l'élégante étourdie avait adressé à la princesse une véritable démission, à peine voilée d'une méchante excuse.

« J'en suis charmée, grommelait la grande dame courroucée; puis, s'adressant à Mlle de Rutières : Vous ferez cent fois mieux qu'elle dans la mazurka. Je l'ai jugé ainsi hier. Vous aurez au bal un costume blanc, noir et or; des boutons en pierreries rattacheront les brandebourgs. Je pillerai mon écrin pour vous orner, vous serez délicieuse! L'anguleuse Glendover suffoquera de colère en vous ayant comme vis-à-vis; nous lui enlèverons son danseur de même qu'à la répétition! Son partner sera le

Polonais délaissé par cette petite folle de Belzunce. A son tour celle-ci crèvera de dépit, en voyant sa place si bien remplie; soyez très belle, entendez-vous, mon cœur? Ce sera ma vengeance. »

Ce dernier mot avait produit un certain effet sur l'esprit de celle qui l'entendait. Quand elle revint me trouver, je constatai qu'en racontant ce qui venait de se passer, elle renonçait insensiblement à ses projets de retraite. Oubliant ce que, peu d'instants avant, elle qualifiait de fausse position dans le monde, à cette heure, au contraire, elle appuyait sur sa naissance, qui l'y plaçait convenablement, pensait-elle.

« Quant à Montclar, ne vaut-il pas mieux, mon amie, me demanda-t-elle, braver une fois pour toutes ce danger d'une rencontre, qui peut après tout n'être que chimérique? »

Dalila céda au désir de la princesse : je le pressentais, et sa protectrice lui en sut autant de gré que si elle eût exposé sa vie à son service. J'eus aussi l'occasion de constater les proportions exagérées que prend la fantaisie chez les gens gâtés par la fortune; rarement apportent-ils justesse ou justice dans leurs crises d'affection.

Ce fut dans un état fiévreux que l'orpheline assista aux préparatifs du bal, mécontente d'elle-même, évitant en ce moment Mme Kalergis et moi. La douce Marianne, étrangère aux agitations du monde, lui convenait mieux dans la disposition présente. Elle la manda pour soutenir son courage; et, l'heure du bal arrivée, l'admiration naïve que sa toilette excita chez cette modeste personne rendit quelque confiance à notre débutante. En pénétrant dans le boudoir, elle parut un peu confuse de me trouver installée près de la princesse. Celle-ci, connaissant le tendre intérêt que je prenais aux succès de Dalila, m'avait, avec une extrême bonne grâce, invitée à venir donner un dernier coup d'œil au costume de l'amie dont la beauté m'intéressait. La princesse était encore dans son particulier. Avant de produire sa danseuse, elle lui fit subir un examen minutieux, mettant au succès de sa favorite un intérêt passionné. Dalila était tout à coup devenue sa chose, son œuvre!

Après avoir redressé l'aigrette du bonnet polonais et l'avoir fixée par une riche agrafe d'émeraudes, Dalila fut proclamée belle à ravir; puis, la prenant par la main :

« Venez, ma chère, fit-elle; mon ami le comte de Roshcim m'attend dans mon cabinet. C'est un homme de goût, je veux son approbation. Et vous, madame, continua-t-elle en se tournant vers moi, ne nous quittez pas : je tiens à ce que vous jugiez de l'impression générale. »

En entrant dans la pièce réservée :

« Voici, dit-elle à l'ambassadeur, la danseuse que nous destinions à votre cher fils. Ne trouvez-vous pas ce garçon mal loti et fort à plaindre? »

Un peu embarrassée, au premier moment, des procédés enthousiastes dont elle était l'objet, Dalila ne put cependant retenir un sourire, me faisant d'un signe remarquer l'air surpris dont l'ambassadeur la regardait; il croyait rêver. Etait-ce bien là cette personne qu'il avait plusieurs fois rencontrée chez Mᵐᵉ de Lichtenstein sans jamais la remarquer? Quelle beauté singulière, attrayante, tout à coup se révélait sous ce costume! Il était de ceux qui ne comprennent la rose que dans un vase du Japon.

La sensation qu'à cette fête produisit *l'inconnue*, — l'on désignait ainsi Mˡˡᵉ de Rutières, — fut très vive : la nouveauté, aux yeux de gens blasés, ajoute beaucoup de saveur à un mérite réel. Saisie d'un amour-propre de propriétaire à l'égard de sa jeune attachée, la princesse était flattée de sentir son engouement partagé.

« C'est une fille incomparable, disait-elle, s'exaltant

en parlant à l'oreille de l'ambassadeur. — Mlle de Rutières descend de l'une des meilleures familles de l'Anjou, et à la naissance s'ajoutent l'originalité et les talents d'une artiste. Mon cher comte, elle parle l'allemand comme vous et moi ! »

J'entendais cette confidence enthousiaste, et m'en réjouissais pour l'orpheline.

Enfin le bal s'ouvrit, la maîtresse de céans dispersa ses compliments de bienvenue parmi les nombreux arrivés qui s'empressèrent autour d'elle.

L'orchestre fit entendre un quadrille-mazurka. Charles de Rosheim, partner de *l'inconnue*, vint réclamer sa danseuse et nous l'enlever.

Comment le danseur s'acquitterait-il de son rôle ? Je m'arrêtai à regarder, comme beaucoup de masques le faisaient. Il y mettait de la grâce et de l'enjouement. Entre les brandebourgs du corsage collant et fermé de la belle danseuse était placé un camélia rouge ; une feuille de la fleur se détacha, et je vis le jeune de Rosheim se baisser, la ramasser d'un geste rapide, et la poser entre ses lèvres, puis, enlaçant cette taille souple d'un bras nerveux, le couple charmant exécuta avec verve le solo qui lui appartenait dans cette danse de caractère.

La figure terminée, un flot de monde retint un instant la danseuse sur place. Dalila m'aperçut :

« C'est sans doute, me demanda-t-elle, quelque beauté à la mode qui fait son entrée ?

— Ne reconnaissez-vous pas, répondis-je, la belle Kalergis, dont la haute taille domine les autres masques ?

— Et quel est le garde-française qui protège sa marche ?

— C'est Paul de Molènes, ma belle, celui dont le talent comme écrivain vous a frappée.

— Ah ! tant mieux. Je trouve que connaître un auteur, ne fût-ce que de vue, ajoute beaucoup à l'intérêt des lectures, surtout lorsqu'on croit y deviner une personnalité intéressante. »

Ici la foule nous sépara, tandis que s'approchait la déesse de la Nuit, costume adopté par la comtesse Kalergis : des voiles sombres et vaporeux, semés d'étoiles brillantes, étaient retenus en arrière de la tête par une étroite couronne en diamants. Les gens qui critiquent tout reprochèrent à la déesse l'éclat de sa carnation et cette chevelure dorée, rappelant trop celle de l'aurore. Croit-on que la Nuit prit en mauvaise part ces reproches? Elle me conta avec bonheur, le lendemain du bal, son immense succès de beauté. Quand elle avait, sous un costume polonais, reconnu Dalila, elle n'avait pu retenir un cri de surprise.

Je lui dis tout d'abord :

« Vous n'avez pu, ma chère, résister à la tentation du costume. Je vous prends enfin en flagrant délit de coquetterie; mon amour-propre s'en réjouit, et je ne vous en estime pas moins. »

Mon ton de plaisanterie dissipa quelque embarras, que d'abord j'avais remarqué. Je la quittai un instant pour aller saluer la princesse. Celle-ci, tout de suite, me parla de sa protégée, de son succès flatteur. Le comte de Rosheim, présent, ne manqua pas de renchérir sur l'éloge, ajoutant que son fils se trouvait faire un brillant début dans le monde parisien, grâce à la beauté singulière de sa partner dans le quadrille polonais.

« Votre fils! m'écriai-je, pour y croire il faudrait le connaître; mais quel luxe de costumes! que de monde! »

Du regard je parcourais les groupes, y cherchant notre ci-devant Alix de Portal. Tout en songeant à Dalila, je m'adressai directement au comte de Rosheim : « On assure que Mme de Montclar a fait exécuter un déguisement enchanteur, dis-je; Votre Excellence peut-elle me dire dans quel salon je la trouverai? — Chez elle, madame, aux prises avec une angine, » fut la brève réponse du diplomate.

Je m'enquis alors de Montclar, et, d'un ton moqueur, la princesse répondit : « Croyez-vous donc, madame, que le capitaine viendrait au bal sans sa femme? »

« Ils n'y sont pas, Dieu soit loué, pensai-je. Que la pauvre enfant s'amuse et jouisse toute une soirée du bonheur d'être trouvée belle, entre nous, le plus réel, je crois, en ce monde ! »

Je remarquai, non sans malice, que la comtesse accompagna d'un soupir philosophique cette réflexion.

« Eh bien, ma chère, continua-t-elle, ce plaisir d'une soirée a été cruellement troublé. D'abord Dalila voulait vous cacher cet ennui. Puis, en nous séparant, elle m'a priée de vous communiquer tout ce qui est venu justifier ses craintes, regrettant amèrement de ne pas avoir suivi vos avis. Vous vous êtes, chère amie, retirée de très bonne heure?

— En effet, j'étais emmigrainée.

— Donc, apprenez ce qui a suivi. Vers minuit, reprit vivement Mme de Kalergis, la fête fut ranimée par l'entrée d'une bande de masques précédés d'une musique dite infernale. C'étaient des diables et des sorciers, dont les visages se cachaient sous des loups en velours ; un de ces personnages se dirigea vers nous et s'empara de ma main avec l'intention évidente de me dire ma bonne aventure, mais, apercevant notre Polonaise, il demeura frappé de stupeur.

« Eh quoi, devin, vous restez muet? » dis-je en le raillant.

« D'une voix factice, le masque prononça quelques mots inintelligibles. « Vous êtes obscur, répliquai-je, vous me volez mon rôle ; permettez à la déesse de la Nuit de vous conseiller un costume plus en harmonie avec vos facultés. — Madame, votre éclat m'éblouit, me fait perdre l'esprit, » fut la risposte.

« Puis, cessant de déguiser sa voix : « Si vous pouvez décider votre belle amie à me confier sa main, continua-t-il, elle ne mettra pas en doute mon habileté. Je m'engage à lui rappeler le passé et à lui prédire l'avenir. — Non, non ! m'écriai-je, m'emparant du bras de Dalila, je ne le souffrirai pas ! »

« Ce geste impérieux et ému fit soupçonner la vérité à notre orpheline. Je venais de reconnaître Montclar. Se raidissant contre le danger, elle exprima froidement son indifférence pour le passé et son peu de curiosité pour l'avenir. « Voilà, fière étrangère, dit aigrement le masque, une déclaration qui ne sied pas à l'habit que vous portez. Les Polonaises, en général, sont romanesques et sentimentales. Il en est peu d'indifférentes. Comme devin, ne pourrais-je donc pas, continua-t-il en ricanant, vous jeter à l'oreille un nom qui parvînt à vous émouvoir ? — Laissons divaguer cet importun et allons rejoindre Mme la princesse, » fis-je en entraînant la chère fille.

« Mais cet insolent magicien nous arrêta, étendant ses bras, qui, dans ses amples manches noires, figuraient les ailes d'une chauve-souris. « Ainsi, mesdames, vous méprisez ma science, dit-il, vous prétendez la braver ? Eh bien ! je jette un sort sur l'étrangère. Nul ne pourra prétendre à sa main avant qu'elle n'ait reconnu mon pouvoir ! »

« Nous tenant par le bras, nous nous éloignâmes. Elle tremblait, se blâmant de n'avoir pas écouté vos conseils. Je reprenais : « Cette scène était inévitable, le capitaine vous retrouvant sous le double prestige de la beauté et du succès. — Mon cœur doit se taire, soupira Dalila, tant que cet homme vivra ! »

« Je n'ai rien répliqué, continua la comtesse, mais je crains fort que cet homme demeure comme une entrave dans le cours de sa vie.

— Il faut, remarquai-je, qu'elle résiste à la tendance que

je prévois chez sa proctectrice, qui voudra se parer, en quelque sorte, de la grâce et du talent de la jeune fille. Refuser toujours ne sera pas facile. »

Cependant Dalila, avec qui j'en causai, adopta la marche que je lui traçai. Elle ne voulut pas absolument paraître, soit à l'Opéra, soit aux Italiens; en revanche, elle consentit à assister aux petites réceptions de la princesse, auxquelles les Montclar n'étaient pas invités. Bientôt sa présence y apporta de l'animation, et je cédai à ses instances en y allant quelquefois. C'était la soutenir, me répétait-elle. Sensible à l'accueil flatteur qui lui était fait, Dalila se laissa entraîner à causer, à faire de la musique. Sa voix sympathique ne pouvait manquer d'être remarquée par MM. de Rosheim père et fils, excellents musiciens. Ils étaient des plus assidus auprès de Mme de Lichtenstein. Le major Frazer, quelquefois, venait aussi lui rendre ses devoirs; la vive impression qu'il soupçonnait Mlle de Rutières d'avoir produite sur le jeune Charles, fils de l'ambassadeur, défrayait ses plaisanteries, qu'il me communiquait à voix éteinte. « Il n'a pas encore atteint l'âge de la scélératesse et se laisse deviner, ajoutait-il; ce pauvre garçon, au bal costumé de la princesse, était bouleversé parce que votre belle Polonaise avait froncé le sourcil, tandis qu'un masque habillé en sorcier lui parlait; il me le désigna. Je reconnus Montclar, je le nommai. Qu'avait pu dire cet homme qui eût ainsi troublé la belle? Charles parlait d'ouvrir le cœur du sorcier pour y lire son destin.

« C'est vraiment, continua Frazer en riant de bon cœur, un aimable garçon, mais encore un enfant. Il ferait mieux de brûler en secret pour cette immense beauté nacrée qui nous vient du Nord; elle le devinerait et dirigerait son noviciat.

— Ce serait, repartis-je, un amour de convenance. Sa jeunesse l'en préserve.

— Age enviable, murmura Frazer, où les plaisirs sont ennemis du confortable! »

Un matin, je vis entrer Mlle Doucet avant l'heure accoutumée des visites. Cette excellente personne, encadrée, comme toujours, dans un col et des revers en percale empesée, d'une netteté irréprochable, tenait à la main un rouleau de papiers.

« Que m'apporte Marianne? demandai-je affectueusement.

— Quelques pages, madame, qui, à coup sûr, vous intéresseront. Vous vous souvenez sans doute que notre amie m'adresse ses impressions dans une correspondance journalière. J'ai réuni plusieurs lettres avec le vif désir de vous en voir prendre connaissance. Peut-être me direz-vous après si je m'inquiète à tort. Je le confesse, depuis quelque temps Dalila semble différente d'elle-même.

— Il est vrai, répondis-je; on est surpris de la voir s'intéresser à sa personne, redevenir femme, en un mot, elle si détachée autrefois des vanités du monde. Les exigences de la princesse en sont une explication. Ne veut-elle pas absolument en faire une élégante? Voyons, que redoutez-vous?

— Je demande si, dans ce monde vain, égoïste, avide de richesses, où vous vivez, il est probable qu'un ambassadeur consente jamais à unir son fils avec une personne attachée comme peintre à Mme la princesse de Lichtenstein?

— Que me dites-vous là, Marianne? Le fils d'un ambassadeur! Mais il n'y a pas en ce moment un monde d'ambassadeurs ayant des fils à marier. Il s'agit donc de Charles de Rosheim?

— C'est ce nom-là précisément.

— Il est terriblement jeune....vingt-deux ans, je crois.

— Est-ce là le seul obstacle, si son attachement est sérieux?

— Hum! il y en aura d'autres; tous les pères ont de l'ambition. Eh quoi! Dalila l'aimerait-elle?

— Lisez ceci, madame, voyez en quels termes elle en parle :

Comme vous le disiez, ma chère Doucet, je refleuris! Votre expression est pleine de justesse, je le vois dans les yeux des gens qui de nouveau *saluent ma bienvenue;* la sève circule dans l'arbre que le froid n'a pu faire mourir. Mais ce retour des forces donne au passé une nouvelle vivacité. Le malheur m'a si rudement frappée que l'expiation me semblait complète.... que dis-je? dépasser la faute. Aujourd'hui ce pacte de conscience ne me suffit plus. Je m'inquiète de l'opinion, et je trouve, au point de vue du monde, ma justification difficile. Par instants, je me sens profondément malheureuse. Amie parfaite, je t'envie ton innocence; me le pardonnes-tu?

Tu sais après quelle cruelle épreuve j'avais pour toujours renoncé à l'amour. Ce vœu, depuis six ans, je l'ai fidèlement tenu; peut-être aurais-je persévéré si tu fusses demeurée près de moi; aujourd'hui tout est changé. Puis-je plus longtemps méconnaître mon mal et ne pas me l'avouer?

L'aimable simplicité de M. de Rosheim, sa passion pleine de bonne foi m'avaient déjà conquise, que ses vingt ans me laissaient sans défiance. C'est un enfant, pensais-je ; mais lorsque à mes yeux tout a pris de l'intérêt, lorsque, comprenant le langage passionné de la musique, j'ai su par mes accents communiquer le trouble que je ressentais moi-même: « J'aime! » me suis-je écriée. Marianne, en sentant mon cœur vaincu, mon corps a tremblé!

Quelle tristesse ! tout nous sépare: l'âge même, et par-dessus tout, cette faute que je ne puis ni taire ni avouer. S'il savait par quelles abominables ruses on abusa de mon inexpérience, il voudrait tuer cet homme. Je me tairai. Plains-moi, plains-moi! l'espérance m'est interdite.

P.-S. L'ambassadeur lui-même sort de mon atelier. Il sollicite son portrait peint de ma main. La princesse me presse de le faire. Elle a la bonté d'attacher quelque prix à mes ouvrages. Comment la refuser? Le comte veut-il m'étudier, me connaître? A-t-il deviné?... Sa présence me trouble au dernier point. Que faut-il faire? Refuser, accepter?

Décembre.

Accordez-moi, mademoiselle, le mérite peu commun de suivre les avis que je réclame. J'ai donc entrepris le portrait. Vous faut-il un croquis du personnage que mon pinceau va reproduire?

L'ambassadeur est un veuf de quarante ans. Avant de lui connaître un grand fils, je le supposais beaucoup plus jeune. Ses manières sont un mélange de bonhomie et d'élégance; il a le front beau, les cheveux blonds et les yeux noirs, une expression de finesse dans le regard. Son œil s'illumine soudainement près de la femme qui lui plaît. D'après ce que j'ai saisi au passage sur ses nombreuses conquêtes, sa flamme est plus ardente que durable. Entre des lèvres bien dessinées se joue un sourire loyal. Aujourd'hui il est entré chez moi suivi d'un jeune homme de taille élevée, mince et souple, le visage d'un bel ovale, une chevelure abondante, le teint brun, une physionomie attirante. Tu le devines, Marianne, c'était lui, le fils de Son Excellence.

Je t'en prie, parles-en avec mes amies mondaines, tu sauras s'il est charmant. Croirais-tu qu'avec elles je n'ose aborder ce sujet? Je pressens ce que le sens pratique du monde doit suggérer. Je sais aussi ce qu'on taira : cette faute, hélas! que je voulais oublier, que tout ravive à cette heure, et qui devient l'obstacle invincible. Cependant entre nous la confiance doit être entière : parle pour moi aux deux amies absentes...

Je reprends le récit de ma séance : « Voici, me dit l'ambassadeur en introduisant son fils, la personne mystérieuse à laquelle je destine mon portrait. Elle est au nombre de vos admirateurs. »

Quoique la miniature ne soit encore qu'à l'état d'ébauche, le jeune homme s'était récrié sur la ressemblance, ajoutant : « L'air est un peu sévère, peut-être. » — Puis, me regardant à la dérobée : « La mélancolie, qui sied si bien à certains visages, pourrait ôter à mon père l'agrément de sa physionomie. » — Il a proposé de demeurer pendant la séance pour animer le modèle par la conversation. Elle fut, en effet, vive et enjouée. La mutuelle tendresse qui lie le père et le fils a quelque chose de touchant. A l'instant du départ, le comte est devenu sérieux. Que se passait-il en lui? S'il désapprouve l'amour de son fils, pourquoi me l'amener? Peut-il ne pas nous deviner, lui, homme du monde et diplomate? Ah! ma chère, je redoute tous les yeux. Dieu veuille que ma princesse elle-même ne soupçonne rien!

En cet endroit, suspendant un instant ma lecture :

« Cet amour est absurde, m'écriai-je. Je suis désolée; il n'y a pas de mariage possible. Mettons Dalila sur ses gardes; il en est temps encore, elle n'a avoué ni son passé ni son nouvel attachement.

— Chère madame, reprit tristement Mlle Doucet, les

choses ont marché depuis huit jours; avant de rien décider, parcourez cette dernière lettre.

« 15 décembre au soir.

Quand je viens passer un instant au Marais dans ton étroite retraite, que de souvenirs m'envahissent! Je me reporte au temps où, moi aussi, j'habitais là, alors que ta tendre affection consolait mes chagrins. Chère fille, en te quittant ce matin, je voulus, comme nous en avions l'habitude, faire le tour de ce jardin solitaire dont un tapis de neige faisait valoir l'aspect sévère. Ai-je donc lassé le sort, que, par un hasard propice, nous nous sommes rencontrés là, Charles et moi, près l'un de l'autre? A pas lents, mon bras passé dans son bras, j'ai parcouru ces arcades massives qui encadrent la place.

Quel feu dans son langage! O Charles! cette place Royale, qui jadis servit aux rendez-vous de tant d'amours volages, devient désormais un lieu consacré par nos serments. La perte de mon rang, de ma fortune, m'a semblé en cet instant suprême une faveur du sort. Comment, sans cela, aurais-je connu le désintéressement de ce cœur si pur, et le prix d'un attachement presque idéal?

L'aspect glacé du paysage contrastait avec la chaleur de nos protestations; nous étions assis sur un banc de pierre, et, sur nos têtes, des tilleuls taillés à l'ancienne mode, poudrés à blanc par le givre, formaient un berceau bizarre. J'ai retrouvé ma destinée par ce côté légèrement ironique. Tu souris? Conviens du moins, Marianne, que la loi d'harmonie voulait, à un si doux tête-à-tête, une tiède matinée de printemps.

« Quelle puissance, me disait Charles avec exaltation, vous exercez sur ceux qui vous approchent! Je le vois, mon père est vaincu, il vous adore. Le portrait, je n'en doute pas, était un prétexte pour vous connaître et vous apprécier. Nous passons de longues soirées uniquement à nous entretenir de vous : quelles délices nous trouverions à vivre tous les trois réunis! »

Combien l'exagération même des louanges devient touchante quand l'amour l'inspire! A cette tendresse sans bornes ne dois-je pas en retour une entière confiance? Amie chère, défends-moi contre un aveu qui fera évanouir mon rêve de bonheur, répète-moi que ce serait exposer une vie qui m'est cent fois plus chère que la mienne. Charles et Montclar ne se rencontrent-ils pas fréquemment? Marianne, je ne le dois pas faire, n'est-ce pas? »

Je rendis les lettres en silence. Que d'obstacles j'entrevoyais! Comment admettre que le père consentît au mariage? La morale des salons est flexible, on le sait. Peut-être, pensais-je, le comte entrevoit-il pour son fils dans l'intimité de cette séduisante personne une liaison qui le mettrait à l'abri des désordres d'une vie dissipée. Qui sait même si Mme de Montclar n'en a pas suggéré la première idée à Son Excellence en répétant le propos cruel qu'elle prétend tenir de son mari? « Je vais réfléchir, dis-je attristée, et bientôt j'irai trouver Dalila. »

A Paris, il se peut dire d'un sentiment, comme d'un vêtement : Il n'est pas de saison. A l'entrée de l'hiver, sous la forme de quêtes, de concerts, de loteries, les bonnes œuvres absorbent l'existence d'une femme à la mode; la famille alors et l'amitié ont tort. L'amour même, dit-on, est tenu en quarantaine. Aussi, quoique remplie de bonne volonté, je ne sus trop où trouver le temps de joindre Dalila, encore moins de parler d'elle avec Mme Kalergis à tête reposée. Tout cela était encore à l'état de projet quand une nouvelle lettre me parvint. Cette fois Mlle Doucet l'avait confiée à la poste. Les événements prenaient un tour inattendu.

« 1er janvier 1848.

Quel commencement d'année! J'en demeure atterrée. O chère fille, toi si sage, si prévoyante, dis un peu ce qui va advenir! J'aime et je suis aimée: Mais, par cette fatalité qui me poursuit, j'ai inspiré un fol attachement à l'ambassadeur, au père de mon bienaimé Charles.

Il est donc vrai que les jouissances du cœur me demeureront inconnues. Lasse de la vie, ne puis-je donc mourir? A toi, Marianne, à toi, fidèle amie, je léguerais ma part de bonheur en ce monde : je n'y ai pas touché!

Que t'apprendrai-je? Des discours à la fois clairs et voilés avaient jeté l'inquiétude dans mon esprit. Cependant je refusais de croire à l'excès de mon malheur. En peignant cette miniature, chaque jour avec émotion je voyais arriver MM. de Rosheim. Pour moi, hélas! plaisirs et affections sont des fleurs empoisonnées. Tandis que les galanteries du père m'avaient semblé l'approbation des sentiments du fils, les efforts que j'avais faits pour conquérir ce père recevaient une interprétation trompeuse. A cette heure, je suis forcée de reconnaître la double méprise, mon aveuglement et ses déplorables conséquences.

Ce matin, comme j'entrais chez la princesse pour lui présenter mes respects et mes vœux : « Devinez un peu, ma mignonne, m'a-t-elle dit, ce que je vous réserve pour étrennes ! »

Le ton enjoué qui accompagnait ces mots n'était guère propre à me mettre sur la voie de ce qui allait suivre.

« Que puis-je imaginer, madame ? ai-je répondu, vous me comblez !

— Il s'agit bien de moi ! Fouillez votre cervelle.... mieux que cela, votre cœur. Vous ne soupçonnez rien ? »

Et comme je demeurais muette :

« Apprenez donc, belle indifférente, que nous prétendons faire de vous une ambassadrice.

— C'est impossible, princesse ! m'écriai-je ; en grâce, n'y songez pas.

— Impossible, dites-vous ? C'est ainsi que vous accueillez mon présent ? Moi, mademoiselle, qui ai tout fait pour amener cette conclusion ! »

Je ne savais quelle contenance tenir. Il fallait cacher mon désespoir à celle qui répétait avec impatience :

« Donnez une bonne raison au lieu de vos hélas ! »

Si je répliquais : Il faut aimer l'homme qu'on épouse, on me demandait avec aigreur où je prétends en trouver un plus charmant. On m'accusait de manquer de goût en n'appréciant pas l'homme qui ne trouvait aucune femme insensible à ses hommages.

Ne pouvant expliquer mon refus, je gardai le silence, et la princesse me bouda. Ma chère amie, les grands supportent d'être sollicités, mais non pas d'être refusés.

A cet état de choses, cependant, il faut une solution. Fais-en part, Marianne, à celle dont l'intérêt m'a toujours soutenue. En grâce, qu'on ne m'abandonne pas dans la détresse ! »

Je me rendis à cet appel. J'appris que, encouragé par Mme de Lichtenstein, l'ambassadeur persistait dans sa poursuite. Charles se tenait éloigné ; l'altération du visage trahissait seule la torture qu'il s'imposait.

« Comment rassurer ce cœur inquiet ? me demandait Dalila. Si son père soupçonnait le véritable motif de ma résistance, le pardonnerait-il jamais ? »

Donc, j'émis l'opinion d'éloigner le jeune homme, qui reviendrait quand l'ambassadeur aurait renoncé à ses idées matrimoniales.

« Mais comment le persuader, lui parler, m'objectait la jeune fille, dans ce cercle où l'étiquette règne toujours ?

— La comtesse seule peut vous rendre cet important service. »

Mme Kalergis accepta la délicate mission.

L'occasion qu'elle guettait se présenta dans une réunion. On sait qu'au son bruyant de l'orchestre, les femmes rencontrent souvent la liberté du tête-à-tête. Le jeune de Rosheim refusait de se mettre au rang des danseurs. L'aimable comtesse, jouant le caprice, exigea un tour de valse ; puis, avec cette science du monde dans laquelle elle excelle, passant d'une douce moquerie au ton sérieux :

« Croyez-moi, dit-elle ; quelques mois d'absence rendraient réalisable ce qui semble impossible aujourd'hui.

— Non, je ne puis partir, » fut-il répondu brusquement.

« Je vis clairement, ma chère, me raconta ensuite Mme Kalergis, qu'avec cette précipitation d'esprit qui caractérise les amoureux, il ne mettait plus en doute que Mlle de Rutières n'eût cédé enfin aux instances de l'ambassadeur. Or, sa présence pouvait paraître un obstacle à l'accomplissement du mariage : on voulait l'éloigner. »

Appuyé contre une porte de sortie, Charles perdait conscience des lieux où il se trouvait. Mme de Montclar le frappa plusieurs fois de son éventail sur le bras pour obtenir son attention. Elle le priait de lui donner la main jusqu'à sa voiture. Au même instant s'avançait Frazer, qui, surpris de l'extrême pâleur du jeune homme, voulait l'emmener avec lui. Celui-ci expliqua qu'il accompagnait Mme de Montclar et prit rendez-vous avec le major au café de Paris.

8.

« Vous me reconduirez, » avait dit à Charles cette femme qui, elle aussi, connaissait de mortelles inquiétudes. Elle avait deviné le nouvel amour de l'ambassadeur ; le portrait était venu éclairer sa jalousie.

Une fois sur la voie, en dépit des précautions dont s'entourait le diplomate, Alix ne put être dépistée. Que tenterait-elle pour briser le nouvel attachement de cet homme volage ? Ne chercherait-elle pas à se faire du fils un auxiliaire ? Il devait être hostile au projet d'un second mariage...

« Je voudrais connaître ce qui s'est dit dans cette voiture, soupira Mme Kalergis ; vous me devez, chère amie, d'obtenir cette confidence de M. Frazer. Dans le paroxysme de la passion et de la désolation, le jeune homme se sera épanché. Il me semble que les innombrables boutons qui ferment le gilet du major doivent provoquer la confidence. »

Ce jour-là, précisément, Frazer vint me demander à dîner. C'était une inspiration ; il me trouva seule. J'eus donc par le menu l'historique du retour de bal, tête à tête, en voiture, entre Alix et le jeune baron. Il paraît qu'elle attaqua dans le vif le sujet qui le préoccupait par cette déclaration :

« Je crois votre père au moment de commettre une folie ! »

« Charles répondit sèchement : « Mon père ne saurait avoir tort à mes yeux.

— Voilà parler en bon fils, dit ironiquement la dame, et je vous laisse à décider si je dois révéler ou taire ce que j'ai appris des premières amours de cette demoiselle, qui, je le sais, est aujourd'hui la femme de son choix. »

« Plein d'indignation, ajouta le major, à cette brusque attaque dont il devinait le mobile, Charles riposta que la colère n'autorisait pas la calomnie. Une discussion suivit, et, tout d'une haleine, Mᵐᵉ de Montclar raconta une histoire d'amour entre Mˡˡᵉ de Rutières, adolescente, et son époux, histoire qui s'était passée il y avait plusieurs années dans le voisinage d'une ville de garnison. Naturellement, la femme affirmait ce que le mari, j'aime à le croire, laissait dans le vague.

— Vous prêtez à cet homme, mon cher major, des délicatesses dont il est incapable.

— Mieux que moi vous en pouvez juger, me répondit Frazer, puisque vous connaissez les détails d'une histoire sur laquelle je n'ai que de légères indications.

« Ah! j'oubliais de vous dire que la femme furieuse a terminé en répétant que la crainte d'une fausse interprétation l'avait seule empêchée d'éclairer directement M. l'ambassadeur. Vous ne sauriez, chère madame, imaginer en quel état d'excitation le pauvre Charles m'est arrivé. Il répétait sans cesse : « Ce n'est pas vrai! je méprise le langage de cette femme! » Mais, comme une guêpe irritée, elle lui avait planté dans le cœur l'aiguillon de la jalousie. — Ma patience à écouter les rabâchages amoureux m'a conquis une réputation venue jusqu'à vous, je le sais, madame. — Ainsi, mon jeune premier, à force de tourner autour de la même idée, se remit en mémoire, tout à coup, qu'au bal costumé de Mᵐᵉ de Lichtenstein, l'adorable Dalila parut étrangement troublée par les discours d'un homme masqué. Ne lui avait-on pas alors nommé un capitaine, M. de Montclar? Plus de doute, le vil calomniateur était lui. « Nous nous mesurerons, cria Charles, nous nous battrons. Je ne tiens plus à la vie, je le tuerai! »

« Et comme il gesticulait d'une façon menaçante, je le rappelai à la raison par une douce plaisanterie, le priant de ne pas confondre l'ami et l'ennemi.

— Savez-vous ce qui me trouble, cher major, dans tout ce récit? c'est qu'un duel est inévitable, je le pressens.

Cette femme l'a rendu ainsi par ses indiscrétions. Qu'on parle ou qu'on se taise, c'est tout un. Le jeune homme en sait trop ; il devinera... Que faire, major? Que faire? dites un peu! »

Prenant son air calme et doux :

« J'oserai, madame, dit-il, vous parler comme à un ami. Les choses se sont mêlées de telle sorte que le duel est devenu la seule issue praticable, et un duel sans accommodement, un duel sans merci! Il s'agit donc, pour celui des deux qui nous intéresse, d'obtenir de bons témoins. Je crois que, jusqu'ici, Charles n'ayant établi aucune intimité à Paris, s'adressera à moi de préférence. Je me mettrai à ses ordres et lui proposerai pour second témoin Paul de Molènes. Avec celui-là on sait l'honneur en sûreté.

— Oui, certainement, repris-je, mais peut-être est-il trop inflexible?

— Malheureusement, madame, dans le cas qui ne tardera pas à se présenter, aucune concession n'est à faire.

— Je me sens étrangement troublée par vos paroles, mon cher ami, et c'est précisément parce que je connais la modération de votre langage que j'entrevois clairement la gravité des faits qui vont suivre. Je tremble pour ma pauvre Dalila, pour le père du jeune homme et pour lui-même! N'est-il pas terrible de voir jouer une existence intéressante contre celle d'un homme sans aucune valeur morale? Mais l'origine de cette lutte demeurera secrète? major, vous m'en répondez!

— N'en doutez pas, madame. Du reste, en ce temps d'irritation politique, provoquer un fou comme Montclar sera chose facile : il est sot et brave. Mais permettez-moi de vous quitter, je vais m'assurer du concours de de Molènes. »

Quand je revis Dalila, je la trouvai triste et préoccupée du changement qui s'était produit dans les manières de

Charles. Il savait que la demande en mariage de son père était rejetée, et cependant il fuyait Mlle de Rutières. Le doute s'était glissé dans son cœur. Montclar ne serait-il pas le véritable, le seul obstacle qui se dressait entre Dalila et son père, et non pas cet amour que peu de jours avant il croyait inspirer?

Avec impatience il épiait un prétexte de provocation qui pût voiler aux yeux de tous sa haine secrète contre le capitaine.

De son côté, Mlle de Rutières cherchait un moyen de causer un instant avec Charles de Rosheim, s'étonnant de l'art avec lequel celui-ci l'évitait.

Cette bizarre conduite, je me l'expliquais; mais je me gardais d'éclairer un avenir qui me faisait trembler. Dans cette situation compliquée, Dalila, qui avait grande confiance en moi, aurait désiré me voir sans cesse. Il lui semblait que, par ma présence, je pouvais exercer une influence heureuse sur toutes choses; mais obtenir, le soir, ma visite était fort difficile, ayant un groupe d'habitués et d'amis qui se tenaient pour assurés de se rencontrer régulièrement chez moi. Parvenus en février, à cette époque où les banquets remuaient singulièrement les passions politiques, Mme de Lichtenstein me lança une invitation à venir dîner le 23 février chez elle. La forme était pressante; mais j'avais moi-même du monde ce jour-là, je ne pouvais fermer la porte à mes convives.

« Fût-ce tard dans la soirée, répondis-je, je ferai effort pour porter de vive voix à la princesse l'expression de mes regrets. »

Il arriva que, le jour même, je reçus de plusieurs conviés des billets où chacun s'excusait tant bien que mal. Une de ces lettres contenait ces mots : « Décidément M. Guizot est trop outrecuidant! » Ce passage servit de texte au début de la conversation à table entre les deux convives qui m'étaient demeurés fidèles : M. Berryer et

M. de Mesnard, président à la Cour de cassation et pair de France. C'était un homme de capacité, et qui passait pour spirituel dans un monde restreint et provincial, un monde de magistrats. Si on pénétrait dans un cercle de ce genre, on se prenait à penser à la ligne de démarcation qui, sous Lous XIV, existait entre la société de Versailles et les robins. Les temps étaient changés, mais peu les classes. M. de Mesnard, s'échauffant sur les fautes du ministère, nous annonça qu'il allait l'attaquer vertement dans un prochain discours très médité.

« Et qu'on ne vous laissera pas prononcer? interrompis-je.

— Pardon, pardon, madame; pour pouvoir tout dire, je mettrai des gants aux pieds et aux mains. »

A ce courageux projet, Berryer souriait ironiquement.

Tout en écoutant M. de Mesnard et le plan de son discours, nous étions distraits. L'air était pesant; nous semblions tendre l'oreille pour entendre ce qui se passait au dehors; aucune corde ne vibrait dans la causerie. On est d'accord sur l'instinct qui, à l'approche de certains cataclysmes, tels que les tremblements de terre, les trombes ou les cyclones, rend les animaux affolés; qu'y a-t-il de surprenant à ce que l'homme, dont le système nerveux et cérébral est plus raffiné, pressente aussi les troubles révolutionnaires remplis de dangers? L'air alors n'est-il pas chargé d'une électricité dont les courants allument les passions?

Sortant de table, tout en prenant le café, je mis entre les mains de ces messieurs un feuillet de papier rayé à la plume, sur lequel était noté le chant particulier que mettait au prononcé de ses arrêts l'éminent président Lasagni, en y joignant sa prononciation italienne. Cette curiosité ranima mes convives. « Comment avez-vous cette pièce? me demandaient-ils. — Je la prête et ne la donne pas, répondis-je ; l'auteur, M. le président Troplong, sait que je la possède, et comme vous, messieurs, il en a ri franchement. » Quelle charmante chose que la gaieté ! Sur cette diversion, plusieurs anecdotes prirent jour, et celui qui vint nous interrompre d'un air effaré ne fut pas le bienvenu. « Qu'y a-t-il ? qu'avez-vous ? » m'écriai-je. C'était un de mes parents.

— Il y a qu'il se passe des choses étranges sur les boulevards ; je ne sais si on ne s'égorge pas ! »

Puis d'autres visiteurs inquiets et sombres accouraient. « On se fusille ! » criait-on. Un autre, d'une voix encolérée, racontait qu'en face des Affaires étrangères, au boulevard des Capucines, on promenait avec des torches un tombereau pour enlever les morts.

La voiture de M. Berryer fut annoncée, et ce fut avec empressement que M. de Mesnard accepta l'offre d'être reconduit par lui.

Durant cette alerte, les tempéraments des visiteurs demeurés chez moi se dessinèrent. Il y avait les consternés, les effrayés et les sceptiques. Je fus frappée de ce que l'appréhension de la ruine dominait même la peur du danger. Est-ce que décidément les gens tiennent plus encore à la bourse qu'à la vie ? me demandais-je. A travers les angoisses de l'inquiétude le dialogue suivant ne put m'échapper.

Deux de mes amis, excellentes gens et très riches, échangeaient leurs condoléances avec une entière conformité de sentiments :

« C'est une révolution sociale qui s'opère, disait l'un.

— Vous dites le mot, fut-il répondu d'une voix pénétrée.

— Il faudra désormais, persista le premier, gagner sa vie ! Mon cher, je retiens chez vous la place de concierge !

— Et moi, dit l'autre, toute mon ambition serait d'entrer dans vos écuries. »

Et ils se serrèrent douloureusement la main, sans se douter du comique de leurs projets.

Cependant, comme chacun de ces déshérités en herbe possédait encore voiture et chevaux, je priai l'un des futurs concierges de me déposer à l'hôtel de Mme de Lichtenstein, à deux pas de chez moi; là, du moins, les nouvelles du dehors nous parviendraient sans retard.

Je fus reçu par la princesse à bras ouverts, comme si j'apportais quelque bonne nouvelle. Hélas! il n'en était rien. A peine étais-je entrée, que Charles de Rosheim fut annoncé. De suite, il déclara son prochain départ; il venait, ajouta-t-il, prendre les ordres de la princesse.

« Comment, Charles, lui dit-elle, vous vous éloignez au moment des banquets? Si je connaissais le pays où se rencontre un pavot magique propre à endormir tous les orateurs qui troublent cette belle France, je vous enverrais combattre le dragon qui le défend sans doute.

— Princesse, j'affronterais le danger avec bonheur, » reprit Charles fièrement. Puis, s'approchant du groupe qui s'était formé autour de moi, parlant très bas, il dit à Dalila :

« Je ne demande à vivre que le temps nécessaire pour forcer votre cœur à la reconnaissance.

— Que signifie ce langage? » fit-elle. Et, d'un ton d'autorité : « Il faut que je vous parle ; je vous attends chez moi, demain ! »

A cette heure de la soirée, tous les visiteurs racontaient en même temps le terrible épisode du boulevard des Capucines. Chaque récit différait entre ces gens animés ou consternés ; personne, excepté moi, n'avait suivi le *romanzetto* qui se passait en notre présence. Charles s'inclina en recevant l'ordre de Mlle de Rutières et disparut. Quelques minutes après, l'ambassadeur entra ; lui aussi s'approcha de cette beauté sympathique qui lui tenait rigueur. Il paraissait soucieux.

« Vous me voyez, dit-il, mécontent de ce qui se passe ; l'horizon est sombre. Dieu seul sait ce qui va advenir. Je tremble pour ceux que j'aime ! En de telles circonstances, me pardonnerez-vous, mademoiselle, d'insister de nouveau pour obtenir le droit de vous protéger ? »

Et il se tourna vers moi, comme me demandant d'appuyer sa prière.

Déjà émue par la scène précédente, des larmes roulèrent dans les yeux de Dalila, et, joignant les mains, elle répondit :

« Monsieur de Rosheim, je vous en supplie, cessez de m'aimer ; votre insistance fait mon malheur ! »

Confondu de l'accent profond et sincère avec lequel ces mots lui furent adressés, le diplomate s'éloigna, paraissant vouloir deviner la secrète pensée qui les avait dictés.

Quelle journée que celle qui suivit ! En disant : « A demain, » Dalila n'avait pas précisé l'heure ; aussi, me raconta-t-elle plus tard, à peine faisait-il jour qu'elle attendait déjà ; allant avec une impatience fébrile sans cesse à la fenêtre, appuyant son front sur la vitre pour y saisir une fraîcheur fugitive ; au moindre bruit, les forces l'abandonnaient.

Tout à coup, elle entend un bruit de pas : c'est Marianne qui vient se réfugier près de son amie, alarmée par les désordres politiques dont on la menace. Réunies, toutes deux, oubliant la chose publique et se demandant si Charles de Rosheim viendra, et que lui dira Mlle de Rutières ; celle-ci insiste pour que Marianne reste près d'elle. « Ai-je un secret pour toi ? » demande-t-elle. Leurs mains se tiennent enlacées, quand brusquement la porte s'ouvre, et Charles paraît ; il s'incline et dit :

« J'obéis ; me voici. »

Il tenait les yeux baissés en parlant.

« Ingrat! s'écria Dalila, mon ordre seul vous amène; vous partiez sans me revoir!

— Qu'avais-je donc à vous dire et qu'importe mon désespoir?

— Quoi? interrompit-elle, tandis que mon cœur est demeuré le même, le vôtre m'outrage par ses soupçons?

— Qu'entends-je! s'écrie Charles. Ah! par pitié, redites-le encore! »

Elle, à demi-voix, continue :

« Je veux tout vous dire; ainsi, vous aurez la mesure de mon estime... Je ne saurais... je ne puis me marier... »

Sans être préparée à l'aveu qui lui échappait, entraînée par la situation, éperdue, Dalila cherche en vain une excuse à ce douloureux passé, ayant sous les yeux l'émotion de celui qui l'écoute; tout dans sa mémoire devient confus... Enfin, par un effort désespéré, appelant Marianne à son aide :

« Il faut qu'il sache tout, s'écrie-t-elle, devrais-je en mourir! »

Et, joignant les mains comme pour la prière : « Je t'en supplie, Marianne, explique comment cet homme abusa de ma jeunesse et de mon innocence; et, tu le sais, tant que le séducteur vivra...

— Le misérable est châtié, interrompit Charles d'une voix stridente.

— Lui, Montclar?

— Lui-même. Le fat a osé se vanter! Nous nous sommes battus ce matin même; vous êtes vengée.

— Quoi! s'écria Dalila impétueusement, cet adieu que je vous adressais hier pouvait être le dernier? O Charles! »

Et, défaillante, elle lui tendit la main.

Il s'en empara, la couvrit de baisers et de larmes; il avait la conviction qu'il était aimé, il le sentait, et cette conviction pénétrait dans son cœur, plein de sombres pensées, comme un rayon de soleil se joue entre les nuées obscures amoncelées par l'orage. Qui peut dire le trouble qui remplit l'âme de ces deux amants durant le silence qui suivit cette explosion de la passion? Chez l'homme, l'amour ne paraissait pas amoindri par la révélation qu'il venait d'entendre. Cela se voyait clairement, me répéta Marianne, qui, encore sous l'impression de l'entrevue, me raconta cette scène.

Cependant, le jeune homme, qui n'avait pas de secret pour son témoin le major, se confessant à lui vers la fin de cette journée, avoua qu'une sorte de frénésie s'emparait de lui au souvenir de Montclar. Loin de se sentir apaisé par son duel récent, il voulait se battre encore; il faisait secrètement des vœux pour que la balle qu'il avait logée dans la poitrine de son adversaire ne fût pas un coup mortel; ne pourrait-il donc lui infliger une torture équivalente à celle qu'il ressentait.

Rompant le silence qui avait suivi cet emportement de passion :

« Charles, dit Dalila, vous vous êtes fait mon vengeur; je vous aime, et que puis-je pour votre bonheur? Un fatal passé se place entre nous, il s'oppose au mariage. Hélas! il s'oppose même à l'amour. Comme époux, votre dignité se croirait atteinte; comme amant, vous sentiriez qu'une seconde faute avilirait celle que vous voudriez estimer : une séparation absolue est donc inévitable!

— Assez! cria le jeune baron tombant à ses pieds, assez! » Et, posant dévotement ses lèvres sur le bas de sa robe : « Je vous respecte autant que je vous aime; cessez un langage qui blesse nos sentiments; je suis à vous, Dalila, et le jour où mon nom deviendra le vôtre fera la gloire de ma vie! Vous, ma femme, grand Dieu! »

« Et l'espoir d'un tel bonheur, je le remarquai, ajouta Marianne, fit pâlir ce visage que le danger, peu d'heures avant, n'avait pu émouvoir. Par ses regards, par quelques paroles entrecoupées, ma pauvre Dalila répondit éloquemment à cette déclaration passionnée; l'angoisse qui, pour ces deux amants, avait précédé l'ivresse, semblait y ajouter une inexprimable saveur. Je cherchai, me dit Marianne, à les tirer de cet état d'oubli, les forçant à apprécier les difficultés qui les entouraient; le duel d'abord n'allait-il pas faire esclandre? »

Alors, M. de Rosheim expliqua combien, sous le voile de la politique, il lui avait été facile d'engager une querelle avec le capitaine, aussi brave que susceptible. Le public ignorerait toujours la véritable cause du combat.

« Si, comme cela paraissait vraisemblable, la blessure avait une issue funeste, n'y aurait-il pas à craindre une arrestation? » demanda Dalila à son tour.

Charles expliqua que, l'ambassade étant un asile inviolable, il demeurerait caché chez son père jusqu'au moment opportun pour effectuer son départ.

« Mon départ! Pourrai-je m'éloigner maintenant? » demandait Charles.

Ils convinrent de suppléer par une correspondance régulière au bonheur de se voir. Pendant cette séparation, on mettrait tout en œuvre pour éteindre la passion de l'ambassadeur, lui laissant clairement connaître qu'elle ne serait jamais partagée.

« Mais, demandait Charles d'un ton pénétré, peut-on cesser de vous aimer? »

Après mille serments répétés, des adieux cent fois recommencés, il fallut se quitter. Il semblait que c'était pour un long temps, quand le hasard de la politique amena, le soir même, un rapprochement entre les amants. C'était le soir du 24 février. Le départ de Louis-Philippe ne permettait plus d'illusion; le comte de Rosheim vint une fois encore offrir à Mme de Lichtenstein, comme lieu de sûreté, l'hôtel de l'ambassade; son fils l'accompagnait.

Dans cette tourmente révolutionnaire, qui songeait au duel et à ses résultats ?

L'offre fut rejetée par la princesse ; effrayée par le renversement de la royauté qu'elle vénérait, elle résolut de quitter Paris sur-le-champ, insistant, mais en vain, pour entraîner avec elle sa protégée. Celle-ci sentit le prix de son indépendance ; elle résista courageusement, décidée à vivre comme autrefois du travail de son pinceau. Elle se réfugia au Marais, dans le voisinage de Mlle Doucet.

La révolution accomplie, l'ambassadeur fut rappelé par son souverain ; cet éloignement forcé rompit sa poursuite sentimentale. Le fils dut suivre le père ; un échange incessant de lettres s'établit entre les jeunes gens. Bientôt Charles obtint la permission d'une courte apparition à Paris. Cette nouvelle eût comblé de joie Mlle de Rutières, sans une vive appréhension de la conduite que l'on tiendrait à l'égard de Montclar, toujours alité, mais sa vie déclarée hors de danger. Cependant, avec l'autorité d'une femme aimée, elle sut arracher à Charles, pour cette fois du moins, la promesse qu'il ne rechercherait pas le blessé.

Durant ce séjour, la passion des deux amants prit un essor nouveau. D'une nature exaltée autant qu'énergique, l'amoureux fiancé répandait en paroles brûlantes le feu dont son âme était consumée. L'esprit germanique, insensible au ridicule, laisse au langage une liberté illimitée. Non seulement la poésie devient tributaire de l'amour, mais les sciences exactes, la philosophie, l'art culinaire même, tout lui est bon et lui sert comme analogie ou terme de comparaison. Parfois admise en tiers, Marianne s'étonnait qu'on pût ressentir et exprimer de tels transports ; elle s'étonnait qu'on pût toujours répéter la même chose d'une façon aussi variée, en même temps qu'elle jouissait délicieusement de la perspective de bonheur qui s'ouvrait pour son amie.

De notre côté, Mme Kalergis et moi, nous ne mettions plus le mariage en doute.

« Le doigt de Dieu s'est montré dans les derniers événements, répétait avec satisfaction la belle Russe. L'éloignement de l'ambassadeur, ajoutait-elle, aura tout naturellement éteint sa flamme. »

Nous subissions véritablement un cataclysme social, dont le signe caractéristique était que chaque jour le mal paraissait s'aggraver. Ce mot de *république* étonnait plus qu'il ne charmait. N'avions-nous pas appris à le prononcer avec terreur? Peu à peu, les fortunes étaient atteintes sous toutes les formes : les locataires ne payaient plus leur loyer, les écriteaux ne s'enlevaient pas, tous les traitements dans les emplois publics étaient rognés; les artistes ne trouvaient plus d'amateurs; on se précipitait aux économies, retirant d'abord aux jeunes filles leurs professeurs, aux jeunes gens leurs chevaux. A quoi bon les modes? Il n'y avait plus de réunions; les mariages se suspendaient; pour mourir même, le temps eût été mal choisi, témoin l'enterrement en sourdine du vicomte de Chateaubriand.

Beaucoup de nos amis avaient endossé l'uniforme de garde national, qui, certains jours, n'était pas sans danger pour celui qui le portait. MM. de Musset, les deux frères, étaient de ce nombre.

Trouvant enfin un sentier qui conduisait à la guerre, ne consultant que sa passion intime, Paul de Molènes jeta le frac aux orties et se fit sacrer capitaine par une compagnie de cette garde mobile qui était alors en train de se recruter, et qui, bientôt, se dévouant à la cause de l'ordre, nous sauva, dans les journées de Juin, de malheurs incalculables.

Des élections se faisaient au même moment par toute la France, et M. Berryer s'en occupait avec activité. Voici ce qu'il m'écrivait à la date du 23 avril :

Quel gâchis, quel tohu-bohu ! Dans nos campagnes, on ne trahit pas, mais on ne sait ce qu'on fait; les maires et les gardes champêtres portent des listes comme des ordres de service. Dieu sauve la France ! Ah ! mon amie, l'occasion était si grande et si favorable pour établir sérieusement et loyalement un gouvernement libre dans ce pays !

Au revoir ; je vous redis encore le chagrin de mon amitié : Dites mes compliments autour de vous.

1848, 23 avril.

BERRYER.

Bientôt les terribles journées de Juin éclatèrent. Les communications entre le Marais et la Chaussée-d'Antin, où j'habitais ainsi que la comtesse, furent coupées. En des transes mortelles, nous écoutions la canonnade incessante qui partait du quartier où se trouvaient Marianne et Dalila. Après trois longues journées de sanglante mémoire, l'autorité était devenue maîtresse du terrain ; le 30 juin au matin, on commença à circuler dans les rues de Paris. J'avais chez moi une nourrice dont la famille habitait le faubourg du Temple. Cette femme voulait y courir. Redoutant de l'exposer à quelque émotion, je pris le parti d'y aller à sa place, me proposant de pousser l'excursion jusqu'au Marais, où m'entraînait une tendre et amicale sollicitude. Je fus frappée de l'état d'excitation qui régnait dans la partie de la ville où l'on ne s'était pas battu. Les passants s'accostaient, causaient, abordaient les curieux stationnant devant leurs portes. Là, on se lamentait en racontant des épisodes douloureux ou héroïques de cette guerre civile. On nommait les blessés et les morts, on les comptait, on les pleurait. Hélas ! ils étaient nombreux.

Lorsqu'on pénétrait dans les lieux où se livrèrent tant de combats acharnés, partout on voyait le silence succéder au tumulte. Des hommes aux visages mornes vous regardaient passer avec une feinte indifférence. Chacun se livrait froidement à son travail habituel, sans paraître comprendre pourquoi les rues étaient dépavées, pourquoi les eaux du ruisseau avaient pris une teinte sanglante, en formant, lorsqu'un obstacle entravait leur cours, une grande flaque rouge coagulée. Sur quelques bouts du trottoir se voyait encore l'empreinte sinistre des larges semelles des combattants.

Parvenue jusqu'à la demeure de cette famille d'ouvriers dont je venais m'enquérir, je trouvai la porte obstruée par une barricade. Interrogés, ces gens n'avaient rien vu, rien entendu! Ils affirmèrent être demeurés blottis dans une cave tout le temps qu'avait duré l'action. Tandis qu'ils tenaient ce langage, l'altération des traits démentait le calme imposé aux physionomies. Une grande fille au teint terreux, cherchant à mettre en ordre les mèches de cheveux qui s'échappaient d'un madras chiffonné, montrait ainsi par mégarde le bout de ses doigts noircis par la poudre.

Je me retirai promptement, sentant que j'étais de trop. En effet, ces malheureuses gens cherchaient à dérober aux regards un insurgé blessé, gisant dans un coin obscur, et qui n'était autre que le frère de la nourrice pour qui j'étais en quête.

Quittant ces rues désolées, traversant de nouveau le canal Saint-Martin sur le pont que, à la suite d'un engagement meurtrier, la garde mobile avait valeureusement enlevé, je me dirigeai vers la rue Culture-Sainte-Catherine. Rencontrant à chaque pas des obstacles, une anxiété très vive me saisit au sujet des deux amies. Témoins obligés de luttes détestables, les femmes que je venais chercher avaient dû courir de grands dangers. Je m'arrêtai d'abord chez Mlle Doucet. Une vieille portière me répondit que, depuis deux jours, elle était chez la demoiselle d'à côté. Ce renseignement me fit éprouver un léger frisson. Je montai au second étage; là, apercevant le cordon de la sonnette accroché en l'air : « Dalila est malade, pensai-je, j'en étais sûre ! » Tournant doucement la clef, j'entrai. Le jour était si faible que d'abord on ne distinguait rien. Ce fut Marianne qui se précipita vers moi en s'écriant :

« Il est trop tard, mon Dieu, il est trop tard ! Elle ne vit plus ! »

Accablée par la soudaineté de l'événement, je m'assis tremblante.

« Les barbares ! ils ont tué mon amie, répétait Mlle Doucet en pleurant à chaudes larmes, ils l'ont assassinée ! »

Je n'osais demander le sens de ces paroles. J'appréhendais d'entendre les détails navrants du drame qui venait de s'accomplir. Cependant j'approchai du lit et jetai les yeux sur ce beau corps inanimé qui s'y trouvait étendu.

Un air sévère remplaçait la douce mélancolie répandue jadis sur le visage de Dalila. Ses cheveux abondants étaient épars, en désordre. De sa main ouverte s'échappait une lettre tellement froissée qu'à la voir on devinait que la mort seule la lui avait fait abandonner. Après un long silence :

« Qu'est-il donc arrivé ? demandai-je d'un accent désolé.

— Une balle l'a atteinte à la poitrine, répondit Mlle Doucet en sanglotant.

— Mais l'infortunée s'est donc mêlée aux combattants ?

— Non pas ; ce n'est point ainsi. Hélas ! pourquoi lui ai-je obéi ? pourquoi me suis-je éloignée ?

« Samedi matin, elle attendait la nouvelle qui, vous le savez, devait décider de son sort. Dans notre quartier en insurrection, les facteurs ne circulaient plus. Elle imagina d'aller au bureau de la poste, réclamer la lettre attendue. Je m'y opposai, redoutant l'émotion extrême que, loin de sa demeure, pourrait lui causer le contenu du message.

« — Marianne, si tu veux que je vive, me dit-elle avec exaltation, tire-moi de cette incertitude, et vas-y. »

Je me rendis à la poste, où j'obtins la lettre tant désirée. Pendant mon absence des barricades s'élevèrent, et l'entrée de notre rue se trouva fermée. Impossible de rentrer au logis. Durant ce temps, des hommes du peuple avaient parcouru les maisons, demandant des armes, recommandant à chacun de se clore et de ne point approcher des croisées. Mais, lorsque la fusillade s'engagea, distinguant des cris de détresse, Dalila ne put contenir un généreux élan; elle ouvrit la fenêtre de sa chambre, et, se penchant au dehors, elle chercha comment elle pourrait secourir les blessés et préserver mon retour du danger. La barricade, construite au travers de la rue, était, d'un côté, attaquée par la troupe, et, de l'autre, défendue par les insurgés; il est donc difficile de déterminer d'où est parti le coup qui atteignit la généreuse victime, lorsque, paraissant à la fenêtre du second étage, elle se trouva entre deux feux.

« Oh! madame, toujours j'aurai devant les yeux l'image de ce pauvre corps, tel que je le trouvai à mon retour. Étendu là, par terre, sans mouvement, la poitrine saignante! Que ce cher visage était douloureux à voir! Un grand cercle bleuâtre entourait l'œil demi-clos. La contraction des lèvres trahissait une horrible souffrance. Hors de moi, je courus à l'escalier, implorant à grands cris aide et secours. Mais dans ces journées d'épouvante, comment se faire entendre? Bien tard enfin, une voisine vint à mon aide, et, lorsque ma pauvre mourante eut repris ses sens, nous la plaçâmes sur son lit. Après quelques gémissements arrachés par la douleur, elle s'enquit si j'avais une lettre.

« Je la lui remis. Dalila essaya de la parcourir; un brouillard était devant ses yeux.

« — Hélas! je ne vois plus ; lis pour moi, » dit-elle.

Et comme j'hésitais à commencer cette lecture :

« — Que crains-tu? mon émotion? Va! je pressens le contenu de l'écrit. Il renferme le consentement tant souhaité. La fortune ne veut rien m'épargner. C'est dans l'angoisse de l'agonie qu'il m'est permis de penser au bonheur qui m'attendait dans les bras de mon bien-aimé! Mais lis donc vite, Marianne, ma vie s'écoule. répéta-t-elle d'un ton impatient, si tu veux qu'une fois encore j'entende cette parole d'amour dont j'aurais voulu vivre. »

« Cette lettre est celle que vous voyez là, madame, sur le lit, près de vous. Prenez-la. »

Avec une émotion indéfinissable, je parcourus les lignes suivantes :

L'avenir est à nous! Je l'ai obtenu, ce mot désiré, ce droit de vivre à tes pieds, ô ma chère tendresse ; d'être à la fois ton protecteur et ton enfant... Oui, ton enfant, car mon bonheur, je le répète, sera de t'obéir toujours. Ah! si tu pouvais lire dans mon âme, tu saurais combien je suis pénétré de ta supériorité. Mon amour est un culte, et je n'ose t'adresser que des baisers d'adoration.

Ce matin, au déjeuner, le repas s'écoulait en silence, quand le comte me dit d'un ton brusque :

« Charles! Je soupçonne que ce qui vous rend plus sombre encore que ces jours derniers, c'est de voir une place vide précisément en face de moi ! Cette place n'est-elle pas celle qu'occupe habituellement une maîtresse de maison? Vous savez comment une ingrate personne s'est obstinément refusée à la remplir! Eh bien, je veux me venger noblement de ses dédains. Je consens à la voir s'y placer comme baronne Charles de Rosheim ! »

Mon adorée, soyez un instant jalouse ; mon cœur, j'en conviens, s'est distrait de vous, et d'un mouvement spontané s'est porté vers mon père. Renoncer à Dalila, transformer son attachement ! en vain je l'eusse tenté.

Mais chez moi, comment aurait fini cet amour, qui n'a point eu de commencement ? Je vous aime si étrangement que je crois ce sentiment antérieur à notre première rencontre, comme l'esprit croit avoir vu le cercle avant que la main l'ait tracé. Quand la mort me surprendra, je n'aurai jamais aimé que vous, et je vous aurai toujours aimée ; tout mon orgueil est dans l'excès de mon amour. Je le sens comme une flamme intérieure qui m'illumine et me remplit de joie. Je ne sais plus qu'aimer ! C'est désormais ma vie, mon but, mon tout enfin. Ma femme, ma chère femme ! plus de sinistres pressentiments ; j'accours te presser sur mon cœur. Que pourrais-tu craindre alors ?

Grand Dieu, quelle ivresse m'attend !

O rêves d'amour qui trompez l'absence, vous serez donc réalisés ?

Charles de Rosheim.

Quel contraste saisissant entre ces pages si vivantes et le spectacle que j'avais sous les yeux !

« Mais, demandai-je, n'avez-vous donc pu, ma pauvre amie, rien tenter pour la sauver ? ni pansements, ni médecin ?

— Ce n'est que le lendemain du coup de feu qu'un chirurgien a pu parvenir jusqu'ici. Jetant les yeux sur la blessure, il n'a donné aucun espoir.

— En a-t-il laissé du moins à la mourante ?

— Dalila avait tout de suite jugé son état. « Ma bonne Marianne, répétait-elle, ne t'inquiète pas d'un médecin ; il n'y pourra rien, tu le vois ! Ma destinée s'accomplit... O misère de la vie ! O néant du bonheur ! que vous vous faites en cet instant cruellement sentir ! »

« Ne pouvant supporter, continua Mlle Doucet, le chagrin de l'entendre s'exprimer ainsi, je la suppliais de garder le silence... C'était en vain. Elle a parlé de vous. Je l'ai entendue, durant la dernière nuit, qui répétait d'une voix affaiblie :

« — N'en doutez pas, amie ; nous nous retrouverons au pays des âmes ! »

L'agonie a été courte et terrible. A la pointe du jour, s'adressant à moi tout à coup :

« — T'en souviens-tu ? dit-elle. Je devais mourir d'une mort violente…. et de sa main ! Cette femme l'avait prédit. Oui, j'ai reconnu Montclar ; il commandait la troupe. Feu ! a-t-il crié….. Cache-le soigneusement à Charles… »

« A cet instant une grande angoisse suivit. Elle se prit à gémir sur l'absence de celui pour qui, seul, elle tenait à la vie… Elle s'inquiétait de son désespoir :

« — Par toi, ma chérie, il saura que ma dernière larme est pour lui, comme il a eu mon dernier sourire ! »

« Et puis son cerveau s'est troublé.

« — Marianne, je t'en supplie, ne m'abandonne pas, répétait-elle.

« — C'est moi, ton amie, je suis là. Dalila, ne me reconnais-tu pas ? »

« Un nom encore s'est échappé de ses lèvres…. puis elle a poussé un cri terrible, et son cœur a cessé de battre ! »

En cet endroit du récit, prise d'un nouveau transport de douleur, Mlle Doucet se précipita sur le lit, en appelant des noms les plus chers celle qui ne pouvait plus l'entendre. Faisant trêve à ma propre émotion, je me demandai comment mettre fin à la douloureuse situation de Marianne. Je reconnus qu'il fallait la quitter pour m'occuper d'elle. Hélas ! rien n'était facile en ce bouleversement général :

« Comptez sur moi, lui dis-je en mêlant mes larmes aux siennes ; je vais faire le possible. »

Je me rendis directement chez la comtesse Kalergis. Son activité, son zèle de bienfaisance, étaient souvent utiles ; ayant connu Mlle de Rutières, la vérité mise sous ses yeux la toucherait vivement.

Je la trouvai très exaltée par les dernières journées : les morts, les blessés et le rôle important qu'y avait rempli le général Cavaignac. Je me joignis à son éloge enthousiaste du général et la ramenai au douloureux sujet du drame arrivé au Marais. Alors, elle se prit de violente pitié pour le jeune de Rosheim. Comment atténuer le coup qui allait le frapper ?

« Il faut, dit-elle, qu'il descende chez moi. Je veux le préparer à subir l'irréparable. Je ferai de mon mieux. Pauvre amoureux ! Qu'il est intéressant ! »

Et, une fois encore, il fallut rappeler à sa pitié le cadavre sans sépulture, et l'amie dévouée qui le veillait !

ALFRED DE MUSSET

Chez Berryer. — Sympathie du grand orateur pour Alfred de Musset. — 1re lettre d'Alfred de Musset. — Son opinion sur son propre caractère. — Investigation sur *la morte*. — 2e lettre d'Alfred de Musset. — M. Michaud, de la *Quotidienne*. — Lettre de Berryer. — Ernest Picard, le député. — Mme Hamelin. — Le canari de Mme Récamier. — 3e et 4e lettres d'Alfred de Musset. — Portrait de la princesse Belgiojoso. — 5e lettre d'Alfred de Musset. — Pauline Garcia. — M. Osborne, pianiste. — 6e, 7e et 8e lettres d'Alfred de Musset. — La caricature de la princesse Belgiojoso. — 9e lettre et billet d'Alfred de Musset. — 10e et 11e lettres d'Alfred de Musset. — Mlle de G..., la nymphe de l'Albane. — Billet de la princesse Belgiojoso. — 12e et 13e lettres d'Alfred de Musset. — La brouille avec Mlle Rachel. — 14e lettre d'Alfred de Musset. — La sœur Marceline. — Un étrange costume. — 15e lettre d'Alfred de Musset. — La princesse Turandot. — 16e lettre d'Alfred de Musset. — Uranie. — 17e et 18e lettres d'Alfred de Musset. — Ne pas confondre Leopardi l'exilé et Leopardi le poète. — 19e lettre d'Alfred de Musset. — Un défi absurde. — Traité de paix. — 20e et 21e lettres d'Alfred de Musset. — La comtesse Kalergis. — Berryer. — Mme de B.... et le comte Pozzo di Borgo. — Dame qui file. — Mme de B..., et le prince Belgiojoso. — Galanterie politique. — Le général de Cavaignac. — Mme de Cavaignac la mère. — Une grande dame russe convertie à la république. — Billet de la comtesse Kalergis. — A l'Élysée. — Dernier billet d'Alfred de Musset. — Chenavard, le peintre philosophe. — Son jugement sur Alfred de Musset.

Marchant lentement, M. Berryer et moi, dans le parterre rempli de fleurs qui règne au midi sous les fenêtres du château d'Augerville, là même où, plus d'une fois, Alfred de Musset s'était promené avec nous, nous devisions mélancoliquement sur le poète qui n'était plus.

« Du moins, continua le châtelain, je suis heureux de penser qu'il a su combien j'appréciais sa valeur poétique associée, chose si rare, à un bon goût exquis. Je n'ai pas attendu que le public eût porté sur lui un jugement définitif, avant de me risquer à l'admirer, ainsi que le reproche épigrammatiquement Mlle de Gournay aux lecteurs, dans sa préface des *Essais* de Montaigne, son parrain.

— Aussi, dis-je, se plaisait-il en votre compagnie; il y devenait gai, aimable, et d'un esprit charmant, tandis que les irritations de la vie mondaine, et surtout cette conspiration du silence, sous laquelle les envieux cherchèrent à étouffer l'*Enfant du siècle*, expliquaient suffisamment les critiques souvent méritées, qu'on faisait de son humeur et de ses airs farouches ou dédaigneux en société. Ces reproches, dont il se rendait bien compte, je les lui avais répétés. Je veux vous faire connaître la réponse qu'il m'adressa ici même, durant un de nos longs séjours campagnards, près de vous, mon cher ami; elle vous fera voir Alfred de Musset peint par lui-même.

« Suivez-moi dans mon appartement. Je m'occupe en ce moment à mettre de l'ordre dans mes correspondances. Nous trouverons la lettre dont je vous parle. »

Berryer commença à la parcourir du regard; mais bientôt il fut entraîné à continuer à haute voix cette lecture: « Quel naturel! quelle liberté d'allure! » murmurait-il, en soulignant de longs passages par l'intonation.

« Madame,

« Vous avez trouvé le vrai nom du sentiment qui nous unit, en l'appelant un sentiment sans nom. Ce n'est pas une antithèse que je fais, votre expression est vraie et pleine de charme. Elle m'en rappelle une assez bouffonne, (vous savez que nous avons encore cela de commun de mêler le bouffon aux choses les plus sérieuses), c'était, je crois, un de mes amis qui disait à une femme: « Nous sommes sur le chemin vicinal de l'amour et l'amitié. » Que dites-vous de la comparaison?

« J'ai grand intérêt, dit M. le conseiller de la Verdullette, à ce que vous ne deveniez pas trop mauvais sujet. — Mais sérieusement, ajouta-t-il.

« — Mais sérieusement, dis-je à mon tour, est-ce que je le deviens, puisque je vous dis que je me retiens à deux mains ? Est-ce que c'est être mauvais sujet que de trouver blanche une rangée de perles, et d'avoir envie d'y mettre le bout du doigt? « Je l'aime vraiment, » dites-vous ! Eh bien, la belle raison! si on aime ce que vous aimez, madame, c'est preuve de bon goût d'abord, c'est preuve ensuite que même auprès d'une autre on a besoin d'un peu de vous.

« Malheureusement M. le conseiller sait très bien que toutes blanches qu'elles soient, les perles en question sont beaucoup trop vertes pour son très humble serviteur.

« — Vous ne m'avez pas demandé comment j'ai passé l'été. — Non, et pourquoi ? — Parce que. — Je ne vous en remercie pas moins de votre récit, c'est-à-dire que je vous en remercie davantage. « La trompette dans la prestance » est excellent. Mais pourquoi ces injures aux hommes?

« Notre puissance, dites-vous, ne se voit que par notre impuissance. — Laissez donc ! nous ne sonnons plus haut que vous, ni la charge, ni la victoire. — Règle générale, les femmes sont plus *fats*, plus indiscrètes que les hommes, fats avant, indiscrètes après.

« Si ce que je vous dis là vous ébouriffe, soyez sûre, madame, que je ne le dis qu'à vous. — Me voilà porté et arrivé aux accusations de fatuité et d'impertinence. Causons-en un petit.

« Je ne vous dirai pas platement que je vous remercie de me répéter le mal qu'on a dit sur mon compte. Mais je vous dirai que j'aime par-dessus tout votre manière douce, bienveillante, et pourtant sincère, d'adresser un reproche qui convainc sans blesser. Vous possédez là, mon amie, la plus précieuse des sciences; elle vous est naturelle, et tant que vous saurez vous en servir, ne vous étonnez pas qu'on vous aime.

« Parlons raison.

« Tout le monde est d'accord du désagrément de mon abord dans un salon. Non seulement j'en suis d'accord avec tout le monde, mais ce désagrément m'est plus désagréable qu'à personne. D'où vient-il? de deux causes premières : orgueil, timidité. Voilà les aimables principes sur lesquels j'ai à me promener ici-bas. On ne change pas sa nature, il faut donc composer avec elle. J'y tâche depuis quelque temps, vous me rendez cette justice.

« Il faut ajouter à mes deux *causes premières* un effet difficile à vaincre. Il y a de certains jours où je me lève (le mot a beau être ridicule, il est vrai) dans un certain état nerveux. J'ai beau aller, vouloir, essayer... une comparaison vous expliquera ces choses.

« Vous vous souvenez d'un soir où une belle malade, très bien portante et à demi pâmée, attendait de moi quelques secours indispensables à sa santé dans une voiture fort douce, mais très froide, vu la température du moment; vous vous souvenez que j'ai compris, senti, et même raisonné la nécessité urgente où je me trouvais de passer le pont des Arts, et vous vous souvenez que je n'ai pu rien trouver dans ma poche, dans cette poche de côté, qui fut le sujet d'une de vos plus charmantes plaisanteries.

« Eh bien, madame, je suis souvent au moral, en fait de politesses, de saluts et de poignées de main, exactement dans l'état où j'étais ce soir-là au physique. C'est la même bonne volonté, la même nécessité, la même impossibilité.

« C'est assez bête, n'est-il pas vrai? Que faire?

« *Prendre sur soi...* très juste. Que prendre quand on n'a rien?

« Vous me parlez de gens qui m'exprimeraient parfois volontiers le plaisir que j'ai pu leur faire. Je vous donne ma parole que, sur dix compliments, il y en a neuf qui me sont insupportables ; je ne dis pas qu'ils me blessent ni que je les croie faux, ils me donnent envie de me sauver. Analysez cela si vous pouvez.

« Sachez du moins, et croyez, je vous en prie, que je me déteste dans ces moments-là. Ce n'est pas moi ; ce n'est pas ma nature. Enfant, j'étais tout le contraire. Je récitais des fables au milieu du salon, après quoi j'embrassais tout le monde.

« Plût à Dieu que je fusse encore ainsi !

« Il y a dans votre lettre un mot bien vrai, bien juste, et il est triste. « Vous éloignez des hommes d'esprit et de cœur qui se sentiraient poussés vers vous. » Oui, c'est vrai ; et croyez-vous que je ne le sens pas ? que je ne le regrette pas quelquefois ?

« Mais pourquoi alors ? Je ne voudrais pas creuser cette idée. Les hommes me sont indifférents ; je ne veux pas me demander si je les hais, de peur que ce ne soit là le fond. Quoi qu'il en soit, ils ne me font point souffrir en aucune façon, et il est assez juste que, par conséquent, ils ne me donnent pas de jouissances.

« Là, mon amie, et sur ce point seul est le côté sérieux de la question. Pour le chapitre de l'abord, des saluts et poignées de main, plus j'irai, et, j'espère, plus je me formerai, c'est affaire de pure politesse, de pur devoir. *Je prendrai sur moi* le plus possible, et je vous en devrai la meilleure part.

« Pour ce qui regarde les sympathies, même passagères et légèrement exprimées d'homme à homme, c'est autre chose. Permettez à ma *vieille* expérience de ne pas décider hardiment une telle question. Votre lettre m'a fait réfléchir longtemps, en conscience, là-dessus : vous ne vouliez me prêcher que la politesse, vous m'avez fait penser à l'amitié. Je me suis regardé, et je me suis demandé si, sous cet extérieur raide, grognon, et impertinent, peu sympathique, quoi qu'en dise la belle petite Milanaise, si là-dessous, dis-je, il n'y avait pas primitivement quelque chose de passionné et d'exalté à la manière de Rousseau. C'est possible ; j'ai tenté une seule fois de me livrer à l'amitié, c'est un sentiment étrange, inouï pour moi, une excitation peut-être plus forte que le désir dans l'amour, car ce transport ne se satisfait pas.

« D'après ce que j'en sais, ce doit être un sentiment terrible, très dangereux, très doux, qui doit faire le bonheur ou le malheur de toute la vie, et je comprends que Rousseau soit devenu à moitié fou des secousses que cette passion lui a données.

« Or, bien décidément, je n'en veux pas ; c'est assez de l'amour, c'est assez de vous, mesdames, et puis je n'ai pas le temps.

« Voilà bien du sérieux pour une légère remontrance ; mais auprès de vous mon cœur se dilate, comme il se resserre auprès des autres. Pardonnez-moi donc cette dissertation, et si vous y pensez un peu, vous me comprendrez mieux, je ne suis pas tendre, mais je suis *excessif*.

« Voilà mon défaut dont j'enrage.

« Soyez sûre que beaucoup de forme use toujours beaucoup de fond. Je ne dis pas cela pour me justifier.

« Votre lettre était une vraie causerie, disiez-vous, vous voyez que la mienne n'est pas autre chose. Je vous envoie cette main de papier (plus remplie que la vôtre). J'ai mieux fait que de passer la soirée avec vous, j'y ai passé une heure dans mon lit, vous ne vous en doutiez guère, n'est-ce pas, madame ?

« A bientôt donc, et il est bien convenu, j'espère, que la dissertation sur l'amitié n'a rien de commun avec le *sentiment sans nom*. »

« ALFRED DE MUSSET. »

« Oui, c'est bien cela, fit l'orateur en me remettant l'autographe; Musset était excessif : et c'est cela même qui jetait une flamme dans sa poésie. Il a bien fait vraiment de ne se pas contraindre, nous y eussions trop perdu.

« Mais, continua-t-il, comment expliquez-vous la pièce de vers, *Sur une morte*, publiée dans la Revue de 1842, et point reproduite dans ses OEuvres avant l'édition posthume? Mes souvenirs m'éclairent en partie; cependant la singularité des caractères en jeu me déroute aussi. Enfin à quelle époque Musset devint-il épris de la belle princesse votre amie? serait-ce pendant le voyage en Angleterre?

— Quelques dates éparses dans ma correspondance, répondis-je, pourront nous guider. Tenez, voici sur une enveloppe le timbre de Londres; lisons, et vous verrez qu'entre Musset et moi la plaisanterie, plus que le sentiment, était alors dans le ton de notre commerce épistolaire. Cette lettre portait la date du 28 juin 1837.

« Jeudi, 28 juin.

« Madame,

« Comme votre départ m'avait un peu *vexé*, je ne suis pas fâché que mon silence vous ait un peu inquiétée, mais quand donc me connaîtrez-vous? ce jour-là, vous laisserez de côté à tout jamais vos modesties; et en même temps vous excuserez mes fautes. Souvenez-vous donc, je vous en prie, d'une chose que vous me disiez un jour en revenant d'Augerville. « Il peut y avoir paresse ou négligence, mais jamais froideur ni oubli. » Voilà, madame, mon éternelle excuse, et mon éternelle raison. Trouvez-y, si vous voulez, un reproche à me faire, mais comment y verriez-vous un motif de méfiance!

« Sans doute, et cent mille fois sans doute, mille détails pourraient venir et être appréciés, et sans doute encore ils ne sauraient, *sous aucun prétexte*, venir hors de propos. Essayez donc; la modestie est un vilain défaut qui ne devrait jamais être celui des gens d'esprit. Je vais vous prouver tout de suite que ce n'est pas toujours le mien, car, lorsque j'ai appris votre départ, ma première idée fut de me dire « que je voudrais bien être en tiers au fond de la voiture, entre la bouche de l'Altesse et l'oreille de M. le conseiller! » et ma seconde idée fut immédiatement « que M. le conseiller pourrait bien, malgré la distance, me mettre en tiers dans ses causeries, et m'envoyer quelques petits cancans par écrit. » Et j'entendais rouler le carrosse au clair de la lune, je voyais la petite sœur Valentine, endormie sur la banquette de devant; les deux voyageuses étendues l'une à côté de l'autre dans le fond, jasant à voix basse, riant, rêvant, et je me disais : il m'en reviendra quelque chose. Vous voyez que pendant que vous doutiez de moi j'osais compter sur vous. Imitez-moi donc en cela, et quand vous aurez envie de prendre la plume à mon intention, je vous adjure de le faire avec une entière confiance.

« Ceci dit, merci de votre amusante lettre qui m'a fait passer une demi-heure charmante. Merci encore d'une autre chose, c'est d'avoir sauté à pieds joints par-dessus l'axiome invariable : « Une femme n'écrit pas la première. » Ceci est de votre part, madame, un vrai trait de bravoure; un vrai acte de *steeple chase*. J'y reconnais l'effet du voyage, et savez-vous, à ce propos, qu'on est encore étonné à Paris de votre brusque *départure*. Quitter son monde sans dire gare, parents, amis, etc., etc., c'est un peu violent. Mon intention avait d'abord été de vous adresser là-dessus un speech ainsi conçu, à peu près :

« Voyez, madame, comme vous êtes : Vous partez de Paris le jeudi, et ma mère le samedi. Si vous étiez partie le samedi, ma mère serait sans doute partie le dimanche ; voilà comme sont les femmes..... « et voilà ce qui fait que notre fille est muette. »

« Et avant de partir, dites-vous, vous demandiez s'il n'y avait pas de lettres pour vous. C'est que ma mère partait le samedi, voilà pourquoi il n'y avait pas de lettres, et pourquoi il y en aurait eu le dimanche ; mais là-dessus vous partez le jeudi !

« Et je suis sûr que non seulement vous avez été ravie de partir ce jeudi, mais qu'à l'heure qu'il est vous êtes enchantée d'être partie.

« Vous vous figurez que vous allez voir couronner la reine d'Angleterre? Eh, mon Dieu, non! vous ne verrez rien ; je suis bien aise de vous dire vos vérités.

« Ayez la bonté de répéter à la princesse que, si elle se met à son âge sur le pied des enlèvements, on en jasera infailliblement. Mais je suppose et j'aime à croire que vous vous marierez incognito chez le forgeron afin de légitimer votre escapade.

« Et qu'aurait-elle à dire, la princesse, si, pendant qu'elle vous enlève, vous, en robe de chambre et en pantoufles, on prenait un bidet de poste, et si on arrivait au galop l'enlever, elle, au milieu des bains de mer, en camisole de flanelle? Elle n'aurait que ce qu'elle mérite. Voyez où mène une imprudence.

« Mais on vous pardonnera à toutes deux, mesdames, à une seule condition, c'est que vous paraîtrez au couronnement avec deux queues plus longues que celle de la reine. Mais n'y manquez pas !

« Tel était, madame, le speech éloquent que j'avais dessein de vous faire pour vous éclairer sur votre coup de tête. Il eût été bien plus sévère encore si votre lettre ne m'avait désarmé. Adieu, madame, et écrivez surtout. Nous avons ici une pluie battante, vous avez là-bas pis encore, ainsi vous devez avoir le temps d'écrire.

« Présentez mes civilités à votre belle compagne de voyage. Je désirerais en outre savoir trois choses :

« Si vous avez eu le mal de mer ;

« Si miss Talbot (l'actrice) est jolie ;

« Et quand vous comptez revenir.

« Mlle Plessis, est toujours grande et mince, et fort bien portante.

« Elle aime toujours, à ce qu'il paraît, la galette chaude.

« Si nous étions voisins, je ne sais pas trop si j'oserais vous marcher sur le pied.

« Il est plus que probable que je pousserais tout doucement le pied de ma marraine, afin que ma marraine elle-même eût l'idée de me marcher sur le pied. Je serais alors en droit de lui adresser la question :

« M'aimez-vous, madame? Et que répondrait-elle à cela?

« Alfred de Musset. ».

Un souvenir amenait cette plaisanterie. M. Michaud, de la *Quotidienne*, auteur des *Croisades*, racontait que, pendant un grand dîner, sa voisine lui ayant marché maladroitement sur le pied, il lui avait adressé cette question en façon d'avertissement : « Madame, m'aimez-vous? » et, sur une réponse négative pleine de surprise, il avait ajouté : « Alors, madame, veuillez poser votre pied à terre. » Or, M. Michaud était alors âgé et cacochyme ; le physique, cette fois, ajoutait encore au sel qu'il mettait dans ses moindres propos.

« A présent, dis-je, prenons, à la même date de ce fameux voyage, une lettre de vous, mon cher Berryer. Le parallèle sera piquant. Consentez-vous?

— Madame, quand vous commanderez, vous serez obéie! un doute à cet égard vous est-il permis?

« Augerville, 9 juillet.

« Votre lettre du 6, madame, m'empêche au moins de retourner à Paris ce soir; je ne verrai donc pas ce Brighton, où je croyais vous aller chercher dans trois jours. Eh bien! je reste au bord de mes eaux, sous mes ombrages, au milieu des faneurs, qui jettent autour d'eux cette si enivrante saveur des prés. J'écris à Paris que je n'y arriverai que jeudi, parce que vous n'allez pas à Brighton; n'est-ce pas justice que je fasse un peu murmurer contre vous, qui m'ôtez le si charmant plaisir que je m'étais promis?

« J'avais rêvé les plus délicieuses choses de ce séjour en terre étrangère. Eh bien! tant pis pour vous, je ne suis pas fat, mais franchement vous y perdez, vous, la princesse, la comtesse, la cousine, si Elle y était encore. Oh! que c'est donc mal à vous, mal à Elle; êtes-vous donc devenue sotte dans la traversée, et n'avez-vous pas dit à la princesse les mille aimables choses que ma folle foi en vous avait confiées à votre art de bien dire? Si, sous ces brouillards d'Angleterre, vous lui aviez parlé en mon nom, à votre façon de France, Elle ne vous eût pas répondu : « Allons l'attendre à Liverpool. » La belle possibilité! traverser l'Angleterre, sans mot dire à âme qui vive, courir à toute éreintée de chevaux pour joindre de ces personnes qui ne passent nulle part, sans que l'on dise de celle-ci qu' « elle est désinvolturément belle! » et de celle-là : « Oh! qu'elle est toute charmante à la française! » Ne voilà-t-il pas, sur le compte de l'orateur gaulois, le plus complet roman qui jamais ait été stéréotypé aux colonnes du *Morning Post* ou du *Morning Herald*?

« L'Angleterre ne me souriait guère, vous me brouillez bien plus avec elle.

« Enfin nous voilà quittes des longs récits de la *coro-*

nation. Il n'y a que deux choses qui m'ont frappé, et qui me restent ; elles m'ont été écrites de Londres, non par vous, cruelle ! ce vieux lord de quatre-vingt-quatorze ans, tombant sur les marches du trône aux pieds de la reine ; et la jeune souveraine quittant le trône et l'aidant avec beaucoup de grâce, me dit-on, à le relever, et puis, à un bal sous un portrait en pied de Napoléon, assis l'un près de l'autre, le duc de Wellington et le maréchal Soult devisant longtemps ensemble.

« Mais je vous remercie de la scène de Lautour-Mézeray. Elle me ravit. Imaginez que, la première fois que je le vis, nous dînions en étrange et joyeuse maison, chez Amigo [1]. A peine avait-on mangé les soupes, déjà le champagne lui montait à la tête. On prononça de façon assez légère le nom d'un de ses amis ; il se récria, brisa les verres, et, à travers un de ces tapages de table que j'ai en horreur, il se fait champion d'amitié avec un cœur si chaud, des accents si vrais, un emportement si tendre, que je ne vis en lui qu'un parfaitement bon garçon ; et, depuis ce jour, j'ai eu à cœur de lui montrer mon estime en toute rencontre. Je suis certain aussi que, malgré l'éclat des toasts à votre dîner de Londres, vous ne lui avez pas mal voulu de sa rude chaleur pour moi.

« N'est-ce pas que ça vous a été un divertissement de retrouver Lablache à Londres, et de voir cette spirituelle tête de Michel-Ange étonnée de vous découvrir dans votre avant-scène ? et puis vous me dites là de ces choses qui me font bondir en mon fauteuil, qui me retournent dans mes dépits, mes regrets ; mais que fallait-il faire ? Ah ! par pitié, ne me soyez pas coquette ; ignorez-vous ce que c'est qu'une vie d'ermite durant quinze jours,

---

1. Cantatrice espagnole très belle tenant des seconds rôles au Théâtre-Italien.

même à quarante ans et quelques, au temps où l'on fauche les foins? Ah! Brighton! Princesse! Brighton! petite fée, Brighton! comtesse même! Brighton!!!

« N'importe, je vous baise la main de la tête aux pieds, comme au bord de la cascade, et toujours, toujours. Hélas! honni soit qui mal y pense. Mais enfin je vous reverrai à Paris ou à Augerville; oui, revenez ici; ce désert n'a point d'aspect qui ne reflète bon souvenir de vous. Au revoir donc, et *friendly shake hands.*

« Berryer. »

« Eh bien, s'écria Berryer, je déclare de bonne foi que je méritais d'être mieux traité que je ne l'ai été. On sent dans ma correspondance une chaleur, une fougue dont vous n'avez pas tenu compte; quant à Musset, près de vous, madame, sans tomber, il m'a toujours semblé près de verser. Mais où placez-vous, à l'égard de la princesse de Belgiojoso, la vendetta poétique?

— Naturellement, mon cher ami, à la date où parut dans la *Revue des Deux-Mondes* la pièce de vers portant pour titre *Sur une morte;* c'était en 1842.

« Ce soir je descendrai mon précieux coffre, et nous tâcherons de préciser cet épisode amoureux dont vous avez conservé souvenir.

— Venez ici, me dit tout à coup le châtelain, désignant une fenêtre contre laquelle il s'appuyait, j'aperçois dans le parterre mon hôte Ernest Picard; il vous cherche et m'appelle. N'êtes-vous pas frappée du mélange de bonhomie et de finesse d'esprit qui se peignent sur ce visage?

— En effet, votre confrère me plaît beaucoup; mais sa présence ne sera-t-elle pas un obstacle à nos projets de lecture?

— Chère, il est digne de prendre part au régal. Allons le joindre; voulez-vous? »

Au premier mot du sujet qui nous occupait, la physionomie du député s'épanouit; il s'écria :

« Parlez-moi de ce genre de fouilles, bien autrement intéressant, à mes yeux, que celles des sarcophages égyptiens, ou autres raretés de ce genre. J'eusse préféré au don magique que possédait le diable boiteux, de pénétrer dans le secret des intérieurs, celui de pouvoir d'un coup de baguette ouvrir les portefeuilles, c'est-à-dire mettre le nez dans les écritures; saisir, continua Picard riant, chez le poète le vers encore dans son cocon, et les billets galants aussi.

— Mais, répliqua Berryer, pour cela, mon cher, il suffit de prendre l'emploi de préfet de police.

— Oui; à cette seule condition d'en avoir le tempérament !

— Allons, fis-je, comme curieux, monsieur, vous paraissez posséder une véritable virtualité. Nous vous admettrons ce soir à nos recherches d'autographes.

— Madame, ces lettres vous sont-elles adressées ? »

J'expliquai ce dont il s'agissait; fixer la date des sentiments qui donnèrent naissance à une pièce de vers parue, en 1842, dans la *Revue des Deux-Mondes* et reproduite seulement dans les œuvres posthumes de Musset.

« Je parie, dit le châtelain à son confrère, que vous ne connaissez pas les vers *Sur une morte ?* »

Et il les récita, de cette voix toujours jeune et sonore, en dépit des soixante ans, prenant plaisir à s'entendre écouté par une intelligence attentive.

« Eh bien, monsieur, dit-il en s'arrêtant, tel est le mystère des cœurs que, par la bonne grâce de madame, nous tâcherons d'éclaircir ce soir.

— Et voilà, ajouta Picard, qui va encore augmenter mon regret de n'avoir connu le poète que de vue. Cette curiosité qui nous possède, de toucher pour ainsi dire les célébrités, croyez-vous, cher maître, que nos anciens en fussent possédés?

— Rarement j'en vois trace dans leurs écrits, répondit Berryer. Au bon vieux temps on se complaisait dans les in-folios, les étudiant à fond et les commentant à perpétuité. Aux temps modernes, la jouissance consiste à parler sur les auteurs, juger leur talent, et cela se doit faire sans perte de temps, rapidement, afin de satisfaire la paresseuse activité qui nous dévore. Le contact est donc le plus favorable procédé pour cette besogne.

— Quoi! mon cher ami, s'écria Ernest Picard, vous m'enrôlez ainsi parmi les paresseux actifs? Je réclame et déclare ma curiosité une disposition héréditaire. Ne constatez-vous pas chaque jour l'empressement avec lequel le public accueille les correspondances, les biographies, les mémoires? Nous sommes enfants du xviiie siècle : ainsi s'enchaînent les choses! Si nos grands-pères n'avaient point recherché, cultivé les supériorités, leurs écrits n'éveilleraient point un si vif intérêt chez nos contemporains.

— Confrère! encore une cause bien plaidée! Et, continua Berryer, puisque nous avons nommé les anciens, je dois avouer, avec cette désinvolture que provoque le plein air, que mon chagrin de n'avoir entendu disserter ni Aristote, ni Platon, est tout à fait effacé par celui de n'avoir pas vu, de mes yeux vu, Aspasie, Phryné et *tutte quante*. Victor Cousin, ce me semble, comprenait une manière d'adoration rétrospective, dans les sentiments historiques.

— Effectivement, M. Cousin parle de certaines grandes dames du temps passé en philosophe amoureux plutôt qu'en historien. Est-ce un amour contagieux? demandai-je à ces messieurs d'un ton légèrement moqueur. Tenez-vous pour Diane de Poitiers ou pour Mme la duchesse de Longueville?

— Je tiens, madame, pour les femmes de notre temps, répondit galamment Ernest Picard ; et je crois que sur ce point notre poète serait mon chef de file. »

Puis, avec un singulier brio, il s'écria :

> Oui, femmes, quoi qu'on puisse dire,
> Vous avez le fatal pouvoir
> De nous jeter, par un sourire,
> Dans l'ivresse ou le désespoir.

« Il me semble, continua-t-il après cette citation lancée en bouffée poétique, que, tourné comme l'était Musset, et possédant au service de ses sentiments un art de dire enchanteur, en règle générale, il devait provoquer l'ivresse et ne point connaître le désespoir !

— D'accord, fit Berryer ; mais, dans le cas qui nous préoccupe, entre la princesse et le poète, les amours-propres surtout étaient en jeu. Le genre de coquetterie qui existait entre eux prenait souvent une physionomie agressive, celle d'une sorte de duel. Il est évident cependant qu'un grand attrait pour Alfred de Musset se rencontrait dans la beauté unie à l'intelligence. Or il est rare, en effet, de posséder ces dons à un degré aussi éminent. Mme de Belgiojoso était ce qu'on désigne artistiquement du nom d'étoile, genre attractif pour le poète. Laissant de côté un début brûlant, funeste et trop connu, avec George Sand, ne s'est-il pas occupé tour à tour de Pauline Garcia et de Rachel ?

— Non pas tour à tour, fis-je riant, mais des deux à la fois !

— Pour notre poète, vous le voyez, reprit Berryer, l'étoile était un attrait. Aussi ai-je bon souvenir, madame, de la manière dont il vous donna place au firmament. C'était par une comparaison que vous fûtes amenée à produire à travers une vive discussion avec l'éloquente et spirituelle Mme Hamelin, qui déclarait tout poète d'une personnalité insupportable. Vous défendiez Musset, tenant précisément à la main une lettre de lui, que le facteur venait d'apporter.

« — Je parie, s'écria votre brillante antagoniste, que dans cette missive adressée à une charmante femme, le poète trouve moyen de ne parler que de lui ? »

« Et je vous vois encore irritée, continua le châtelain, décacheter et nous lire à haute voix une lettre d'un naturel remarquable, dans un *mezzo* caractère de gaieté et de sentiment. Puis, chère amie, avec une grâce d'à-propos qui jamais ne vous a fait défaut, vous m'avez donné la lettre d'Alfred en souvenir de son mémorable triomphe en ce lieu, disiez-vous. La lettre est placée à son numéro d'ordre dans mes papiers.

— Quelle mémoire, quelle mémoire! m'écriai-je. Que ne puis-je, avec la même exactitude, reproduire le monologue qui suivit immédiatement cette attaque, et me laissa une sévère impression sur l'art de la parole que possédait Mᵐᵉ Hamelin.

« Assise là, sur le bras d'un fauteuil, tandis qu'on attelait une calèche pour la ramener à sa campagne, relevant son voile vert de côté *à la Récamier*, et nous montrant son brun visage qui avait fait dire que, couchée dans ses draps blancs, elle semblait une mouche dans du lait, ses yeux noirs ardents, en dépit des années, n'ayant rien perdu de leur accent créole : je la vois encore, sautant des poètes en général à M. de Chateaubriand en particulier, qui était, avec raison, rangé par elle dans cette famille d'esprits. Puis, passant d'un coup d'aile à Mᵐᵉ Récamier, elle commenta de la plus plaisante façon les droits de cette beauté à prendre rang parmi les poètes.

« Non que jamais, ajoutait-elle, cette merveille eût commis un hémistiche; j'ignore même si elle pouvait écrire en prose. Pas d'indiscrétion à craindre qui jamais pût faire lire un billet d'elle? Inspirant le genre humain, elle était la grande prêtresse d'*Éros*. Elle régnait sur toute la nature.

« Pour se sentir profondément ému, il fallait lui entendre narrer le désespoir d'un canari qui, par distraction, s'était envolé. L'oiseau favori, disait-elle, voulait revenir ou mourir. Le moyen? Portes et fenêtres fermées! De Montmorency, trois générations, sentant leur impuissance, ne tentaient même pas la capture du fugitif. L'illustre Ballanche, martyr dévoué, essayait, mais en vain : il faisait peur au volatile par sa laideur. Comme on désespérait de réussir, le serin, par un miracle de l'amour, enfin devenu ingénieux, se prit avec l'énergie du désespoir à becqueter le marteau de la porte cochère, jusqu'à ce qu'on vint ouvrir. Palpitant, il vola vers sa belle maîtresse, et se réfugia dans son sein virginal. »

« Oh! la bonne histoire, madame, s'écria gaiement Ernest Picard! tandis qu'un coup de cloche, premier avertissement du dîner, rompait cette intéressante causerie.

— Cette lettre logée dans les archives du château d'Augerville, dites-moi, cher maître, la lirai-je?»

Berryer soupira, redoutant l'inexactitude des dîneurs.

« Il faut, reprit-il, que je vous fasse passer par ma bibliothèque privée. Eh bien! hâtons-nous. » Et, prenant le bras de son collègue, avant le dernier tintement de l'appel, la lettre était parcourue.

« J'ai besoin d'un renseignement musical, que ma sœur me dit ne pas pouvoir me donner. Auriez-vous par hasard souvenir, madame et très petite marraine, qu'il y ait un recueil de valses de Strauss intitulé *les Soupirs*? Veuillez poser une seconde votre front titanique dans votre imperceptible main, et si vous ne vous en souvenez pas, n'en parlons plus. Je ne sais pas pourquoi je

crois m'en souvenir, et je crois en outre que cette valse,
— vous savez :

> Ti ti ta, ti, ti, ti, ta,
> Ta, di, da, do, ta, di, di, da,
> Li, da, dou....

« En fa, est tirée de là.

« Vous ne savez pas jusqu'à quel point *j'ai béni le ciel* de la visite que j'ai eu l'honneur de vous faire hier au soir. Pour vous l'expliquer, il faudrait vous dire énormément de choses.

« D'abord, il y avait longtemps que je ne vous avais vue.

« Secondement, vous seriez peut-être allée à votre soirée si personne n'était venu ; or il est venu peu de monde, et j'étais de ce peu ; en troisième lieu, je me sentais mal à l'aise, par suite de quelques soupers ; vous m'avez dit que le thé me ferait du bien, sur quoi j'en ai pris avec un morceau de brioche de votre menotte, et je suis rentré chez moi bien portant, doux et tendre comme un agneau !

« Quatrièmement, j'avais *in petto* un sujet de petit souci, lequel s'est envolé à la vue de votre robe de pourpre et de votre petite guirlande de roses. Et j'ai appris, le lendemain, c'est-à-dire ce matin, qu'en effet le souci était sans raison.

« Enfin, que vous dirai-je ? je me suis senti de tout cela comme un œuf cuit au bain-marie.

« Il est certain qu'il y a un soleil, et même plusieurs, dit-on, qui font quelquefois mal aux yeux. Il y a aussi de belles pleines lunes toutes rondes, très blanches. Il est sûr qu'il y a aussi des étoiles, une surtout, blonde, mignonne, scintillante, un peu pâle ; elle paraît grosse comme une tête d'épingle, et cependant, quand on la regarde, il semble qu'on sent la chaleur du doux rayon qu'elle vous lance. Quand vous serez à la fenêtre cet été, cherchez-la si vous n'avez rien à faire : elle est à peu près à cette distance du fromage mommé lune.

« Bonsoir, madame, *and shake hands.*

« ALFRED DE MUSSET. »

La cloche sonna de nouveau.

« A table! à table! » criait le châtelain de sa voix vibrante.

Ernest Picard, au moment où je joignais ces messieurs, parlait avec animation de sa lecture :

« C'est d'une gaieté où s'infiltre le sentiment; je suis charmé, enchanté de connaître cette façon d'écrire, signée par Musset.

— Mon cher, dit le maître, redevenez prosaïque, je vous prie, et ne jetez pas dans le désespoir mon cordon bleu en mangeant sans songer à ce que vous faites. »

Après ce rappel, on fit honneur aux talents de l'habile Catherine; puis la politique anima les deux intéressants convives, dont ma présence n'entravait en rien l'abandon. Le sujet était sérieux. Cependant, par quelques éclairs d'une spirituelle gaité, Ernest Picard désarmait un instant notre grand orateur.

Entre ces deux intelligences, lancées dans des voies politiques différentes, existait un double point de repère, l'amour du pays, la haine du gouvernement de Napoléon III. Que de sagacité dans leurs prévisions, sur la fin terrible de ce règne!

Notre illustre Berryer, de sa voix pathétique, répétait :

« Pauvre France, cher pays! Je ne verrai pas la fin de l'empire; mais vous, mon cher Picard, vous êtes jeune, vous assisterez à la catastrophe, à l'abaissement, la ruine, la honte.... Nous y marchons, nous y courons.... Quel aveuglement! »

Par une malice involontaire de la mémoire, je me souvenais qu'en 1840 j'avais, de ces mêmes lèvres, entendu s'échapper ce singulier jugement sur le prince Louis, qu'il défendait alors, comme avocat, à la Chambre des pairs; il disait : « C'est un bon jeune homme! entêté, n'écoutant pas les conseils, mais qui me paraît un illuminé peu redoutable. »

C'était mal apprécié : une fois encore nous pouvons constater le tort des jugements où les travers de l'esprit, les défauts du caractère ne tiennent pas la place qu'ils occupent de fait, et que transforment un jour en une véritable force les hasards de la fortune. Il me parut au dessert qu'il fallait rompre avec cette politique qui nous assombrissait :

« Messieurs, dis-je, vous n'allez pas, je suppose, prolonger la séance à l'anglaise et m'abandonner? Quittons la table, n'est-ce pas, mon cher seigneur?» et, prenant le bras de Berryer, nous gagnâmes le salon. La pièce était éclairée par un brillant feu de fagots ; on nous servit un café exquis, dont le parfum me rappelait ce nom de *Prince Café*, que je donnais souvent à Musset comme variante de celui de *Prince Phosphore de cœur volant*, qui m'avait donné un droit incontesté au titre de marraine. Dans ma pensée, la qualité stimulante qui appartenait en propre au poète, par sa manière d'écouter, de comprendre, de réveiller l'esprit, établissait une sorte d'analogie avec l'animation provoquée par ce noir liquide, dont l'usage a bravé les menaces de la Faculté.

Après quelques instants d'une demi-rêverie, provoquée par la chaleur du feu succédant au repas :

« Eh bien, lisons-nous? demandai-je.

— Oui! oui! fut le cri du châtelain.

— Surtout, madame, en grâce, ne passez rien, insista notre curieux.

— Vraiment? il faut donc, puisqu'elle se trouve sous ma main, vous lire cette lettre-ci, qui avait suivi de près celle sur la valse des *Soupirs*. Permettons-nous ce léger écart, avant de poursuivre la marche amoureuse à laquelle les vers *Sur une morte* mirent seuls un terme. »

« Mon grand-père avait fait un jour acquisition de deux petits bœufs d'airain, gros comme des moineaux, mais véritablement antiques. Un ami amateur vient le voir ; il les lui montre, l'amateur les admire, les prend, les retourne, et délicatement en glisse un dans sa poche de côté. « Eh bien, dit mon grand-père, vous ne m'en rendez qu'un. » L'autre cherche, se baisse, regarde sous les meubles. « Où diable peut être l'autre ? Je ne conçois pas.... — Ne cherchez pas, lui répond mon grand-père, en lui montrant sa poche, il est là. »

« Ceci, madame, est pour vous dire qu'il est cruel d'être deviné, mais qu'il est atroce qu'on vous mette le nez sur un *puff*. Vous en êtes donc bien sûre qu'elles n'existent pas, ces valses appelées *les Soupirs* ? Eh bien, madame, apprenez que s'il n'y a pas de valses appelées *les Soupirs*, il y a du moins des valses, et qu'il y a aussi des soupirs, car j'en pousse de furieux en ce moment, attendu que je suis rentré à pied, n'ayant pas trouvé de fiacre.

« Savez vous une chose ? je m'entiche, voilà un beau mot, que vous comprendrez, j'en suis sûr. Je suis en train de m'enticher, c'est-à-dire que je m'encoqueluche, — et de quoi ? — ah ! ah !... du faubourg Saint-Germain, mon faubourg, madame ; je l'habite. Décidément on y est cent mille fois mieux, meilleur, plus libre, plus romanesque, plus hypocrite, plus vertueux, plus roué, plus usagé, plus indulgent, plus *vrai*, et de meilleure compagnie qu'en aucun lieu du monde. Je n'ai plus qu'une chose à ajouter à cet éloge de mon quartier, c'est que vous en êtes, bien que vous habitiez la Chaussée-d'Antin (cet absurde cloaque de la finance). Oui, madame, vous en êtes par l'esprit, par les façons d'être et de dire, depuis les pieds jusqu'à la tête ; vous en êtes par le sang, d'ailleurs, et l'on sait assez que le conseiller de la Verdrillette est de race.

« Et, donc, il faut en convenir, s'encoquelucher est divin, et votre petite lettre aussi. Voilà ce que j'ai à vous dire, et cela retardera-t-il ou avancera-t-il la députation ?

« C'est à mon étoile à le dire, cela ne me regarde pas. Si on voulait faire des actes héroïques dans notre temps, trouverait-on qui vous comprenne et qui vous aide ? J'en doute, et le voudrais possible.

« Compliments respectueux.

« Alfred de Musset. »

« Étant vivement intéressé, je deviens insatiable ! » dit Ernest Picard, qui, du ton d'une prière, sollicita, avant d'aller plus loin, un petit croquis biographique de Mme de Belgiojoso. Cela ajouterait encore à l'intérêt avec lequel il allait suivre les sentiments du poète.

« Mais, dis-je, vous croirez que je commence un conte de fées. Cependant notre châtelain, là présent, peut exercer un sévère contrôle. Je commence !

« La princesse Christine possédait tous les dons qu'on attribue à l'enfant dont les fées ont entouré le berceau. Née marquise de Trivulce, à seize ans maîtresse d'une grande fortune, elle épouse le jeune et beau prince de Belgiojoso, Milanais comme la jeune fille ; celle-ci, à une singulière et rare beauté, joignait un port élégant et noble, un son de voix enchanteur...

— Oui, vraiment, interrompit d'un ton animé le grand orateur, je vous certifie, mon cher collègue, que, sensible à la musique comme je vous connais, cet organe vous eût tout de suite dompté !

— Dompté ? reprit d'un ton de bonne humeur le député républicain. Je ne suis point une bête féroce, et j'eusse volontairement fléchi le genou devant cette souveraine beauté.

— La princesse, monsieur, avait cent titres encore à vos génuflexions. Une intelligence rare, l'esprit passionné et dominateur, un regard puissant, un courage de sang-froid remarquable et, plus que tout, l'art de plaire, contre partie essentielle du besoin d'être adorée.

— Il est évident, ajouta Berryer à son tour, qu'un grand attrait pour Musset se rencontrait dans cette intelligence unie à la beauté. Il est rare en effet de posséder de tels dons à ce degré éminent.

— Cependant, mon cher ami, repris-je, ces deux natures ne se comprenaient pas et ne pouvaient s'entendre, tout en s'attirant et se désirant. Aux yeux de la princesse, les hommes formaient une seule et vaste catégorie, divisée en trois séries amoureuses : *Il l'est, le fût, ou le doit être*. D'elle je citerai ce propos :

« Je ne saurais deviner quel intérêt nous prenons à
« l'existence quand les yeux ne nous regardent plus
« avec amour. »

« Quant à Musset, qui pouvait prétendre à plaire sans ses titres à la célébrité, acquis dès l'âge de vingt ans, il refusait de se soumettre au régime égalitaire, à *être tout le monde*. Sa nature passionnée alors se révoltait, ainsi que son esprit délicat, sensitif et susceptible à l'excès.

— Quels éléments pour traverser la vie, ô poète, poète ! soupira Picard.

— Heureusement, monsieur, repris-je, qu'une extrême mobilité d'impressions le défendait contre lui-même. Je vais tout de suite vous mettre sous les yeux une lettre qui peint bien le secret de cette nature.

« Cela, Berryer, vous amusera à lire haut. Faites-le, je vous prie. »

« Lundi, nuit.

« Ma chère marraine,

« Je suis allé deux fois chez vous aujourd'hui et je n'ai trouvé que votre femme de chambre. Après cinq parties d'échecs perdues, je m'étais couché de désespoir. La plus aimable et la plus imprévue des rages de dents (grâce à Dieu et au vent qu'il fait) me réveille en sursaut à cinq heures du matin. Je me relève et vous écris, d'abord pour cesser de souffrir, et ensuite pour vous raconter ce que je vous aurais dit si j'avais pu vous rencontrer. Voici cette lamentable chose qui m'étouffera infailliblement.

« Le ciel m'a inspiré l'heureuse idée de sortir ce matin, par un temps à ne pas mettre un parapluie dehors. Je me suis d'abord et avant tout transporté chez vous, où je vous ai dit ce que j'ai trouvé. Sur quoi, je suis allé rue de la Michodière, où j'ai trouvé Desdemona en robe de chambre. Je me hâte de vous dire qu'elle a été tout aimable, que la *chose* s'est très bien passée, en un mot *in tutti fiocchi*. Mais voici :

« J'avais eu la fièvre la nuit passée. Je ne vous dis pas ceci, madame, pour que vous le répétiez à ma mère. Ayant donc eu la fièvre, je m'étais revêtu d'une certaine fourrure que vous connaissez peut-être, et comme il faisait très chaud chez Desdemona, j'avais naturellement encore plus chaud. Cela me faisait du bien, il n'y a rien à dire, mais cela se voyait probablement sur mon visage. Or, il y avait là un M. Osborn, lequel est, je crois, pianiste ; mais certainement Anglais. Au milieu des compliments les plus complimenteurs du monde, quelques mots de ce *devilish language* ont été échangés entre Desdemona et l'insulaire. On supposait que je n'y entendais rien, et je causais d'ailleurs avec la maman. Imaginez maintenant que je crois, mais *archi-crois*, avoir saisi au vol deux mots atroces, que je ne vous répéterai jamais, en manière de plaisanterie sur la fourrure et la chaleur. Je n'ai pas eu l'air de comprendre, et personne n'a pu me dire comme à Mithridate : « Seigneur, vous changez de visage. »

« Mais, dites-moi un peu! concevez-vous tout le revers de cette médaille! que j'aie bien ou mal compris, sentez-vous tout le sel de cette plaisanterie, que mon vieil ennemi le hasard m'a joué?

« Si je ne me suis pas trompé (et je ne crois pas m'être trompé), sentez-vous le bien que m'ont fait ces deux mots sans bienséance ni pitié (pour ma fièvre) et presque grossièrement féroces?

« Si je me suis trompé, quel moyen de le savoir? aucun, et, vous me connaissez, me voilà convaincu. Pour la peine qu'il a pu me faire, je n'y pensais plus ce soir après dîner, mais jamais je ne me trouverai vis-à-vis de la demoiselle sans... Que le diable emporte les langues étrangères!

« Voilà mon histoire. Ouf!

« Je finis de plus en plus ma nouvelle, qui n'en finit pas et qui m'ennuie. Il n'y a pas de mots, ni anglais ni français, qui puissent l'exprimer.

« Compliments désappointés.

« Alfred de Musset. »

« Voilà un Osborn que je ne puis souffrir, s'écria Picard!

— Eh bien! repris-je, peu de jours suffiront à la faire oublier. Alfred ne rencontra plus l'Anglais, et, sous le charme du talent de Pauline Garcia, son cœur ému se sentait de nouveau amoureux.

— Sans en savoir plus long, dit à son tour Berryer, je

commence à très bien m'expliquer les intermittences que j'avais remarquées dans les sentiments qui paraissaient et disparaissaient, entre la princesse et le poète.

— Sans cesse mêlées ensemble, repris-je, ces deux existences n'étaient que brouilles et raccommodements.

« J'avais été passer avec Mme de Belgiojoso quelques jours à Versailles. J'annonçais mon retour à Musset, et sa réponse, jugez-en, ne soufflait certes pas un vent d'orage, et pourtant celles qui suivirent témoignent des alternatives accoutumées. »

« Mardi.

« Je vous avais écris une lettre qui commençait ainsi :

« Madame,

« Je n'ai absolument rien à vous dire de neuf, mais je
« vous écris parce qu'il ne peut pas être que vous m'ayez
« donné votre adresse et que je n'en aie pas profité »,
lorsque j'ai appris par le *canal* de ma famille que vous deviez revenir dimanche. J'ai donc vu qu'il était trop tard, car c'était un samedi. Cent et un remerciements d'abord pour votre bon envoi. Je ne trouverai jamais le moyen de vous dire le plaisir que j'ai à voir arriver une lettre de vous, à la décacheter, à la lire, avec la certitude d'y toujours trouver un mot de vraie amitié, et une bonne nouvelle. Au milieu de ma sotte vie, quand je lis une lettre de vous, je dois avoir un peu l'air d'un homme empoisonné par la fumée de l'asphalte ou du tabac, qui entrerait tout d'un coup dans un jardin, et qui recevrait dans le nez un coup de vent plein de l'odeur des roses.

« Ainsi donc *Elle* revient et vous aussi, on va donc pouvoir un peu vivre.

« Je voudrais pouvoir répondre quelque chose à votre gentil mot sur les apparitions, mais les petites tapes de votre petite main sont si douces à recevoir, que je vous avoue qu'elles ne corrigeront jamais guère personne. Quoi qu'il en soit, sachez que votre filleul travaille.

« Qu'elle était jolie l'autre soir, courant dans son jardin avec *mes* pantoufles et un petit bonnet noir et rouge en laine tricotée! je l'ai pourtant senti et c'est vrai. Je ne vaux plus rien, je ne suis plus fou en amour.

« Et vous??？

« Et si on ne l'est plus, qu'est-ce que le reste? Déraisonner en conscience, voilà la grande affaire de la vie. Quand on n'ose plus déraisonner, il faut se brûler la cervelle ou se marier.

« Que pensez-vous des trois vers suivants :

> « Lorsque ma bien-aimée entr'ouvre sa paupière,
> « Sombre comme la nuit, pur comme la lumière,
> « Sur l'émail de ses yeux brille un diamant noir.

« Je veux beaucoup savoir si vous aimez cela. Je l'ai écrit avec deux bonnes choses, un petit mot de vous et le souvenir de Paolita. Je vous préviens qu'on l'a trouvé hardi, mais est-il bien sûr que ce soit un défaut que la hardiesse?

« Question. Pourquoi les souvenirs de Paolita me reviennent-ils sans cesse en présence de X...? Parlez donc du droit de présence!

« Autre question. Si Paolita, en chantant le *Saule*, avait l'idée de se retourner un peu de côté (je suis au balcon) et de rendre votre très montmorencique filleul amoureux fou, que signifierait le proverbe des deux lièvres? Ceci est une question philosophique et providentielle.

« Troisième question. Ne pourrait-il pas se faire que je me *trouvasse* entre deux selles...... Fi donc!

« Dernière question. Pourquoi l'odeur du patchouli me rend-elle mélancolique, et celle de l'iris joyeux? Cela est un rébus.

« Je donne à votre pied gauche, madame, une poignée de main.

« Ces trois vers sont dans l'idylle *Rodolphe*. »

« Alfred de Musset. »

« Votre conseil était bon, chère marraine. Venant de vous, il devait l'être, mais, suivi par moi, j'en avais bien peur.

« Je suis monté, le cœur battant, ce matin en voiture ; cependant j'ai déployé le plus beau caractère en descendant la côte de Viroflay à pied, et si vous saviez ce qu'il m'a fallu de courage pour sonner à la porte, vous me donneriez la croix d'honneur. L'honnête figure de Piétro elle-même et le salut amical de M. M*** n'avaient pas suffi pour me rassurer. Quand l'astre s'est levé à moitié endormi, voilé de quelques nuages, mais parfaitement doux et charmant, répandant autour de lui les rayons les plus purs, je me suis alors senti un peu ragaillardi, et, ainsi brûlé du soleil en route, je me suis mis à jouer aux échecs au clair de la lune.

« (Cette métaphore est un peu romantique.)

« Quoi qu'il en soit, la redoutable personne a été... Dieu ! que les mots sont bêtes ! De mon côté, je crois avoir fait mon devoir, n'ayant point grogné, et ayant avalé plus de quatre verres d'eau rougie. Je me sentais quelque chose de si mouton que j'en ai pris en rentrant une bavaroise au lait. « *O milk and water!* » dit Byron quelque part. Mais, dites-moi, marraine, comment se fait-il que j'étais beaucoup plus furieux l'autre jour que je ne suis satisfait ce soir ? Quelle férocité ! me disais-je l'autre fois ; quelle cruauté ! quelle horreur ! Et ce soir, en roulant avec l'abbé Stefani, je me disais bien tout bas : Quel charme ! quel bel et bon enfant ! mais, je le répète, je ne suis pas aussi content que j'étais en colère.

Voilà un vilain sentiment. Pourquoi? Vous me direz peut-être que cela tient à ce que l'autre fois j'étais furieux sans motif, tandis qu'aujourd'hui j'avais lieu d'être content, et vous reconnaîtrez là l'adroite et heureuse cervelle de votre déplorable filleul.

« Mais c'est une calomnie. Oui, j'ose l'affirmer, je suis aussi reconnaissant que grognon. Ainsi cherchez une autre explication. Je pose la question devant votre sagesse. Si j'osais hasarder un avis, je croirais presque que cela vient de ce que la férocité ne me laissait rien à désirer, et que je ne souhaitais vraiment rien au delà, tandis que la douceur.... Mais vous me ferez part, j'espère, de votre opinion.

« Bonsoir, marraine. Au milieu des mouches de Versailles, regardez votre petit pied, et songez qu'il y a un merle blanc qui picote à l'entour. *Yours.*

« Alfred de Musset. »

« *P. S.* — Dites-moi aussi, je vous en prie, ce que vous semble de la phrase suivante :

« Il y trouva (c'est d'Origène qu'on parle) cette préfé-
« rence passagère pour les soins matériels sur les plaisirs
« de l'esprit, si précieuse lorsqu'elle est inaccoutumée et
« si douce pour celui qui la cause. »

« Je ne cite peut-être pas bien exactement, mais il y a de cela. N'est-ce pas bien dit et bien senti? C'est dans un ouvrage très grave. Sans avoir la prétention de ressembler à Origène, mon estomac malade en a gardé mémoire.

« Alfred de Musset. »

« Il me semble, dit Berryer, que cela est tiré du grand ouvrage de Mme de Belgiojoso sur le dogme catholique?

— Effectivement, votre mémoire ne vous trompe pas, mon cher ami. Une fois la réconciliation accomplie, la saison d'été nous dispersa tous. Vers le milieu d'octobre, je reçus d'Alfred de Musset une lettre, d'après laquelle je pouvais supposer que son amour pour la princesse avait rejoint les vieilles lunes dans leur incognito, et qu'il n'en serait plus question. Dites un peu si votre impression est trompeuse comme la mienne ? »

« Mardi, 17 octobre.

« Le bruit court que Mme Jaubert revient à Paris au mois de novembre. J'espère qu'elle me dira peut-être à son retour pourquoi je ne lui ai pas écrit pendant son absence. Si j'en cherchais la raison moi-même, je me tromperais certainement, et Mme la conseillère, malgré son esprit, s'y tromperait peut-être aussi.

« Elle me dira que je suis paresseux, distrait, amoureux et perdeur de temps, c'est-à-dire badaud et Parisien, et c'est vrai, mais ce ne sont pas là des raisons valables, car, avec tout cela, madame sait mieux que personne combien j'oublierai d'hommes et de choses avant que l'oubli puisse parvenir à elle dans mon cœur.

« Je cherche donc en vain le motif de ce silence, et je me vois obligé de dire, avec M. Royer-Collard : « Un fait ne prouve rien. »

« Non, madame, pour ma part du moins, mon silence ne prouve pas qu'il soit poussé le plus petit brin d'herbe sur le chemin de notre amitié, mais de votre côté en est-il ainsi ? C'est une question que je n'ose pas me faire de peur d'avoir tort ; car j'ai tort, cela est certain, c'était à moi de me rappeler à vous, et une jolie femme, par cela seul qu'elle est femme, n'écrit pas plus la première, même a un ami, qu'elle n'invite des danseurs au bal. Dites-moi si j'ai perdu et ce que j'ai perdu. J'ai peur que ce soit d'abord un peu de confiance ; ai-je encore des as dans mon jeu ?

« Convenez que si cette vie est une partie de cartes, je triche quelquefois assez bien, mais que je joue bien mal !

« Pour un diplomate en espérance, je n'ai guère de dispositions, et je n'en suis pas seulement, en fait de science du monde, à la carte de visite. « Un élégant qui « n'est pas mondain ! me disait un jour Mme de Girardin. » Elle aurait mieux dit : « Un élégant qui a des redingotes « décousues et un mondain qui ne va pas dans le monde ! »

« J'ai pourtant été voir, il y a deux ou trois jours, la très belle marquise votre nièce, que j'ai trouvée sur sa chaise longue, gaie et belle comme une houri. Je ne sais comment elle s'y prend pour rester si jolie ; au milieu de ses peines, elle est comme une perle fine dans une coquille d'huître ; elle ne bouge pas, mais on l'emporterait bien si on pouvait. Quant à Mme de Vaufreland, je suis tellement honteux quand j'y pense que je n'ose en parler.

« J'ai été à Compiègne, j'ai fait une nouvelle, et quelques vers — c'est tout — et vous ?... et vous ?? et vous ???

« J'ai eu de seconde main, les histoires les plus divertissantes sur le Romanesco, etc. J'ai pensé que, si j'eusse été moins sot, j'aurais pu avoir de vous sur ces sujets divers quelques-unes de ces adorables lettres que je garderai toute ma vie comme souverain remède à tous les ennuis.

« A propos d'ennui, j'ai découvert une chose. L'ennui m'ennuie, et je n'en veux plus entendre parler, ce qui fait que je me porte mieux.

« Adieu, madame. Êtes-vous grandie ?

« ALFRED DE MUSSET. »

Plus l'hiver avançait, plus de nombreuses réunions et des soirées intimes rapprochaient fréquemment Mme de

Belgiojoso et Alfred de Musset, qui se retrouvaient toujours avec une animation piquante.

Un soir où, chez moi, le poète exerçait son crayon à faire quelques caricatures, la princesse le mit au défi, assurant que cela avait été souvent tenté sans y parvenir.

Musset de se récrier, ajoutant : « La régularité des traits n'empêche rien, je vous assure !

— Voici un crayon, dit la princesse, essayez ; je vous autorise. »

Un trait rapide traça un petit trois-quarts, où l'œil immense était placé de face, et, pour la tournure, une pose un peu abandonnée, en exagérant la maigreur, complétait une ressemblance prise en caricature.

Toutes les personnes présentes se précipitaient pour voir, et souriaient sans se récrier. Elle, avec un air d'indifférence de très bon goût, répéta : « Il y a quelque chose, » et ferma l'album.

Mon rôle de maîtresse de maison m'y autorisant, je m'emparai du livre et le mis à l'abri des curieux.

« Vous avez brûlé vos vaisseaux, dis-je au poète.

— Cependant, madame, je n'ai jamais été plus épris qu'en la regardant tandis que je traçais ce croquis.

— Tant pis, dis-je vivement, vous l'avez blessée. »

Peu de jours après, la lettre suivante me donna raison.

« Marraine !!

« Le fieux est déconfit !!!

« Savez-vous ce qu'a fait cette pauvre bête ?

« Il a écrit à cœur ouvert, comme un panier, sans rien cacher, sans rien *enjoliver*, sans rien *mitonner*, sans rien *mignonner*, sans rien de rien.

« On lui en a flanqué sur la tête.

« On lui en a fait une réponse, ô marraine !! une réponse..... IMPRIMABLE.

« Oui, madame, o-u-i, cette réponse pourrait et devrait peut-être être typographiée. On y trouve la plus noble fierté à 80 degrés (non centigrades) au-dessus de zéro, et le calme le plus parfait à 120 degrés au-dessous. Ce qui représente une force de 200 chevaux, ou approchant.

« Et savez-vous ce que cette pauvre bête a commencé par faire en recevant cette réponse immortelle, ou du moins digne de l'être ?

« Il (c'est moi) a commencé par pleurer comme un veau pendant une bonne demi-heure.

« Oui, marraine, à chaudes larmes, comme dans mon meilleur temps, la tête dans mes mains, les deux coudes sur mon lit, les deux pieds sur ma cravate, les genoux sur mon habit neuf, et voilà, j'ai sangloté comme un enfant qu'on débarbouille, et en outre j'ai eu l'avantage de souffrir comme un chien qu'on recoud (métaphore chasseresse).

« Ensuite je me suis trouvé, comme bien vous pensez, dans une vexation si *cossue* que je nageais dedans. Ma chambre était réellement un *océan d'amertume*, comme disent les bonnes gens, et je piquais des têtes dans ce lac, coup sur coup. Vli ! vlan ! flan ! pagn ! etc.

« Ensuite, après cet exercice, j'ai été dans une colère monstrueuse, il m'est impossible de vous dire contre quoi, mais j'ai été très en colère, et cela a duré au moins deux heures. Béni soit Dieu que je n'aie rien cassé.

« Ensuite j'ai commencé à me sentir fatigué, et je me suis remis à pleurer, mais très peu, seulement pour me rafraîchir.

« Ensuite, j'ai mangé quatre œufs.

« Ils étaient sur le plat.

« Après quoi, je me suis senti fatigué (après quoi veut

dire à présent). J'ai tellement souffert que je n'en peux plus, et c'est pourquoi je vous dis des bêtises.

« Si vous voyiez ma figure, c'est à crever de rire, j'ai les cheveux à l'état de futaie; l'œil gauche qui me sort de la tête, l'œil droit qui pleurotte encore, et qui est à demi fermé et très poché, le nez rouge comme une carotte et le visage allongé comme un vieux masque mouillé à la foire aux pains d'épices.

« O amour! ce sont là de tes jeux!

« Que le diable emporte les jeux de l'amour, ils sont encore pires que ceux du hasard.

« Sacrebleu! marraine, que ça fait de mal, ces petites plaisanteries-là!

« Sérieusement,

« Je m'abstiendrai dorénavant de toute correspondance ou rapport quelconque avec Son Altesse Sérénissime; *sous aucune espèce de prétexte*, je n'en joue plus.

« De plus.

« Je vous autorise formellement, vous, madame Jaubert, domiciliée dans la rue où est votre maison, âgée d'autant de printemps que les lilas de l'année prochaine, petite de taille et saine d'esprit, ce qui est fort heureux pour vous, je vous autorise, dis-je, à dire à M. le docteur ceci :

« Vous avez trouvé mauvais que mon fieux vous ait dit d'autre jour : « Ça ne fait pas mon compte. » Il a l'honneur de vous dire aujourd'hui : « Ça fait mon compte. »

« ALFRED DE MUSSET. »

Ici se rencontre un billet me remettant en mémoire un détail.

Alfred de Musset, agité par la dernière brouille, qui le séparait *sérieusement*, protestait-il, de la princesse, vint me trouver.

« Ce n'est ni chez elle, ni chez vous, madame, que je

voudrais la rencontrer, mais, si j'étais invité au bal de Mme de T..., ce serait différent. »

Aussitôt son nom prononcé, j'obtins l'invitation.

Or, voici la réponse qu'il y fit :

« *J'ai profondément* réfléchi et j'ai découvert que ce n'était pas la peine. Je n'irai pas vendredi.

« Ce qui n'empêche pas, mais pas du tout, que je ne vous remercie de tout cœur d'avoir pensé à moi qui n'en suis guère digne.

« Vous êtes bien toujours vous, ma belle marraine, c'est-à-dire toujours bonne.

« Dites, je vous en prie, à la comtesse que j'irai indubitablement lui faire visite d'ici à ma mort, dans toutes les règles, avec carte et en grande tenue. Et ajoutez que si mes profonds respects et très humbles excuses ne peuvent la toucher, il ne me reste plus qu'à lui dire ce qu'une religieuse disait à sa supérieure : « Si vous n'êtes pas contente de moi, couchez-vous auprès. »

« Compliments sincères.

« ALFRED DE MUSSET.

« Mercredi soir. »

Un mois s'écoula, le printemps était arrivé, un ami d'Alfred de Musset me dit : Ne vous étonnez pas de son absence ; avec cette soudaineté que vous lui connaissez, il est parti pour la campagne en Normandie. Je ne pus résister à le plaisanter sur cette vigoureuse résolution d'absence, et il me répondit par la lettre suivante, bientôt suivie d'une autre où l'accent du départ avec séjour à la campagne a déjà moins de fermeté.

« Marraine,

« Il vous est arrivé certainement très souvent de souffler dans un ballon sec, avec un tuyau de plume : vous l'avez vu passer de l'état de parchemin à celui de melon, et, si vous avez continué à souffler, pouf !

« Voilà l'effet qu'a produit sur moi votre phrase : « Le serpent n'allait pas en Normandie chercher des pommes. »

« Je vous défie vous-même d'avoir plus d'esprit que ce mot-là. Dites donc ! comme c'est gentil, *vous !*

« Quel dommage de passer sa vie à dire : quel dommage !

« Une chose qui me semble singulièrement bizarre, c'est que ce beau mandarin déguisé en princesse vous embobine avec ses grands yeux cruels au point de vous inoculer le goût des sermons.

« Quant à moi, voici mon opinion tout entière :
(Ici deux feuilles blanches.)

« Vous comprenez, j'espère, qu'après ce que je viens de vous dire, vous n'avez plus la moindre observation à me faire. Je ne pense pas qu'on puisse rien ajouter à un plaidoyer aussi éloquent. Et je vous prie de ne pas me plaisanter, parce que j'ai coupé un papillon au vol, l'autre jour, à trente pas, avec un fusil que je tenais au bout de mon bras en manière de pistolet, devant deux témoins ; ainsi... ah, mais !... et j'étais assis sur un perron, et je venais de mettre 49 grains de plomb (comptés) dans un morceau de papier gris, tout en relisant les traductions de Leopardi, auxquelles je souhaite le même bonsoir qu'à bien d'autres choses.

« Il est certain que je suis horriblement amoureux ; mais je ne sais plus de qui ; c'est peut-être de vous, et je ne sais pas trop comment mettre mon adresse. Si je mettais par exemple :

« A Madame la prinJaucesse bert de Bel rue Taitgiojoso bout ? croyez-vous que cela irait à Saint-Germain ?

« Vous dites que vous m'aimez à tort et à travers, et moi à droit et à raison.

« LE FIEUX. »

« Jeudi, campagne.

« Eh bien, madame, vous ne vouliez pas le croire. Qu'est-ce que vous dites maintenant? Suis-je parti ou non? hein???

« Hélas! je ne suis que trop parti. En bonne conscience savez-vous ce que j'ai fait là? la chose du monde la plus sage et la plus stupide qu'on puisse voir.

« Raisonnez un peu et dites-moi : il n'y avait moyen d'arriver à rien de bon; danger de s'aigrir, comme vous le prévoyiez très justement; *item,* raison de souffrir, et de souffrir très sérieusement malgré toutes mes plaisanteries, etc.; *donc,* j'ai fait pour le mieux en partant, parce que le voyage distrait, parce que l'absence fait oublier, parce que le parti-pris rend le sang-froid, etc., en un mot il aurait pu m'arriver malheur et il ne m'en arrivera pas, à moins que le diable s'en mêle.

« Mais, marraine, mais, madame, mais écoutez donc, mais il aurait pu m'arriver bonheur; entendons-nous, car je ne suis plus fat; il y aurait très certainement pu y avoir entre cette personne et moi un lien, une affection, qui, avec un peu d'habitude et de vieillesse, aurait pu devenir une chose très gentille, sans même coucher tout à fait ensemble, mais seulement sous le même toit. Or, maintenant, je parle très sérieusement, me connaissant fort bien comme je suis, tout est absolument rompu *net.* Ce sera la seconde édition de mon histoire avec Rachel, que j'ai plantée là par mauvaise humeur, sans aucune raison valable; laquelle Rachel s'est piquée, a voulu dire qu'elle m'avait planté là la première, lequel moi me suis fâché tout rouge, lettres échangées, tapage, criailleries et finalement..... eau de boudin.

« Voilà approchant ce qui m'advient derechef au sujet de cette belle personne méridionale. Je casse un pot renversé, disiez-vous très bien l'autre jour. C'est *exactly true*. Personne n'est plus faible, plus tergiversant, et plus poule mouillée que votre indécrottable filleul, mais, une fois le pont passé, bonsoir la rivière. Ce n'est pas du courage que j'ai, c'est une espèce de besoin d'aller, comme un cheval qu'on entraîne, qui fait que je ne reviens plus sur une barrière franchie. C… est maintenant comme morte pour moi. — Comparaison : Figurez-vous un œuf, qu'on fait danser dans sa main, qui est bien frêle, bien léger, mais toujours très bon à faire cuire et très prêt à se laisser mettre au pot tant qu'il n'est pas cassé. Mais une fois tombé par terre et cassé, il n'y a pas de cuillère, *il n'y a pas rien* qui puisse remettre le jaune dedans et le faire redevenir œuf; il ne reste qu'une coquille en morceaux et un petit gribouillis.

« Tel est l'état de mon aimable cœur.

« Eh bien, marraine, je prends la liberté de dire, et j'en ai le droit où le diable m'emporte, dussiez-vous me trouver *outrecuidant*, ces femmes qui font les bégueules, qui me maltraitent, me méconnaissent, me font souffrir à plaisir, et finalement se font haïr de moi, sont des sottes en toutes lettres : ce n'est pas leur intérêt, ce n'est pas leur instinct, ce n'est rien que de la *blague*, à laquelle je ne me trompe pas. Qu'est-ce que c'est, je suppose, que Marco m'écrivant du haut de ses grands yeux que « le seul bon effet des succès *trop faciles*, c'est d'empêcher qu'on ne s'obstine aux succès impossibles? »

« Qu'est-ce qu'elle veut dire avec ses succès faciles ? certes rien n'était moins *facile* que certains *succès* (quel mot horrible) que j'ai en mémoire, et rien n'était moins *impossible* qu'Elle. Qu'est-ce que c'est que cette manière de traiter en petit garçon ou en libertin usé un homme plus jeune qu'elle, qui, au fond, la vaut bien, qui se laisse faire par faiblesse, ou plutôt, comme disaient nos pères, par *mignardise*, mais qui peut se redresser si on lui marche sur la queue? Sottise! marraine, vanité qui se trompe et qui manque son but en voulant aller au delà!

« Qu'aurait-elle dû faire? diriez-vous peut-être, céder? faut-il donc céder sous peine d'encourir l'auguste colère de monsieur?

« Non, marraine, mais seulement *comprendre*, ne pas feindre de croire ni vouloir faire croire qu'après quelques années d'une vie mondaine, on est la présidente de Tourvel, ne pas profiter de ce qu'on voudrait se rendre *inreconnaissable* pour méconnaître les autres. Savoir à qui on parle, en un mot avoir la moitié seulement du bon sens, de la délicatesse et de la franchise d'une amie à Elle, qui sait la différence qu'il y a entre un bœuf et un bouvier.

« Voilà mon dire. Maintenant j'ai les côtes rompues, et très mal aux genoux, parce que je m'en viens de courir après un chevreuil qui s'en moquait bien et qui avait raison. Mais je me moque bien de lui à présent que j'ai ôté ma veste, et que j'ai changé de bottes, ceci n'est point une métaphore. Je rentre de la chasse, et j'ai une quantité très suffisante de lieues dans le dos.

« Et je vous assure que le célèbre poète Horace, lorsqu'il a dit que le chagrin montait en croupe derrière le cavalier, a dit une bêtise pommée. Le chagrin tombe de cheval à chaque temps de galop.

« Je vous écris avec le cœur libre, la conscience tranquille, et les mains (mille pardons) sentant l'écurie.

« Adieu, marraine, il y a bien peu de monde que j'aime autant que cette petite fée toujours bonne, qui se tient debout sur vos petits pieds. *Yours*.

« ALFRED DE MUSSET.

« Au château de Lorey, près Pacy-sur-Eure. »

« Il y a vraiment, remarqua le châtelain, dans les allures de Musset, quelque chose de flottant, de changeant, que je ne m'explique pas. Qu'en pensez-vous, madame, vous disposée aux interprétations favorables?

— Je suis forcée de convenir que les apparences vous donnent raison. Je pense même que, dans l'intérêt de notre poète, je dois dire quelques mots d'un épisode mystérieux qui était venu prendre place dans son existence, et auquel se rattachent quelques passages obscurs de la correspondance.

« Ce fut chez la princesse, lors d'une soirée dansante, que pour la première fois Musset aperçut Mlle de C... Sur-le-champ il demanda à lui être présenté, sans cacher à Mme de Belgiojoso l'admiration que lui causait la vue de cette nymphe de l'Albane, qu'il voudrait, ajoutait-il, animer par une valse. L'instant d'après, tous deux tourbillonnaient sur la mesure à deux temps, avec tour à tour emportement et désinvolture. Quand ils gagnèrent leurs places, tous deux étaient pâles; lui souriait, devinant le trouble qu'il faisait ressentir; elle, qui, jusqu'alors, rejetant toute proposition de mariage, répétait avec fierté : Je m'appartiens! dès ce premier moment s'interrogeant, murmurait : Ai-je donc trouvé un maître?

« Je tiens ces premiers détails d'Alfred, et par lui je sais aussi que cette beauté vivait en province, où son père occupait une position militaire considérable. Orpheline de mère, lisant ce qui lui plaisait, elle s'était depuis longtemps émue à la lecture des œuvres du poète, dont toutes les poésies paraissaient lui être familières. Durant cette première rencontre chez la princesse, une seconde valse eut lieu entre les mêmes partner, et, cette fois, les grands yeux de la maîtresse de la maison demeurèrent obstinément attachés sur le couple valsant. Lorsque ensuite Musset, s'approchant de la princesse, voulut reprendre la conversation sur le ton accoutumé, elle lui répondit avec une distraction dont il sentit l'impertinence voulue. Il prit au même instant la décision d'un second départ pour la Normandie, qu'il exécuta peu de jours après. Je le désapprouvais et je n'y croyais pas.

« Le lendemain de cette soirée valsante, je reçus à mon lever le mot suivant de Mme de Belgiojoso :

« Chère Caroline !

« Qui ne s'éveillerait en voyant ce beau soleil? Je crains de devenir idyllique; car je me surprends à regarder cette belle lumière avec passion. Je comprends toutes les belles dames qui se sont laissées attraper par Apollon, et je ne les plains pas trop.

« Samedi sera donc pour moi un jour de fête, mais si mon soleil demain était aussi beau, et moi aussi animée, je pourrais devancer samedi et faire une reconnaissance à pied jusque chez vous.

« Mille tendres amitiés.

« Christine. »

« La visite annoncée suivit de près la lettre. La princesse, dès l'abord, parla de sa soirée et de la beauté de Mlle de C... sans affectation; elle en paraissait enthousiaste.

« — Quelle grâce! s'écriait-elle, quelle élégance dans cette tournure! et ces petits pieds à la Française....

« — Parlons aussi, ajoutai-je, de la jeunesse de son visage.

« — Ses yeux sont d'un bleu foncé semblable au firmament, reprit comme conclusion à l'éloge Mme de Belgiojoso.

« — Mon amie, dis-je, surprise, je vous ai rarement vu goûter aussi vivement une beauté du Nord.

« — C'est que rarement j'ai rencontré chez une blonde l'accent entraînant de nos beautés méridionales. A Paris, jusqu'ici, seule, la duchesse d'Elchingen m'avait inspiré pareil sentiment d'admiration; j'espère, continua la princesse, que M. de Musset appréciera comme je le fais la beauté de Mlle de C... et cela amènera une heureuse diversion au sentiment qu'il *croit* ressentir pour moi, et qui gâte absolument nos relations. »

« Je me pris à rire en hochant la tête.

« — Que voulez-vous dire ? demanda la princesse.

« — Que cette façon de guérir un cœur blessé par une blessure nouvelle n'a pas toujours réussi. Que ce serait un grand hasard que le remède se trouvât précisément à côté du mal ; qu'Alfred de Musset me paraissait disposé à surcharger son cœur plutôt qu'à l'alléger. Qu'il était plus aisé de donner la fièvre que de la couper. » Enfin je débitai une morale à la Sancho Pança qui finit par un bon accès de gaieté pour toutes deux.

Comme il est assez difficile au Parisien de partir du jour au lendemain, quelques journées s'écoulèrent, et je pensai que la boutade campagnarde de Musset n'aurait pas lieu. Mais point. Ce furent des adieux qu'il me vint faire, évitant de ramener la conversation sur Mlle de C... Il paraissait très irrité contre la princesse, répétant : « Je saurai lui faire voir qu'elle n'a pas le droit de me traiter aussi légèrement !

« — M'écrirez-vous de votre Normandie ! demandai-je.

« — Certes oui, répondit-il. Dans tous mes chagrins, chère marraine, c'est ma seule consolation. A bientôt ! » fit-il en s'éloignant.

Je demeurais songeuse, quand la porte s'ouvrit de nouveau ; Musset revenait sur ses pas.

« J'oubliais, m'expliqua-t-il d'une façon fort embrouillée, que je dois au passage m'arrêter chez un ami, et je ne puis souffrir l'idée d'une lettre de vous égarée ; il vaudra mieux ne m'écrire qu'après que je vous aurai annoncé mon arrivée. »

Au même instant, une sorte de lumière soudaine m'éclaira sur ce voyage. Au mystère se relia pour moi le souvenir de la belle Mlle de C..., son séjour en province... avais-je tort? Enfin, messieurs, je laisse à vos suppositions le champ libre, puisque sur cette phase d'une vie agitée, même avec moi, le poète demeura toujours fermé.

— J'use de la permission, madame, je me déchaîne, s'écria l'avocat député. Je ne mets pas en doute une passion pour Mlle de C..., la belle des belles. Cela donne raison aux torts du poète à l'égard de cette princesse, agissant en enfant gâté en ce qui touche au sentiment. Non, ce n'est plus d'elle dont je suis épris, mais de la délicieuse blonde, et du mystère qui l'enveloppa.

— Moi, dit Berryer, j'aurais, volontiers, fait comme Alfred, place aux deux.

— Reprenons la correspondance, dis-je, et les intelligences suppléeront aux lacunes, car les lettres ne se suivent pas, ou peu, durant ce temps de fermentation, pendant lequel l'on ne saurait dire si ce fut l'amour ou bien la haine qui inspira les vers publiés *sur une morte*. »

« 9 octobre, à Augerville.

« Madame,

« Vous êtes à la campagne, vous. Je suis à Paris, moi; pas pour longtemps. Je suis allé ce soir chez vous, et je puis vous assurer que vous n'y étiez pas.

« Ne devant partir qu'à sept heures, j'ai eu tort de me lever à cinq heures du matin. Mais je suis arrivé à Passy à huit heures moins vingt minutes, il y avait à peu près un quart d'heure que la voiture avait passé. J'ai pris immédiatement un cabriolet pour aller à Vernon trouver le bateau. Il s'est cassé en frappant sur un rocher, parce que l'eau est fort basse. Un tapissier qui était là m'a pris dans sa carriole pour me mener à Mantes, que dis-je? à Saint-Germain, et même au Pecq. Mais sa voiture était si dure, et j'avais tellement envie de dormir, que je me suis arrêté à Mantes : si vous y passez jamais, je vous prie d'aller à une auberge qui s'appelle le *Rocher de Cancale*, ni plus ni moins; il y a là une personne charmante qui balaye, elle est brune comme le diable, et ronde comme un chou. Je m'en suis donc allé de Mantes dans un autre véhicule dont je ne puis vous envoyer que les initiales, T. C. ou P. D. C. Mais je n'ai mis que six heures, pour faire sept lieues, en tête à tête avec un tonnelier obligeant, qui avait bien voulu par grâce ne me prendre que quinze francs pour cette traversée; sa jument (gris pommelé) lui en avait, à ce qu'il disait, coûté trente, en sorte que, tout en carambolant de tapissier en tonnelier, et de T. C. en P. D. C., j'ai cru plusieurs fois mourir; mais je suis, cependant, arrivé à ma grande stupéfaction. Et c'est alors que je suis allé rue Taitbout. Et quand on a une si petite marraine, il me semble qu'on devrait au moins la trouver. Point de marraine. Où êtes-vous? je l'ignore; et ce n'est pas moi qui irai chercher votre pied dans une botte de foin. J'ai à peu près compris dans le baragouin de votre concierge endormi que vous étiez chez.... Quant à *Elle*, à présent que mon parti est pris de ne plus la revoir, je puis vous dire franchement *mon opinion sur elle*. Je l'aime, je l'aime, je l'aime, et je l'aime beaucoup.

« Et vous aussi. C'est fâcheux, mais je n'y puis rien.

« Alfred de Musset. »

« Dimanche soir.

« Encore une raison qui fait que je vous réponds tard, c'est que je vous garde pour la dernière par gourmandise, et, en vérité, si on se plaint de la nécessité des visites en hiver, on devrait se plaindre bien davantage de la nécessité des réponses en automne. C'est une des plus monstrueuses corvées que la nécessité de parler sans rien dire ait jamais fait inventer. En visite, du moins, on n'a pas quatre pages blanches devant le nez avec l'obligation d'écarter ses lignes pour les remplir; on a la permission de regarder la porte et l'espérance que Mme*** ou M.*** vont apparaître. Mais les gens qui sont ou croient être à la campagne abusent de l'absence. Et notez bien qu'on ne leur a pas plus tôt répondu, à grand'peine, *à grand renfort de bésicles*, comme dit Courier, que c'est exactement comme si on n'avait rien fait; la réplique arrive, et, au moment où on regarde dans le panier les lettres répondues avec la satisfaction d'un devoir accompli, on en trouve sur sa table de toutes fraîches, avec de beaux cachets tout neufs, qui vous attendent d'un air galant. Seigneur Dieu!!!

. . . .

« Alfred de Musset. »

« Vendredi 28.

« Ce qui fait qu'on n'a pas répondu plus tôt à sa marraine, c'est que le fieux vient de passer six jours au lit avec la fièvre, ne pouvant ni manger ni dormir, ni rien de rien..., fruit de sa sagesse.

« Monsieur mon frère a profité de cela pour me jeter sur la tête des plâtras de raisonnements très moraux, qui me prouvaient comme quoi c'était ma faute si j'étais depuis ce temps-là dans mon lit, trempé comme une soupe et la tête à l'état de marmite autoclave. J'ai fort goûté ses arguments, mais j'aurais mieux aimé la sœur Marceline. Je l'ai envoyé demander au couvent; hélas! marraine, elle n'y était pas. Au lieu d'elle, on m'a décoché une grosse maman, véritable nonne de La Fontaine (sauf la gaudriole), mais grosse, grasse, fraîche, mangeant comme quatre, et ne se faisant pas la moindre mélancolie. Elle m'a très bien soigné et fort ennuyé. Ah! que les sœurs Marceline sont rares! combien il y a peu, peu d'êtres en ce monde qui sachent faire plus, quand vous souffrez, que vous donner un verre de tisane! Combien il y en a peu qui sachent en même temps guérir et consoler! Quand ma sœur Marceline venait à mon lit, sa petite tasse à la main, qu'elle me posait la main sur le front, et qu'elle me disait de sa petite voix d'enfant de chœur : « Quel *nœud* terrible vous nous faites là ! » (elle voulait dire que je fronçais le sourcil), pauvre chère âme! elle aurait déridé Leopardi lui-même, au beau milieu d'une conspiration ou d'une partie d'échecs perdue.

« Parlons raison. Oui, marraine, j'ai trouvé dans *Arsace*, Pauline fatiguée, et, ne vous en déplaise, j'ai applaudi *la Grise pommelée*, non pas encore et encore, comme vous dites, mais à un seul endroit, où, ne vous en redéplaise, vous l'auriez applaudie vous-même, oui, vous-même, puissant maestro, de vos petits gants glacés. Jugez quel retentissement dans la salle! et je dis encore que Grisi est insupportablement commune, vulgaire, et tant qu'il vous plaira, mais elle est souvent belle dans Sémiramis; c'est son rôle, et puis, enfin, que vous dirai-je? on l'entend. Or, on n'entendait pas Paulinette. Que diable! Ayez les meilleures intentions du monde, si je ne vous entends pas, bonsoir. Je ne renie pas le talent de Pauline, je ne jette personne à la rivière, mais elle n'avait pas trop de force, et elle en a perdu beaucoup. Écoutez donc, il ne faut pourtant pas que je sois si bête de le trouver, puisque tous les journaux l'ont dit, et le public idem.

« En outre, il faut savoir qu'elle a dans ce même *Arsace* un costume.... aïe, aïe! Figurez-vous d'abord un cotillon bleu tout rayé avec un manteau blanc. Bon, y êtes vous? Maintenant imaginez, sortant dudit cotillon, c'est-à-dire tunique, deux jambes rouges, également rayées, pivotant sur une énorme paire de brodequins jonquille. Bon! y êtes-vous encore? A présent peignez-vous un bonnet soi-disant phrygien, à peu près semblable à ceux qui coiffent les marottes, avec un crochet au bout qui ballotte à chaque trille, et sous ce bonnet, — pauvre Paulinette! pendant que je l'habille ainsi, son petit portrait est là devant moi, qui me regarde d'un petit air boudeur et bon enfant, — tenez, vous avez raison, je ne vaux plus rien. Elle est charmante, elle est pleine d'âme, plus distinguée cent fois que tous ces braillards-là. Mais, aussi, quelle idée de se marier? Enfin...

« A propos de ce que je ne vaux rien, savez-vous une chose? J'ai découvert que la fièvre, la diète, le sirop de violettes, et la vue d'une religieuse qui prie le bon Dieu sont des choses excellentes contre la férocité. Oui, marraine, et je me confesse à vous. Pendant que j'étais raide comme un bâton sous quatorze couvertures, suant à grosses gouttes et toussant à casser les vitres, j'ai pensé à mes derniers vers, et je les ai sincèrement regrettés, mais très sincèrement. C'est mal, c'est absurde, non pas de les avoir faits, mais de les avoir imprimés. — « Voilà « ma bête, allez-vous dire, il est bien temps maintenant! » et vous allez me comparer à cet homme prudent qui, ayant parié de traverser un bassin gelé pieds nus sur la glace, arrivé au milieu, trouva que c'était trop froid, et revint sur ses pas au lieu de continuer. Eh bien, non, en tout honneur, je ne l'aime plus, du moins je ne souffre plus seulement pour deux sous quand j'y pense; je n'ai aucune espèce d'envie de me *rabibocher*, comme disent les gamins. Mais je ne suis pas content : je voudrais qu'il y eût un moyen quelconque de réparer la chose.

« Trouvez-moi donc cela, vous. — Mettez votre menton dans votre main, appuyez votre coude sur votre jarretière, brûlez-vous le bout du pied, et donnez-moi un conseil. Il est positif que personne ici n'a cru les vers adressés à Uranie. Ni mon frère ni moi n'avons entendu âme qui vive les lui appliquer. La trompette Bonnaire n'y aurait pas manqué le cas échéant.

« Ainsi voyez un peu, et dites-vous bien que je ne veux pas de réconciliation, sous aucun rapport, aucun rapprochement. J'en ai bien assez, à présent que c'est fini. Mais je sens que j'ai été trop loin, et je voudrais revenir sur l'impression laissée.

« Adieu ! marraine. Rachel joue Frédégonde mardi. S'il vous amuse d'avoir des nouvelles, je vous en enverrai.

« Votre filleul plein de sirop. »

« Est-ce que nous sommes brouillés aussi, marraine? Est-ce que vous êtes tout à fait passée à l'ennemi? ou bien est-ce que la susceptibilité est contagieuse, et vous êtes-vous piquée d'une plaisanterie? vous, le bon sens et l'indulgence personnifiés? Il faudrait que l'exemple eût bien de l'empire.

« Je désire vous apprendre que je me porte beaucoup mieux que lorsque je me portais plus mal, et que mon cœur commence à se secouer les oreilles. Je ne veux point vous dire que j'aie tort ou raison, parce que vous êtes trop lombarde dans ce moment-ci ; je ne veux que constater un fait, et que vous m'accordiez la permission de m'en féliciter moi-même à défaut des autres. Le fait est que j'ai rudement souffert, et c'est pourquoi je suis digne de pardon ; car on doit pardonner à ceux qui souffrent ; bien rosser et garder rancune, vous le savez, est par trop féminin ; il est vrai de dire aussi que, comme c'est moi qui ai cassé les pots, il est juste que je les paye. Ainsi fais-je, et je ne dis rien.

« La princesse Turandot (je ne suis pas Kalaf) ne sait pas le mal qu'elle m'a fait, sans quoi elle eût été moins féroce. Elle n'a jamais voulu entendre la chose du monde la plus claire, c'est que « les soucis très réels, très maté-

« riels et très sérieux que j'avais, rendaient beaucoup
« pire mon état fâcheux à son égard ; et je puis dire que
« je défie qui que ce soit d'avoir seulement l'humeur
« égale dans les circonstances où je me trouvais. Vous
« comprenez bien que je ne pouvais lui faire des confi-
« dences sur des affaires qui ne m'appartiennent pas à
« moi seul » ; mais il me semble qu'elle aurait pu sentir
qu'il y a des moments dans la vie de ce monde où un
homme change de caractère bon gré mal gré, et lorsqu'il
a l'avantage, en outre, d'être naturellement grognon, il
peut le devenir encore plus.

« Ainsi cette belle Turandot m'a pris au mot sur toutes
les maussaderies que j'ai faites, et, d'une autre part, elle
n'a tenu aucun compte de mes bons mouvements. Je lui
ai parlé à cœur ouvert, sottement et maladroitement si
vous voulez, mais franchement ; elle m'a répondu avec
le calme et la gravité d'un mandarin.

« Voulez-vous me permettre, marraine, de vous faire,
une comparaison ? Il y avait, à la révolution de Juillet, un
pauvre diable de soldat suisse qui avait reçu trois ou quatre
chevrotines dans la poitrine ; il était inondé de sang et
il se traînait le long d'une muraille dans la rue Croix-des-
Petits-Champs. Une aimable dame, qui demeurait au
second étage, ouvre délicatement sa fenêtre, aperçoit le
Suisse au-dessous d'elle, et, pour montrer son patriotisme,
elle prend un pot de fleurs, et, vlan ! elle le jette sur la
tête du soldat. Voilà, au moral, ce que votre amie a eu
la bonté de faire à l'égard de votre filleul. Et je dis qu'il
y a moins de différence qu'on ne croit entre une action
physique et une action morale. Je dis qu'il est au moins
bizarre qu'on plaigne un homme qui a une crampe
d'estomac et qu'on l'assomme quand il a le cœur en
compote.

« Je vous répète encore, marraine, que je ne prétends
pas avoir raison, et que je vous regarde comme complè-

tement vendue au pouvoir dans ce moment-ci. Je désirerais seulement savoir si nous sommes brouillés. Quant à moi, vous savez que je suis un filleul *pur sang*, qui se laisserait plutôt enlever en l'air par la peau du cou sans crier comme un boule-dogue que de ne pas aimer sa marraine *quand même* à pied et à cheval.

« Alfred de Musset. »

« Vendredi, octobre.

« Ainsi donc Uranie n'a pas lu la *Revue!* Vous ne croyez pas, j'espère, que je crois que vous croyez que je le crois. Ce genre de plaisanterie m'est étranger, vous le savez, et ma belle petite marraine connaît trop bien le cœur du fieux qu'elle a pour imaginer qu'il donne dans ce *godant,* lui qui n'admet pas les névralgies, ou qui, du moins, ne les admet que sous le rapport d'une mauvaise dent, chose que je connais et respecte, parce que cela fait un mal de chien. Mais quant à ce qui est d'avoir une brochure sous le nez, *dove di voi si favella,* et de ne pas l'ouvrir, *No, my dear lady, I can't believe it.*

« Vous êtes peut-être (je n'en sais rien, mais vous en êtes capable), vous êtes peut-être de bonne foi en m'écrivant ce beau trait d'une noble fierté; car, sans plaisanterie, avec tout votre esprit, qui est, au vu et au su de tous, un des plus fins du monde et un des plus exquis, vous êtes d'une innocence si baroque par moments! Mais non, que je suis bête! vous êtes femme au moins autant que moi, et vous ne croyez pas plus que moi à ce que vous m'avez raconté. En tout cas je n'y croirai jamais, quoi que vous-même en disiez, pas du tout ni en aucune façon, pas même quand même.

« Tant y a qu'il y a longtemps que j'ai envie de faire une nouvelle qui s'appellera *la Bascule,* c'est-à-dire, en général : Je t'aime si tu ne m'aimes pas, je recule si tu avances, etc., etc., ornée de quelques détails vrais. Ceci ira et même pourra aller, et grossir le petit *Tom Jones* (tome Jaune) d'une demi-centaine de pages. En partant de l'escalier, non sans s'asseoir sur la première marche, et en allant de là jusqu'au palais et même plus loin; qu'en pensez-vous? En route, comme dit Odry, on est toujours libre de s'égarer. Cette idée me sourit, et voulez-vous me permettre de vous dire une chose où va éclater toute ma modestie? « Si Elle ne le lit pas..... eh bien... eh bien, il y en aura d'autres qui le liront. » Et notez bien, marraine, et il est presque impossible à quelqu'un d'être tout le monde.

« — Mais, fieux, ce ne sera pas bien de votre part. Un homme de bonne compagnie, dont Pierre, Pietro ou Peters a ciré les bottes, brossé les habits, ne doit pas mettre une châtelaine dans la *Revue*, ni la brocher en jaune serin; et si vous faites une chose pareille, Pierre, Pietro ni Peters ne cireront plus vos bottes ni ne vous brosseront plus rien. »

« Marraine, il est vrai, il faut que je renonce à sentir la présence de votre petit et charmant *vous*, en avalant du macaroni aux tomates, et à regarder les petits boutons d'oranger blancs enchâssés dans du satin groseille qui servent de dents à cette belle personne dont vous êtes, je ne sais pourquoi, la mère. Il faut que je renonce au nez de Leopardi, à la bosse de B..., aux favoris de M. V..., et à autres choses.

« Mais, je vais vous dire, on m'a fait enrager. Vous ne savez pas, marraine, non! vous ne pouvez pas savoir à quel point on m'a tué, éreinté, abîmé, comme on m'a attiré et laissé faire, quelle profonde, perverse et malfaisante coquetterie on a employée de sang-froid avec un pauvre diable qui aime de tout son cœur, qui se livre comme une bête, qui s'en allait bien tranquillement pleurer à chaudes larmes une demi-heure avant dîner, et qui osait à peine le dire tout bas, en offrant son bras pour aller à table; mais qui se réveille tôt ou tard, n'importe comment, et qui sait comprendre.

« Faites-moi le plaisir, marraine, de lire ces paroles de Casanova, lequel était aussi longobard qu'un autre, et même davantage :

« Si vous vous obstinez, je suis forcé de croire que
« vous vous faites une cruelle étude de me tourmenter,
« et que, excellente physicienne, vous avez appris dans
« la plus maudite de toutes les écoles que le vrai moyen
« de rendre impossible à un jeune homme la guérison
« d'une passion amoureuse, est de l'irriter sans cesse.
« Mais vous conviendrez que vous ne pouvez exercer
« cette tyrannie qu'en haïssant la personne sur laquelle
« elle opère cet effet, et, la chose étant ainsi, je dois
« rappeler ma raison pour vous haïr à mon tour. »

« Voilà. Adieu ! chère marraine, tâchez surtout de m'aimer toujours un peu. En me donnant un petit *shake hands*, vous ne risquez pas de vous cogner dans la foule.

« Alfred de Musset. »

Suspendant un instant ma lecture, je fis remarquer à mon petit auditoire attentif que les réponses que m'adressait Alfred de Musset faisaient assez clairement connaître le blâme que j'exprimais sur cette colère poétique qu'il pouvait regretter, mais non atténuer. Il fit ce qu'il put en ne laissant pas paraître les vers *Sur une morte* dans aucune édition publiée de son vivant. A tort, il s'était imaginé que la princesse, seule, en pénétrerait l'application. S'il eût pu en être ainsi, le pardon eût été aisé : Une *furia amorosa* portait en elle son excuse. Mais l'envie veillait, et tout fut mis en œuvre pour exciter le courroux de la femme, tandis que je m'efforçais de l'adoucir. Le temps devint mon auxiliaire et celui du poète, qui regrettait ses vers ; mais il cherchait à se disculper en donnant les premiers torts à la princesse. N'est-ce pas là une marche accoutumée ?

« Lundi.

« Il faut que je vous aime terriblement, madame, pour vous pardonner de me deviner et de venir me dire, à mon nez, exactement ce que je pense. Convenez au moins, à votre tour, que nous valons quelquefois mieux que vous autres ; car je n'ai jamais vu ni ouï dire qu'une femme ait pardonné en pareil cas, encore moins qu'elle se soit rendue. Et moi je pardonne, et je me rends. Voyez comme je suis bon prince ; et vous osez m'appeler Prince grognon !

« Je confesse donc que l'intention réelle de faire le conte dont je vous parlais n'existait pas dans mon esprit, et même que c'est impossible. La chose est peut-être faisable autrement en la prenant en plaisanterie, sans détails trop marqués, et en tournant la chose d'une manière favorable. Ce sera pour une autre fois. Quoi qu'il en soit, c'est un peu fort qu'une personne de votre taille ne veuille avoir peur quand un monsieur de ma stature est en colère. *Per Bacco!* je mets mon fusil en joue, et une fauvette se met à me rire au nez ! Je vous pardonne, mais vous me le payerez.

« Quant à mes vers, je ne sais pas trop si je dois les regretter ou non. Ce n'est, comme vous disiez, madame, qu'un portrait de circonstance. Personne ici ne l'a reconnu. Les uns ont cru y voir, comme toujours, cette pauvre Mᵐᵉ Sand. Je vous demande un peu à propos de quoi maintenant ? Et ne voilà-t-il pas Bonnaire, qui sort de chez moi tout à l'heure, et qui me dit qu'on devrait écrire mes vers, savez-vous où ? sur le tombeau de

Rachel. « Mais, lui ai-je dit, vous croyez donc que j'ai pensé à elle? — Je ne dis pas cela, a-t-il répondu de l'air du Misanthrope; mais enfin... — Le bon public est bien méchant; mais je le crois plus bête encore, » ai-je répliqué avec douceur et modestie. Et l'entretien en est resté là.

« Il n'y a qu'une chose sur laquelle je ne céderai pas, parce que j'ai raison, et c'est bien le moins, puisque j'ai tort dans tant d'autres choses. Vous vous trompez dans votre comparaison de miss Chaworth et de lady Byron; vous vous trompez. Songez donc qu'entre ces deux extrêmes il y a des milliers de sentiments.

« Lady Byron a fait briser le secrétaire de son mari, et a fait faire une enquête pour qu'on l'enfermât comme fou.

« Marie Chaworth lui a dit une injure sur son pied boiteux, il est vrai, chose assez ignoble, et l'a traité du reste assez doucement. Mais Marie Chaworth en aimait un autre. Tout est là. Au temps de mes plus enragées passions, je n'ai jamais songé à en vouloir à une femme qui m'a dit qu'elle en aimait un autre. Je puis même me vanter, en pareil cas, d'avoir fait acte de courage et de résignation; ce n'est pas une grande gloire, c'est ma manière de sentir.

« Quant à une femme qui m'aurait dit tout bonnement qu'elle ne m'aimait pas du tout, je n'aurais rien dit, mais je ne m'y suis pas exposé.

« Mais j'ai des lettres d'Uranie, où elle me dit : « Je croyais que mon amitié pouvait vous être bonne à quelque chose »; où elle me dit encore : « Près de moi vous auriez souffert, mais non pas sans adoucissement. » J'ai tenu sa main, je l'ai baisée pendant une minute entière, et elle me laissait faire. Je lui ai répété cent fois que je ne cherchais pas près d'elle une bonne fortune, que mon amour-propre n'y était pour rien, que je ne lui demandais qu'un mot d'amitié pour être heureux toute une journée.

Elle y croyait et elle le voyait, et elle m'a gardé huit jours chez elle, affectant à chaque instant d'éviter l'occasion de me parler, me traitant comme un étranger. Elle ne peut avoir eu pour cela que trois raisons : ou elle se défiait d'elle-même, et je ne le crois pas ; ou elle me faisait souffrir par plaisir, sachant qu'elle ne courait aucun risque à me rendre tranquille ; ou bien elle agissait froidement avec orgueil et indifférence, ce que je crois.

« Or, ceci est méchant et haïssable.

« J'ai plus de quinze lettres d'elle où elle me parle d'amitié. L'amitié consiste-t-elle à donner le bras à quelqu'un pour aller à table? Quelle plaisanterie !

« Et, outre cette main qu'on me livrait, il y a mille choses qu'on ne peut pas dire, vous le savez, parce qu'on ne peut pas les expliquer aux autres. Mais, soyez-en sûre, elle m'a attiré à elle par désœuvrement, pour s'amuser de moi et me faire jouer purement et simplement le rôle de *patito*. Vous savez ce que c'est. Je n'ai pas voulu, et alors elle m'a maltraité. Quant à moi, je croyais réellement à ce faux semblant d'amitié qui n'était qu'une comédie, un pur passe-temps, et qui s'est arrêté net dès qu'elle m'a vu revenir et céder.

« Voilà ce qui m'a blessé! Elle n'avait pas le droit, d'abord, de me traiter ainsi, et ensuite elle se trompait sur moi d'une manière blessante en essayant de le faire. Cela est le vrai, et je ne l'oublierai qu'avec peine, pour en garder en tout cas une méchante impression.

« Pardon, marraine, de cette longue explication. Puisque vous avez, vous, quelque amitié pour moi (et celle-là j'y crois), il faut bien que vous en portiez la peine. Je m'ennuie encore horriblement, malgré tout, et il faut bien que je bavarde, quand je sens que je parle à qui peut et veut bien m'entendre. N'en parlons plus.

« Je ne sais pas encore si je pourrai entendre Pauline.

J'ai demandé à avoir une stalle, je ne sais pas si on me la donnera. Si j'y vais, ne doutez pas de l'exactitude de mon compte rendu. Vous aurez un feuilleton.

« Adieu ! marraine, quand vous ouvrirez votre fenêtre pour fumer un cigare le matin, regardez le pont du Pecq et dites-vous : il est bien bête, mon fieux, mais on s'en moque bien ici, et lui il souffre là-bas.

« Alfred de Musset. »

« Voilà mon frère qui me dit
« Aujourd'hui vendredi,
« Que vous lui avez dit
« Que je devrais renvoyer au Port-Marly
« Les traductions de Leopardi,
« Pardi !
« Si la princesse les veut,
« Je ne demande pas mieux.
« Mais qu'est-ce qui la presse
« Cette princesse ?

« Et dites-moi un peu ce qu'elle compte faire de ces papiers ? Si elle a l'idée de charger quelque autre de l'article, cela me paraît fort sage, mais c'est assez inutile, attendu que la *Revue* ne le mettrait pas, parce que j'ai dit que je le ferais.

« Je fais des vers dans ce moment présent, et Leopardi est mort depuis assez longtemps pour me faire la grâce d'attendre. Est-ce que les Italiens sont enragés ? Dans ce cas-là, il faut leur recommander les gousses d'ail, qui sont très bonnes contre l'hydrophobie ; mais il ne leur servira pas à grand'chose de vouloir qu'on aille plus vite que les violons.

« Je n'ai pas suivi votre conseil de l'autre jour, ce qui n'empêche pas du tout, du tout, du tout, que je vous remercie beaucoup fort, attendu que, quand même vous n'auriez pas raison, vous ne pouvez avoir tort. Mais j'ai pensé à une chose que je crois juste, c'est que, du moment qu'est convenu qu'on sait l'adresse de mes vers, il ne me servirait à rien de revenir dessus. C'est fait, et j'aurais peut-être encore plus mauvaise grâce à avoir l'air de retourner la girouette, sans en retirer le moindre profit.

« Vous savez sans doute que le vertueux conspirateur Leopardi est venu m'apporter ici une pièce de vers italiens, où il s'est amusé à retourner les miens comme une manche de veste, ce qui se trouve fort ingénieusement faire le plus pompeux éloge d'Uranie. Il voulait que je les fisse insérer dans la *Revue*, et j'ai cru d'abord qu'il se moquait de moi, mais point. Il m'a écrit deux lettres dans cette idée, au moins baroque.

« Décidément, ils sont tous un peu fous.

« Vous devez savoir déjà des nouvelles de Frédégonde. Je n'ai vu que la seconde représentation, c'est pourquoi je ne vous en ai pas écrit. En tous cas, dites, maintenez et soutenez que Janin est un méchant être et que Rachel est charmantissime. (Je crois que je vais nous raccommoder ensemble.)

« On m'a dit que votre frère était malade ? est-ce que c'est vrai ?

« *Shake hands heartly.*

« LE FIEUX. »

Vous remarquerez, messieurs la dernière phrase, où s'attache au nom de Rachel l'épithète de charmantissime. En la relisant, je ressentis un véritable plaisir, car toute distraction était le meilleur remède à l'état de guerre qui venait d'éclore dans un camp ami ; si Alfred de Musset se reprenait d'enthousiasme pour le talent de Rachel, la veine poétique réveillée nous permettrait de beaucoup espérer. Cependant la colossale folie de Leopardi, qui voulait à toute force s'instituer le champion de la princesse, n'était pas encore terminée. Il ne faut pas confondre un instant cet exilé politique, un des nombreux habitués familiers qui encerclaient la princesse de Belgiojoso, continuant en France les usages de la noblesse italienne, avec l'illustre poète Leopardi, mort en 1837, auquel Alfred de Musset voulait consacrer tout un travail, dont il avait donné l'avant-goût aux lecteurs dans la pièce de vers intitulée : *Après une lecture*, novembre 1842.

Leopardi provocateur est le sujet de la lettre suivante :

« Dimanche.

« Je ne suis pas content, marraine, je suis ennuyé et dérangé pour cette sotte et pitoyable histoire de Leopardi. Ceux à qui j'en ai parlé m'ont dit que cela n'avait pas le sens commun, que je ne trouverais même pas de témoins pour une affaire aussi bête, que je ne devrais pas y faire attention sous peine d'être aussi fou que Leopardi. Et que voulez-vous que je fasse?

« Voici où en sont les choses : M. Riciardi, ami de Leopardi, m'a écrit ce matin pour se plaindre de mon silence et pour me dire que le susdit Leopardi a pris pour lui et s'est appliqué les deux vers suivants :

« Mais ce n'est rien auprès des versificateurs,
« Le dernier des humains est celui qui cheville.

« Je vous demande un peu s'il y a rien de plus bête au monde? ce serait à ne pas le croire, si on ne le voyait pas. Trissotin n'a jamais fait mieux.

« J'ai répondu ceci : « Monsieur, je n'ai pas pensé, je
« ne pense point à M. Leopardi. Je ne sais absolument pas
« quel est le motif qui l'a blessé. Les vers dont vous
« parlez ne désignent personne. »

« Voilà toute ma lettre. Maintenant, voici le service que vous pourriez me rendre. Ce serait de tâcher de deviner et de me dire si c'est la princesse qui fait agir cet animal, oui ou non. Si c'est de lui-même et en son propre nom qu'il agit, je m'en moque complètement. Si c'est une vengeance de la princesse, Leopardi n'est ni son frère, ni son amant, et je l'enverrai promener, mais je ne le prendrai plus au sérieux. Tâchez, madame, de me dire cela positivement.

« Rappelez-vous, je vous en prie, un service du même genre que vous m'avez rendu, et ne craignez pas de *parler vrai*.

« Je vous ai écrit hier un mot, vous croyant encore à Paris.

« Adieu, chère et bonne marraine. Tout l'intérêt que vous me montrez dans ce paquet d'absurdités sera un des cent mille et un souvenirs charmants que je garderai de vous.

« LE FIEUX. »

Au point où les choses étaient arrivées, il fallait absolument débrouiller ce tissu d'absurdités.

J'allai joindre Mme de Belgiojoso à la campagne, et j'obtins d'elle de faire cesser ces aboiements d'imprudents et maladroits qui tendaient à appeler l'attention du public, précisément sur ce que nous désirions effacer. La princesse finit par accepter avec indulgence la forme inaccoutumée et poétique d'une désespérance amoureuse.

Puis, des deux côtés, la blessure se cicatrisa surtout par l'absence. Parfois, dans la correspondance, quelques mots réveillaient les souvenirs, comme ces éclairs qui, à longues distances, survivent à l'orage.

« Une note de vous, ma petite et blonde marraine, est et sera toujours à mon diapason. Nous nous sommes donné notre *la* assez en toute chose pour que, l'instrument étant de bonne facture, l'accord survive à tout Votre coquelicot m'a touché. Le pauvre bonhomme ! vous auriez dû m'en envoyer une feuille ; mais c'est à moi que vous auriez dû le comparer. Tergiversant, tournaillant, débraillé... c'est ma parfaite image.

« Mais, hélas, et hélas ! ce n'est plus le vent des passions qui me tournaille et me débraille. Je ne suis même plus un coquelicot. Mon vieux cœur, qui a toujours quinze ans, s'aperçoit si bien qu'il est bête qu'il n'ose même plus vouloir des coquelicoquettes. Vous souvenez-vous par hasard, madame, d'une lithographie de Charlet où un grognard blessé sort de la bataille. « Je n'en joue « plus, » dit-il, en se frottant. Hum ! hum !... Enfin n'importe, comme jadis disait votre frère.

« Vous êtes encore bien loin, petite marraine, de l'affreux calme auquel je me résigne. Mais vous grandirez infailliblement. Vous êtes toujours bonne en ne m'en voulant pas de ce que je ne suis pas allé vous voir, mais cette bonté n'est que justice. — Le monde ! les petites cancanneries, les gros riens, s'agiter sur une chaise qui craque, en tendant son dessous de pied et en regardant sa botte, cette vie de coups d'épingles ! *Ohime !* il y a eu quelqu'un avec un front penseur et deux yeux troublants qui m'a persuadé et fait croire pendant quelque temps que je pourrais vivre dans ce baquet... Vous m'avez donné l'exemple des petits points. Et, au fait, pourquoi ne pas cultiver cette réticence écrite ? C'est un moyen (voir les *Mémoires* de la comtesse Merlin).

« Votre petit mot, madame, sur la réponse à Becker, m'a fait plaisir et m'a été plus sensible que ne me le seraient les reproches de feu Becquet, mort glorieusement, comme le frère de Glocester, dans un tonneau quelconque.

« Mais toutes mes Omphales, créoles, Amandines, vous

m'en donnez, il me semble, un peu beaucoup. La capitale phosphore ne saurait avoir, sous aucun prétexte, tant de sous-préfectures. *Je ne fais cependant point difficulté* de vous dire que j'ai rencontré une créature d'une laideur fantastique, qui ressemble comme deux gouttes d'eau à....... et voyez un peu, qu'est-ce que le bon Dieu penserait, si je lui disais que c'est à peu près la même chose?

« J'ai écrit à Uranie, et fort écrit. Mais il y a une destinée. Cela n'a pas pris jadis, et cela a beau vouloir prendre ; mais, décidément : « *Thou can's not speak of what thou dost not feel,* » dit Roméo.

« Je joue beaucoup aux échecs. Vous devriez apprendre quelque jeu, je vous assure, le whist ou les honchets, c'est très calmant et très sain en été.

« *Farewell*, ma chère marraine. Quand vous vous souviendrez de moi,

« Songez que je vous aimerai toujours.

« Alfred de Musset. »

« Madame,

« Je rentre de ma garde, et à propos d'une baliverne trouvée dans un journal, je suis furieux, indigné, pérorant à déjeuner. Voulez-vous faire une bonne œuvre? J'ai le cœur et la tête pleins à rase. Si vous vous portez mieux, prenez une plume un de ces soirs, et comme vous le sentirez, au hasard, mais bien net, écrivez-moi reproches sur reproches de ma paresse.

« Voilà une drôle de proposition. Ayez, je vous en prie, le courage de l'accepter. Je veux répondre à votre lettre par des vers (*without any name*, bien entendu) ; mais j'ai besoin d'un coup de raquette qui m'envoie le volant, et il n'y a que vous qui puissiez le donner. Il faut que je parle en conscience pour parler, et je ne saurais supposer. Commencez par rire de cette folie, *e poi* envoyez-moi un battement de votre cœur; je vous le rendrai.

« ALFRED DE MUSSET.

« Lundi matin. »

Ce fut avec un vif sentiment de plaisir que je lus cet appel, qui me rappelait ses élans les plus favorables à la poésie. A cette même époque, Mme Kalergis paraissait occupée d'Alfred de Musset, coquettement. Or, je savais bien que son vieux cœur à lui, ainsi qu'il l'écrivait, avait toujours quinze ans, et que les coquelicoquettes en agitaient la flamme.

Ici je suspends toute lecture : ma curiosité veut avoir son tour. « Dites, je vous prie, comment se fait-il, mon cher Berryer, que vous, sensible à la beauté, à la grâce de l'esprit, à la qualité de musicienne, comment êtes-vous demeuré absolument inaccessible aux charmes et aux agaceries que vous a prodigués la comtesse Kalergis?

— Ma mémoire lui nuisait, et m'a préservé. Précisément, madame, cette réunion multiple de séductions m'a rappelé involontairement une certaine Mme de B..., sa compatriote, de l'enlacement de laquelle j'ai eu bien de la peine à me retirer intact. Celle-là n'était pas une beauté splendide, éclatante, mais délicate, flexible, enivrante.

« Ma cour étant bien accueillie, je souriais en comptant les étapes amoureuses qui me restaient à parcourir, lorsqu'un matin, trop empressé, m'étant présenté à une heure inaccoutumée, je crus saisir quelque embarras dans le maintien de Mme de B... Il me fut promptement expliqué; une porte s'ouvrit doucement, et, sans se faire annoncer, se présenta Pozzo di Borgo, l'ambassadeur de Russie. Celui-ci fit quelques pas, nous regardant attentivement tous deux.

« Mme de B... s'était vivement emparée d'un métier à

tapisserie, et tirait l'aiguille avec activité. L'ambassadeur, en appuyant sur les mots, répéta lentement le proverbe sicilien : « *Donna che fila cattiva cosa!* » (Dame qui file, mauvais signe.)

« L'air narquois de Son Excellence, sa politesse aisée dans une situation qui pouvait paraître embarrassante, tout m'éclaira sur le jeu présumé de la dame. Elle poursuivait près de moi le goût des positions politiques très accentuées. Me dégageant à mon tour du rôle où j'étais surpris, je saluai courtoisement M. l'ambassadeur et d'une façon assez expressive, je crois, qui signifiait : Je vous cède la place !

« Quelques mois plus tard, je me rencontrai à dîner avec le prince de Belgiojoso, et, comme après le repas je faisais la guerre à son cigare, tout en nous promenant dans un beau jardin, je portai la causerie sur Mme de B..., près de laquelle je l'avais vu assidu. J'eus alors la confirmation de ce que j'avais deviné.

« Après séduction accomplie, le prince me conta qu'un beau jour ou une belle nuit, il vit les épanchements prendre le chemin de révélations politiques. A titre d'exilé, il était très avisé des soucis de la police; aussi, quelque fine et habile que pût être la grande dame, le flair de l'émigré éclaira Belgiojoso. Or, quoique la situation fût aussi engagée que pressante, sans avoir égard à l'heure tardive, le prince s'échappa, s'expliquant en quelques mots durs et nets.

« De cette double aventure me sont demeurées des préventions contre les beautés conquérantes du Nord. Je m'accuse pas, ne soupçonne même point, continua Berryer, mais...

— Je vous comprends, mon cher ami; sans vous donner tout à fait raison, souvent je me laisse influencer dans mes jugements par les analogies que ma mémoire me fournit.

« Mais, puisque vous avez constaté qu'Alfred de Musset

se laissait amoureusement charmer ou éblouir par l'éclat des *étoiles* mondaines, ne pouvez-vous admettre que notre beauté russe fût de même attirée par les étoiles politiques? Ainsi tout s'explique : repoussée par le champion du royalisme, elle devient républicaine par réaction, et s'enthousiasme du rôle héroïque que remplit le général Cavaignac à travers les terribles journées de juin 1848. Mme Kalergis laissa *voir à tous venants* la passion que lui inspirait le héros du jour. Eh bien! la résistance que le général opposa à cette flamme n'était-elle pas humiliante pour son amour-propre? Elle l'aimait donc?

— Comprenant que la position politique du général lui imposait ce sacrifice, elle se résigna, expliqua Ernest Picard.

— Ce fut Mme de Cavaignac mère qui l'exigea, monsieur. Elle avait, paraît-il, par sa sagacité et sa tendresse, la plus grande autorité sur son fils. Très malade, se sentant mourir, elle fit jurer au général de ne plus revoir la comtesse Kalergis.

« En apprenant cet ordre d'une mère mourante, la comtesse se livra à des transports de douleur. Elle perdit le sommeil, marchant des nuits entières, soutenant sa vie et son désespoir à l'aide de thé vert et de cigarettes. Toutefois le caractère de femme du monde dominait et colora de convenance cette désolation. Dans les rangements de mes papiers j'ai trouvé un billet qui donne bien la note de l'état de son âme à la veille du coup d'État. »

« Chère madame, m'écrit-elle, je vous ai dit hier fort étourdiment que j'irais vous narrer les « escargots » mercredi soir. J'avais oublié un dîner et une soirée chez Poniatowski, où je figure comme pianiste. Voulez-vous me recevoir mardi entre neuf et dix heures? Je dîne à l'Élysée et aurai bien besoin de vous voir, pour me consoler de ces corvées réactionnaires. Ma pauvre lettre n'est pas partie;

je l'ai brûlée dans la crainte de gâter quelque chose. Le matin, en ouvrant les journaux, j'ai eu un affreux serrement de cœur. Concevez-vous qu'on se laisse aller ainsi? et la fortune, et l'ambition, et l'avenir! Il repousse tout, comme il a repoussé mon affection!

« Au revoir, chère madame, la vie est dure.

« Marie Kalergis. »

A ce dernier dîner de l'Elysée, encore président, le futur empereur avait placé près de lui la lumineuse comtesse; le soir même elle me confia qu'il lui avait adressé un compliment charmant sur son regard en comparant ses prunelles à deux violettes de Parme. « Il sait parler aux femmes », ajouta-t-elle d'un air réfléchi.

Puis, comme je lui demandai de venir dîner avec moi et faire de la musique, elle me pria de la réunir à M. de Musset.

« J'essayerai, lui dis-je, mais il me paraît en veine de sauvagerie. »

A mon invitation il répondit :

« Oui, marraine, mais je ne pourrai probablement pas rester longtemps après; me le pardonnez-vous?

« Compliments de saison.

« Alfred de Musset. »

Ce fut à dater de 1854 que je remarquai des alternatives dans la santé d'Alfred de Musset, et, par conséquent, dans son humeur, souvent de l'abattement. La maladie de cœur qui l'a enlevé s'accentuait. Les rayons devenaient plus rares. Cependant, parfois il s'animait encore, et je le vis très brillant un jour où la conversation porta sur la durée éphémère de ce qu'on nomme la gloire, sujet qu'il se plaisait souvent à traiter avec un grand artiste de ses amis, auquel toutes les questions philoso-

‑phiques sont familières, heureux de se trouver d'accord avec lui sur le fond même de la discussion, à savoir que la supériorité d'un homme se mesure sur l'impression qu'il impose et non sur la quantité de ses œuvres.

Alfred répétait complaisamment après Chenavard :

« Voilà Léonard de Vinci, qui, par un seul tableau, *la Cène*, détruit presque aussitôt que produit, tient une aussi grande place dans la mémoire que Raphaël avec des milliers d'ouvrages. »

C'était pour notre poète une sorte de point d'appui à ce *farniente*, qui, par moments, écartait soigneusement la muse.

« Remarquez, ajoutait Musset avec véhémence, cette disposition du public à traiter l'artiste en ouvrier; il doit produire sans cesse, sans repos, sans rémission ! Est-il donc frappé d'impuissance, demande-t-on, que depuis huit jours il n'a rien livré aux critiques ? »

Comme il achevait ces mots, entrait Chenavard lui-même, que ce genre de critiques avait longtemps poursuivi, ce peintre dont, en trois années, le cerveau put enfanter, et le crayon, sous sa dictée, exécuter l'œuvre prodigieuse de la décoration du Panthéon, monument rendu ainsi à l'histoire des peuples. Déjà trente-deux immenses cartons, placés aux Menus-Plaisirs, étaient livrés à la curiosité et à l'admiration du public, quand, sans nul souci de l'art, Napoléon III anéantit l'œuvre autant qu'il était en son pouvoir récent, en rendant par décret le Panthéon au clergé.

Mis promptement au courant de notre conversation, Chenavard s'y relia par une heureuse citation :

« Voyez d'Assas, dit-il. Avec un seul cri : « A moi Auvergne, c'est l'ennemi ! » il s'est taillé une statue aussi impérissable que nulle autre. La calamité redoutable, continuait-il, est d'être médiocre par le fond; aucun nom n'est immortel, qu'à la condition de signifier quelque chose

13.

d'éternel, de vivant en chacun de nous, œuvre même mise à part. Ainsi, quand je prononce le nom de César ou Jésus, je n'ai pas besoin d'aller chercher ce qu'ils peuvent avoir écrit pour les comprendre; il faut que je les retrouve en moi, dans l'idée représentative de ces puissances : Domination, Humiliation. Ainsi s'explique la diversité de nos dieux ou de nos héros.

« Mais je me souviens, madame, fort à propos, reprit Chenavard, que vous m'avez reproché d'être de la nature des *bulldogs*, qui ne savent plus lâcher ce qu'une fois ils saisissent, et j'abandonne le thème.

— Or donc, dit Musset en riant et entraînant dehors avec lui son ami le major Frazer, je vais fumer une cigarette. »

Me tournant alors vers le philosophe, dont la sagacité prend parfois la puissance d'une seconde vue :

« Dites-nous, Chenavard, demandai-je, quelle sera l'idée représentative qui consacrera le nom du poète qui nous quitte ?

— A tout jamais, madame, Alfred de Musset sera la personnification de la jeunesse et de l'amour. »

Est-il une façon de se survivre plus enviable ?

PIERRE LANFREY

Les lettres d'Everard. — Les apôtres de la femme. — Portrait de Lanfrey. — 10 lettres de lui à sa mère (1846-1854). — Ses débuts comme écrivain politique. — Ferocino. — Deux lettres à Mme C. J. — Chenavard et les zouaves pontificaux. — Lettre à Mme ***. — L'histoire de Napoléon Ier. — Les salons d'Ary Scheffer et de d'Alton-Shée. — Lettres sur la paix de Villafranca. — Sainte-Beuve au Sénat. — Voyage au pays natal. — Confidences. — Un amour de jeunesse. — Lettre à Mme C. J. — La guerre de 1870-71. — Lanfrey volontaire. — Lettre à Mme C. J. — Les mobilisés de la Savoie. — Triste campagne. — Lettre à Mme C. J. — Lanfrey député — Lettre au comité électoral des Bouches-du-Rhône. — Lanfrey ambassadeur à Berne. — Lettre de Mme C. J. — Relations avec Gambetta. — Appréciation de Chenavard sur Napoléon Ier. — Lanfrey sénateur inamovible. — Un aveu de M. Thiers. — Fin prématurée.

Ce fut dans l'été de 1861 que je fis connaissance avec les lettres d'Everard. Une Anglaise amie me vint faire visite en Touraine. « Je vous apporte, me dit-elle, un livre qui, je crois, vous plaira. » Dès le lendemain il était lu. Frappée du talent que je rencontrais sous un nom nouveau, j'en parlai avec vivacité, en proposant après le déjeuner une lecture à haute voix.

Je fus repoussée d'abord par cet esprit de paresse qui domine à la campagne, ou du moins se montre en liberté.

« Ah ! bah ! il vaut mieux ramer sur la Loire, dit l'un ; fumer, disait un autre. — Laissons les dames faire de la musique, ajoutait un hypocrite. — Puisqu'on n'est pas de mon avis, m'écriai-je avec fermeté, je ne consulte plus et j'ordonne de former le cercle. Je lirai uniquement la Lettre XXX sur les femmes. »

Tout en avançant des fauteuils, un mécontent murmurait :

— Nous allons entendre un dithyrambe sur ce sexe enchanteur, *doigts de fée et cœur d'or !*

— Pas du tout, riposta mon Anglaise irritée ; c'est au contraire une chose amère !

— Eh bien, continua le mécontent, il faut se méfier de celui qui parle de sirènes, de serpent et d'inconstance. L'auteur doit être un bilieux, prunelles pain brûlé, sourcils en broussailles, chevelure rousse flottant sur les épaules.... .

— Vous feriez mieux d'écouter que de deviner, dit la jolie Anglaise. On m'a montré l'auteur au théâtre ; il est blond, très jeune, tout à fait un bouton de rose ! »

Le ton sérieux dont cela fut dit provoqua parmi nous une folle joie, dont Lanfrey plus tard eut l'écho.

Je commençai ma lecture, et peu de mots suffirent à me conquérir l'attention de mon auditoire. Un vrai talent se révélait, une plume puissante stigmatisait le temps présent. Son austère éloquence flagellait nos mœurs, et, d'un jugement âpre, sans pitié, Lanfrey traçait le rôle de ce sexe qui, dans la pratique de la vie, rencontra en lui cependant un cœur accessible à tous les charmes féminins, s'engageant dans les *flirtations*, les complications, sans souci du lendemain ; subissant toute loi d'attraction ; éminemment jaloux, parce qu'il ressentait une défiance innée à l'égard de la femme ; en même temps plein d'indulgence pour la diversité multiple des attachements chez l'homme.

J'avais, dans le volume d'Everard, choisi la Lettre XXX, où tout d'abord notre société est attaquée à propos de la prépondérance qu'y exercent les femmes.

« Nous nous sommes désexés, dit Everard, nous assistons, non à une émancipation, mais à une véritable apothéose de ce sexe intéressant. » De là, il trace le tableau, poignant et piquant à la fois, « de l'abaissement individuel de l'homme sous le joug de l'élément féminin. Il raille les apôtres de ce culte qui, voulant, à tout prix, avoir la femme pour alliée dans leur guerre contre les institutions sociales, leur promirent dans la cité future une place égale à celle de l'homme..., un rôle à la fois politique et sacerdotal ; les appelant « les initiatrices de la régénération humaine ». On rencontre un paragraphe entre autres, modèle de critique élevée, qui atteint certains ouvrages de Michelet difficiles à classer et qui sont caractérisés sous la dénomination de *Lyrisme physiologique*. Le passage se termine en ne contestant pas « l'attraction immense que les qualités féminines ont exercée sur les hommes de ce siècle... » Puis, se reprenant, Everard ajoute : « J'ai tort de dire les qualités, car ce sont les défauts surtout que les hommes ont le mieux réussi à s'assimiler. »

Everard poursuit son analyse, et l'on y rencontre des traits d'une amertume éprouvée ; ainsi :

« Ce qui plaît aux femmes dans l'amour, c'est le spectacle de la force vaincue...

« ... C'est la force morale, qu'elles sont comme impatientes d'humilier et de vaincre. Elles voient en elle une rivale qu'il faut faire fléchir à tout prix. Si vous avez en vous un sentiment profond, une amitié inviolable, une croyance respectée, elles n'auront pas de repos qu'elles ne les aient forcés à se rendre à discrétion, et elles y emploient très innocemment des ruses à bouleverser l'imagination. Il est rare que les meilleures d'entre elles n'imposent pas, sous une forme ou sous une autre, cette dure rançon à l'homme qui les aime. »

Ici une fois encore, la satire prend la forme ironique :
« Si on accable les femmes de petits soins, c'est qu'on voit en elles des objets de luxe, d'agrément, qui coûtent fort cher, et qu'on craint de voir se détériorer ; que si on les,

couche sur un lit de roses, c'est pour notre bonheur et non pour le leur; que si on écoute sans protestation tous les riens décousus qu'il leur plaît de débiter, c'est par la même raison qui fait qu'on ne songe pas à réfuter les réflexions d'une perruche ou d'un rossignol; que si on ne se permet jamais une remontrance, c'est qu'on ne les considère pas comme des êtres perfectibles; et mille autres choses aussi peu flatteuses pour leur amour-propre. — *Voilà l'absinthe!* comme dit Hamlet, mais celles qui s'avoueront ces dures vérités seront toujours en bien petit nombre. »

En cet endroit, l'un de nous fit remarquer une analogie entre notre écrivain et l'Allemand Jean-Paul Richter, lorsqu'ils prennent à partie le beau sexe. Chez l'un comme chez l'autre, l'ironie s'enflamme. Faut-il leur appliquer le proverbe « Qui aime bien, châtie bien? »

Je rappelai à ceux qui m'écoutaient cette date des lettres, 1860; je leur fis observer que les griefs les plus passionnés d'Everard contre les femmes de ce temps se rattachent à la politique; et je repris ma lecture.

« Je veux parler, écrit-il, du rôle corrupteur qu'elles ont usurpé dans nos dissensions politiques...; comme elles agissent et se déterminent en toute chose, sous l'inspiration du sentiment, presque jamais par des considérations de justice, ou en vue de l'idée du bien, dont elles n'ont que des notions extrêmement troubles et confuses, on comprend qu'il leur est impossible d'avoir, en quoi que ce soit, des convictions fermes et arrêtées... Ces défauts et ces qualités les rendent éminemment propres au rôle de conciliatrices : elles ont l'esprit diplomatique au plus rare degré; elles excellent dans les transactions ; elles peuvent être arrêtées par des considérations de prudence, elles le sont rarement par des scrupules; elles ont des tempéraments infinis, des distinctions de casuistes, d'incroyables subtilités pour concilier les opinions les plus contradictoires... Quand elles ont fait embrasser deux ennemis jurés, il leur importe peu que ce soit en les avilissant tous les deux : la réconciliation s'opère toujours à leur profit. »

A partir de là, le mépris et la haine que lui inspire le gouvernement impérial éclatent dans toute leur force ; le chapitre se termine par un tableau en raccourci de la société de l'empire. Cette peinture est tracée avec le vigoureux coloris et l'accent indigné dont Juvénal est demeuré le type immortel.

Une telle lecture ne pouvait manquer d'être suivie de discussions animées. Nous étions toutefois tous d'accord pour reconnaître la supériorité du talent déployé par l'écrivain ; nous étions tous également désireux de le connaître. Au même moment arrivait de Paris le comte d'A..., qui d'abord ne comprit rien à notre clameur littéraire, puis, se moquant de nous, nous traitant de provinciaux, obtint l'attention en s'écriant :

« Mes chers Tourangeaux, il y a plusieurs années déjà que le mérite de M. Lanfrey s'est révélé avec éclat au monde politique et lettré par la publication d'un livre sur *l'Eglise et les Philosophes au dix-huitième siècle*. A son apparition l'œuvre fut décrétée l'ouvrage d'un esprit mûr, et, comme on s'attendait à voir un historien en perruque et lunettes, peut-être même en haut-de-chausses, on vit paraître un tout jeune blondin, homme de bonne compagnie, passionné, je crois, de toutes les belles choses, savant en musique..., mais je ne connais pas le livre qui vous occupe. Prêtez-le-moi ; en échange, j'aurai l'honneur, à votre rentrée en ville, de vous en présenter l'auteur. »

La chose se fit ainsi. A Paris, l'hiver suivant, l'auteur des *Lettres d'Everard* me fut présenté. Pour qui ne l'a pas connu personnellement, je veux chercher à reproduire ma première impression.

Toute sa vie Lanfrey est demeuré d'une dizaine d'années en arrière de son acte de naissance. Je ne lui donnai que vingt-quatre ans. Son visage avait un certain caractère suédois. J'appris plus tard que la Suède avait été le sol originaire de sa famille. Blond de complexion, il était de taille moyenne ; si sa tournure manquait d'élégance, elle n'avait rien de vulgaire. Sans choquer son libéralisme, on pouvait remarquer qu'il avait pieds et mains de race aristocratique ; il inclinait volontiers la tête en avant, attitude familière aux esprits méditatifs ; puis, tout en la penchant un peu à gauche, tortillant sa moustache, il relevait légèrement les sourcils, et lançait, de ses petits yeux gris bleu, un regard qui dardait au loin, comme une sorte de jet électrique, et rendait son silence parlant. Un front élevé, des boucles blondes, un nez insignifiant, mais de jolies dents, un bon rire, une bouche agréable, tel me paraît être le croquis exact de l'historien à cette époque de sa vie. Une voix caressante confirmait en douceur l'ensemble de sa personne. Les yeux seuls, étonnants par leurs expressions diverses, trahissaient à l'observateur attentif une volonté de fer, mais rarement on y rencontrait l'indulgence.

Ce mélange de douceur et de fermeté faisait du célèbre écrivain quelque chose, — je demande pardon au lecteur pour la comparaison, — comme une sorte de crème au piment, dont le contraste pouvait être une séduction. On lui attribuait dans le monde de nombreux succès.

Avant d'aller plus loin, je voudrais éviter au lecteur les incertitudes auxquelles donne d'abord lieu l'étude d'un caractère, hésitations par lesquelles j'ai dû passer avant que des relations purement mondaines ne prissent l'allure d'une liaison amicale.

On m'a communiqué quelques lettres de Pierre Lanfrey à sa mère. Il y en a qui portent la date de l'époque, pleine d'angoisse pour tous deux, où se décidait par la publication d'un premier ouvrage, l'*être*, ou le n'*être pas*, du jeune écrivain. N'est-ce pas aux jours de crise que se connaissent et se jugent les hommes ? Je vais donc étayer mes souvenirs de ces curieux autographes. On y constate entre le fils et la mère des natures analogues : courage, fermeté, énergie, générosité, l'héroïsme du cœur enfin !

L'intérêt de ce début littéraire est préparé par une lettre de 1846, où l'on voit s'affermir la vocation de l'historien chez l'écolier, et grandir en même temps l'appui que lui donnera cette mère dévouée, confidente de tous les soucis de Pierre, mère à laquelle il ne cache que sa faible santé, tandis qu'il laisse parler devant elle son légitime orgueil, ce qui implique, croyons-nous, le plus haut degré de confiance.

Paris, 19 juillet 1846.

... Qu'importe ! Dans vingt-cinq jours je vais revoir ma mère, je ne veux qu'elle, Elle seule ! Je fais fi de tout le reste ! Oh ! les délicieuses vacances que je vais passer ! Comme j'ai besoin de respirer cet air pur de la Savoie ! de boire cette eau fraîche de nos fontaines, au lieu de l'eau alambiquée de Paris ! de respirer les roses embaumées de notre jardin ! de voir nos montagnes vertes et notre ciel bleu ! et notre bon lait chaud, et notre bon pain bis, et les fruits de notre Sainte-Claire. Voilà, voilà ce que j'y vais chercher ! et non pas des monuments, des musées, des palais et des théâtres. J'ai besoin de repos, de solitude, et c'est là que j'en trouverai ! Au lieu de ces études furibondes et par soubresauts, où mon imagination travaille autant que mon esprit, telles que je les fais à Paris, je pourrai là-bas vaquer à des études calmes et paisibles. Tout mon plan de travail est déjà fait pour les vacances, jusqu'aux promenades que je vous ferai faire trois fois par jour pour votre santé ; puis, les vacances terminées, je reviendrai à Paris, rempli d'une nouvelle sève, continuer l'œuvre que j'ai entreprise. Les quatre ans qui vont suivre feront encore partie des temps de sacrifices, de la semaille, si je puis ainsi parler ; puis après viendra le jour de la moisson... Pensez-vous qu'en quatre ans encore de travail, avec ce que j'ai acquis, je ne pourrai pas faire une œuvre solide et durable ? Quatre ans, c'est une éternité, quand on les veut bien employer. Je sens en moi une voix qui me crie : Aie confiance !

J'ai déjà marqué pour ces vacances les ouvrages que je dois étudier à fond ; maintenant je ne lis plus un ouvrage, j'entreprends la partie intime, la fleur, la chair, et j'en fais ma propre substance ; j'abandonne le squelette... Je jette un coup d'œil sur l'année qui vient de s'écouler ; elle a été pour moi aussi bonne qu'elle pouvait l'être. Il y a eu de bien tristes heures, même de mauvais jours et des moments de désespoir : mais à quoi bon dire tout cela à vous, chère maman, puisqu'en dépit des vents et des tempêtes, me voici sur le rivage, le front serein, le cœur plein d'espérances et le corps sans blessures ? Que d'autres auraient fait naufrage à ma place ! J'ai eu de rudes combats à soutenir ! Mais c'est une âme de forte trempe que j'ai reçue de vous, ma mère ! Intellectuellement, j'ai fait de grands progrès. Moralement, je suis pur comme le jour où je vous ai quittée. — Savez-vous que je suis d'une rare continence pour un jeune homme de dix-huit ans qui a vécu à Paris ? C'est à un tel point que mon correspondant, honnête homme s'il en fût jamais, en est tout ébloui... Je pense quelquefois aux révérends Pères jésuites, et je n'ai plus même de haine pour eux. Il y a tant de gens qui les détestent pour moi ! Ma joie serait d'avoir un quart d'heure de conversation avec celui qui voulait me mettre le froc l'an passé.

P. LANFREY.

APRÈS LES VACANCES

Paris, novembre 1846.

Ma chère mère,

Tu as l'imagination si ardente et le cœur si maternel qu'il me tarde de te rassurer sur les péripéties du voyage... Je n'ai ressenti que le mal du pays. Le cœur se serre affreusement au moment où les montagnes de la patrie s'effacent dans l'éloignement. O cher coin de terre ! A l'heure où sur le pont du vapeur, au travers de la pluie et des vents, je l'ai vu disparaître sans retour, il s'est fait en moi un déchirement pareil à celui que j'avais éprouvé en m'arrachant à ton étreinte maternelle.

Paris, 1846.

Après avoir erré six jours comme une âme en peine pour trouver une chambre convenable, j'en suis à peu près venu à bout ; elle est située sur un emplacement élevé, sain et spacieux. La rue est paisible et solitaire ; on se croirait en province ; elle longe cette partie du Luxembourg qu'on appelle la *Petite Provence*, à cause de ses airs champêtres, coquets, et de la pureté de l'air qu'on y respire. On y possède le soleil plus largement qu'ailleurs. C'est un aimable petit coin, avec des bocages pleins de mystère, de fleurs et de gazouillements d'oiseaux; les jeunes femmes y mènent leurs bambins et les étudiants leurs grisettes. — Moi, je n'y mène rien du tout. — J'y vais philosopher, le dos au soleil et un livre sous le bras. Cette promenade devient une dépendance de ma chambre ; il n'y a que la rue à traverser. Au delà du jardin, à côté du Panthéon, se trouve la bibliothèque où je vais travailler.

J'espère que vous voilà rassurée sur mon compte. Vous, ma chère mère, vivez en bonne santé et sans trop d'inquiétudes. Confessez-moi vos craintes et vos espérances. Je vous défends de douter de l'avenir, cela ne sert qu'à amollir le courage et à paralyser les activités.

Je vous embrasse de tout mon cœur. Bien des choses à ma filleule, si elle est sage.

P. L.

Voici mon adresse : 36, rue de l'Ouest.

Paris, décembre 1853.

Chère et bonne mère,

Mon livre est fini depuis quinze jours, et depuis quinze jours je fais le métier le plus infernal auquel un homme qui se respecte puisse être soumis : celui de solliciteur. Je sue tout le sang que je tiens de mon père et de vous, sang indépendant et généreux s'il en fut, et qui s'indigne de cette humiliation, nouvelle pour lui. Malgré ma bonne volonté, je suis si peu taillé pour cette besogne, que je n'ai réussi jusqu'à présent qu'à me faire un ennemi, et cela d'un homme à qui j'étais recommandé, et qui était plein de bienveillance pour moi.

Voici le commerce récréatif auquel je me livre. Je me présente en grande tenue chez un éditeur, c'est-à-dire la plupart du temps un butor sans instinct ou sans éducation, poli tout juste ; puis je déclare l'objet de ma visite. Il regarde ma mine, et comme j'ai l'air beaucoup plus jeune encore que je ne suis, il sourit d'un air obligeant, puis me répond qu'il serait extrêmement flatté de publier mon ouvrage s'il n'imprimait pas dans ce moment même un travail de M*** sur le même sujet, et dans un sens tout à fait contraire au mien. Là-dessus je lui tire ma révérence, d'un air aussi impertinent que possible, et lui me reconduit jusqu'à la porte avec de grandes salutations ironiques.

Aucun d'eux jusqu'ici n'a lu une seule ligne de moi. Ils sont trop occupés !

Merci, chère et bonne mère, de la joie que vous m'avez donnée n'eussions-nous qu'un morceau de pain, notre devoir serait; encore de le partager avec ceux qui sont plus malheureux que nous. A plus forte raison devons-nous le faire avec des personnes qui nous tiennent de près. Dites à ma chère Blanche que sa détermination ne peut rien ajouter, etc.

Je lui baise les mains et la prie de penser quelquefois à son filleul.

Je baise vos mains maternelles.

P. LANFREY.

Paris, 1853.

Voici, chère mère, la dernière de mes aventures. Un journaliste assez influent m'avait donné une lettre pour l'éditeur Pagnerre, le fils même de celui qui avait édité ce *Livre des orateurs*, que vous m'aviez acheté il y a une huitaine d'années, et dont les gravures vous plaisaient tant. Pagnerre me reçut très bien, me fit entendre que la chose lui convenait, et me demanda un petit délai pour examiner mon travail. Sur ce, je lui envoyai mon manuscrit.

Après douze jours d'un mortelle attente, ne recevant pas de réponse, je retourne chez lui. Mon Pagnerre traversait justement son magasin, un grand plat d'eau à la main. En m'apercevant il laisse tomber son plat d'eau à terre, — triste augure! « Monsieur, lui dis-je, je suis venu voir si vous aviez un commencement de réponse à me faire? »

Il m'avoua alors qu'il n'avait pas encore eu le temps d'ouvrir le paquet, mais qu'il espérait pouvoir s'y mettre d'ici à peu de temps, et me rendre réponse avant quinze jours.

Rentré chez moi, je lui ai écrit de me rendre le manuscrit. Je vais, chère mère, finir par où j'aurais dû commencer, c'est-à-dire faire imprimer à mes frais : car le temps est encore ce qu'il y a de plus précieux. Si je manque l'occasion, je suis perdu; or, jamais elle n'a été si favorable. L'hiver va clore la campagne d'Orient en séparant les armées ennemies; mais il va en ouvrir une ici, beaucoup plus sérieuse selon moi. Le clergé s'agite, se remue et révolte tout le monde par ses prétentions. On comprend qu'il y a là un danger plus à craindre encore que les armées russes, et les journaux ne s'occupent plus que de questions religieuses. Tous les gens de ma connaissance me conseillent de me hâter.

Suivez donc, chère mère, la généreuse inspiration de votre cœur, et soutenez votre fils dans l'assaut décisif qu'il s'apprête à livrer.

L'imprimeur pense à *vue de nez* que cela me coûtera 2,300 fr.

L'important est d'agir le plus vite possible. Je n'ai pas le temps d'attendre le bon plaisir de messieurs les éditeurs, comme un faiseur de romances ou de sonnets. Je sens la poudre, corbleu ! et il..... (mots effacés). Soyez sûre que je serai soutenu. Il y a des *mille* et des *mille,* qui voudraient faire ce que j'entreprends ; seulement les uns n'osent pas et les autres ne savent pas. Moi j'ose, et je sais, et je ferai !

Pas un mot de tout ceci à personne.

P. Lanfrey.

Paris, 1853.

Chère et bonne mère !

Vous êtes une vraie Romaine. Je vous l'ai toujours dit, et vous vous montrerez Romaine jusqu'au bout. Surmontez ce reste d'inquiétude, que rien ne justifie dans ma position. Ce qui peut m'arriver de plus fâcheux, en mettant les choses au pis, ne mérite pas même qu'on s'y arrête. Pour le moment, tout va le mieux du monde ; l'impression marche rapidement, et toutes mes dispositions sont prises.

Les frais s'élèveront à la somme que j'avais prévue, c'est-à-dire 2,360 francs pour 2,200 exemplaires. Je les vendrai à peu près deux francs aux libraires et eux trois francs au public. Tout sera prêt dans trois semaines.

Envoyez-moi le reste des fonds quand cela vous sera le plus facile.....

Je me sens beaucoup plus tranquille à mesure que le grand moment approche ; faites donc comme moi.

Votre fils, qui vous aime de tout son cœur.

P. Lanfrey

Paris, décembre 1854

Je suis enfin délivré, chère mère, des embarras qui m'ont si longtemps empêché de vous écrire, et dont je n'ai pas cru devoir vous parler, de peur d'effrayer votre imagination, déjà si inquiète et si susceptible. Mon livre une fois imprimé, voici la difficulté qui se présentait : trouver un libraire qui voulût bien se charger de la vente et mettre son nom comme éditeur, deux choses également nécessaires. J'ai longtemps cherché; aucun n'osait se risquer. Jugez de mon exaspération, à la pensée de me voir chargé de deux mille volumes, sans aucun moyen de m'en défaire. Enfin, hier, j'en accroche un à la baïonnette (car c'était mon Sébastopol, il fallait vaincre ou périr), et il est tout bonnement le premier libraire de Paris. Il m'a fort bien accueilli et augure beaucoup de mon œuvre. Si je n'avais imprimé qu'à quinze cents au lieu de deux mille exemplaires, il m'aurait acheté la chose en bloc et payé d'avance en me donnant un bénéfice de douze cents francs; mais je suis persuadé qu'en le vendant comme nous sommes convenus, au fur et à mesure, j'y gagnerai plus. Il ne sera mis en vente qu'après le 1ᵉʳ janvier...

Ma chère mère, l'horizon s'éclaircit; me voilà en bon chemin.

P. LANFREY.

Paris, 1854.

Ma chère mère,

J'en suis à la répétition monotone et souvent fastidieuse de ce que je vous ai écrit il y a quinze jours : des compliments, et puis des compliments, des présentations, des invitations, des visites, des soirées, où je joue uniformément le rôle de petit prodige, que chacun vient regarder sous le nez. Somme toute, beaucoup de gants usés.

Il n'y a guère là, comme vous voyez, de quoi faire de moi *le plus heureux des hommes*; mais cependant c'est une amélioration dans ma position. Je vais faire mon choix au milieu de tout ce monde et circonscrire mes relations. Puis je reprendrai mon travail au même point où je l'ai laissé, et planterai un second clou à l'endroit où j'ai enfoncé le premier.

J'irai probablement vous faire une visite cet été. D'ici-là, je compte louer un petit coin à la campagne.

Ma santé va toujours cahin-caha; mais en somme elle est supportable.

Adieu, ma chère mère, ayez bien soin de vous; conservez-vous à l'affection d'un fils qui vous aime plus que lui-même et ne vivra désormais que pour vous rendre heureuse.

P. LANFREY.

Paris, 1854.

Donnez-moi de vos nouvelles, chère mère. Je remets toujours le plaisir de vous écrire dans l'espoir d'en jouir plus à mon aise et de pouvoir allonger le chapitre des confidences. Mais je m'aperçois, au moment d'aborder ce sujet, que pour mille motifs il m'est impossible de le faire dans une lettre. Qu'il vous suffise de savoir en gros que mon succès va toujours croissant; que je suis recherché et flatté par de très grands personnages, et que j'ai refusé des positions extrêmement brillantes.

Dans quel but?

Ce serait un peu long à vous expliquer d'ici ; mais je crois que ma politique a acquis quelque droit à votre confiance depuis trois mois, et je vous demande de suspendre votre jugement jusqu'à l'époque où je vous dirai mes plans.

Tous les partis, sans exception, qui ont gouverné la France depuis dix ans, m'ont fait faire des avances très évidentes, dans le but de m'attirer à eux. Je n'en ai accepté aucune. Je veux conserver mon indépendance à tout prix.

(Gardez tout ceci pour vous : on y verrait des forfanteries invraisemblables.)

Adieu, chère mère, il me tarde de vous embrasser, et pourtant il me coûtera beaucoup, je le sens, de me séparer des amitiés anciennes éprouvées, et des affections nouvelles que je laisserai ici. Ne me sera-t-il donc jamais accordé de réunir dans un même lieu les deux moitiés de mon cœur?

Ma santé a bien besoin de l'air des montagnes et du lait de nos vaches. — Je baise vos mains maternelles.

P. Lanfrey.

Paris, 1854.

Chère mère,

Le succès dépasse mes espérances. Les journaux n'ont pas encore parlé, parce qu'il faut le temps de me lire, et que, comme le disait l'autre jour un homme illustre, il répugne aux journalistes de délivrer un brevet de supériorité a un inconnu, qui n'était rien hier, et qui sera demain plus fort que beaucoup d'entre eux. Mais j'ai reçu d'hommes distingués dans le monde littéraire des lettres on ne peut plus flatteuses et sympathiques. Mon livre devient un événement dans le monde des salons ; il y est chaudement patronné par des hommes que leur esprit met à la mode. Dimanche soir, dans une réunion, un critique bien connu, Jules Janin, a dit : « Messieurs, nous sommes ici quarante hommes de lettres et journalistes célèbres à divers titres. Eh bien ! pas un de nous n'aurait fait ce livre. »

Et il disait vrai, ma chère maman !

J'ai été le voir chez lui. Il m'a fait un accueil extrêmement chaleureux, et sa première question a été pour me demander mon âge. Il s'attendait, d'après mon livre, à voir un homme dans la maturité de l'âge. Il m'a prédit les plus hautes destinées. Je ne vous dis pas tout, mais assez pour vous montrer que je ne puis partir.

On m'a fait des offres très brillantes; mais je n'ai point hâte de me faire absorber dans une coterie quelconque.

Je me sens assez fort pour garder mon indépendance et ma liberté d'action.

Je vous embrasse de tout mon cœur.

P. LANFREY.

Remarquons avec quelle fierté énergique Lanfrey envisage l'avenir.

Après avoir parcouru cette correspondance, une sorte d'intimité d'outre-tombe s'établit entre le lecteur et l'historien. Celui dont on va l'entretenir n'est plus un étranger. Cette conviction permet de courir avec plus d'abandon, de ci de là, dans les souvenirs. Un compatriote savoisien a écrit :

« Lanfrey se fit remarquer de bonne heure par cette netteté d'esprit qui sait éloigner l'équivoque dans l'idée, l'embarras dans l'expression, par une force supérieure et une justesse parfaite dans la pensée, enfin par cette admirable docilité de mémoire qui tient toujours aux ordres de la parole le mouvement et l'enchaînement des réflexions[1]. »

On ne saurait dire plus juste. J'ajouterai, comme coup de pinceau au portrait, qu'il jouissait amoureusement de la campagne, de la musique et de la société des femmes.

Il ne recherchait pas les réunions d'hommes. Si ceux-ci n'avaient pas une grande valeur présumée, l'intérêt chez lui ne s'éveillait pas. Il s'inquiétait de l'estime qu'il pouvait accorder aux gens, ayant souvent le tort d'exiger au delà de la perfection humaine.

Ce trait de caractère est saillant dans l'histoire de Napoléon Ier. On peut y regretter de surprendre la passion à la poursuite de faits qui amoindrissent l'impression générale. Historiquement, les détails ne doivent pas nuire à l'ensemble, comme en peinture la lumière doit ménager

---

1. *Notes sur P. Lanfrey*, par un contemporain.

les demi-teintes. Lanfrey, lui, ne savait rien abandonner de ce qui indignait sa conscience. Il fallait voir dans la discussion sa passion éclater, si l'on touchait à l'alliance de l'honneur et de la politique, matière si délicate dans la pratique.

Un soir, dans un salon ami, je fus témoin de l'âpreté, de la véhémence avec lesquelles le jeune historien soutenait son opinion. En se retirant, comme il me tendait la main :

« Eh ! mais, fis-je, cette patte de velours a des griffes de chat-tigre. Une jolie Anglaise vous appelle *Bouton de rose*; mais moi, je vous déclare un *ferocino !*

— J'ai eu tort de m'animer ainsi, répliqua-t-il, et c'est la dernière fois que je me laisse entraîner à discuter hors du tête-à-tête. »

Je crois qu'il s'est tenu parole; du moins je ne l'ai jamais surpris rompant le vœu. Certes, on y perdait quelque chose, à ce silence imposé à la passion, mais l'importance du personnage politique y gagnait. A dater de cette époque, il se plut à signer *Ferocino* ses billets et souvent ses lettres.

Il aimait à rappeler en badinant ses titres à ce surnom, Ayant rencontré un chat-tigre parmi des bronzes japonais, il s'était fort diverti à me laisser un jour cet objet comme carte de visite. Lanfrey était donnant, généreux, exact dans ses comptes, très honorable en toute circonstance; vivant dans un monde beaucoup plus riche que lui, on ne put jamais connaître les privations secrètes qu'il dut s'imposer, alors même que le modique revenu que lui faisait sa mère se trouva augmenté par ses publications littéraires. Jamais ses œuvres ne furent rétribuées selon leur valeur. Le côté commercial lui était antipathique, lui échappait, dirai-je. Il est mort sans avoir été guidé en aucun acte de sa vie par un mobile intéressé. Il aimait le bien-être, l'élégance en toutes choses; donner était un plaisir qu'il goûtait vivement, mais le respect de lui-même dominait toutes ses impulsions ; et l'honneur, comme il le pratiquait, ne transigeait point.

A l'appui je citerai un fait venu par hasard à ma connaissance.

Un matin, comme Lanfrey prenait congé de moi, je vois entrer une personne appartenant à la rédaction du *Journal des Débats*.

« Ne connaissez-vous donc pas celui qui sort d'ici ? demandai-je à l'arrivant. C'est M. Lanfrey.

— Vraiment ? Ah ! combien je regrette de ne pas l'avoir deviné ! Nous faisons aux *Débats* le plus grand cas de l'homme et de son talent. M. Bertin répète que, parmi les jeunes politiques, *il tient la corde*. Le premier-Paris lui a été offert ; il nous a refusé, parce que le journal est teinté d'un orléanisme qui ne cadre pas avec sa ligne politique.

Tout le caractère de Lanfrey est là. L'offre d'une position qui apportait argent et crédit, l'emploi trouvé de ses facultés, une prépondérance politique, — il devenait tout de suite un personnage, il assurait un avenir à toutes ses ambitions, — rien ne put ébranler ou séduire sa fière indépendance. Il demeura isolé dans la lutte, vivant à la fumée de cette politique qui le passionnait et de ces élégances pour lesquelles il semblait né. Autour de lui, son refus si simple, dans sa dignité, demeura ignoré ; le hasard seul me l'apprit.

Par son désintéressement Pierre Lanfrey n'était pas vraiment de son temps. Je lui reprochais quelquefois en cela d'être excessif, je prétendais le matérialiser ; mais, à l'expression satisfaite de sa physionomie durant la réprimande, il devenait évident que mon blâme lui causait tout le plaisir d'un éloge.

Je me souviens de l'avoir grondé vertement, lorsqu'un matin il me conta d'un air enchanté l'agréable surprise qu'il venait d'éprouver à la rencontre d'un billet de cinq cents francs entre les feuillets d'un livre dans lequel il poursuivait une recherche historique.

« Comment! vous ne tenez pas mieux vos comptes? m'écriai-je; vous ne mettez pas sous clef votre argent? vous exposez votre servante à la tentation?

— Il me faut avouer, madame la présidente, que l'inattendu du trésor m'a causé plus de plaisir que ne m'en ferait le livre le mieux tenu. Cependant je veux vous obéir et j'inscrirai la trouvaille avant de courir l'utiliser. — Notez bien, en outre, que si on m'eût volé le billet, je l'aurais toujours ignoré. »

Sur ce beau raisonnement, il me quitta, prêt à récidiver.

Il lui fallut déployer la fermeté naturelle de sa volonté pour triompher de tous les projets de mariage qui se formèrent autour de lui. Plusieurs amis, tels que Charras ou Ernest Picard entres autres, nouèrent des relations en vue de l'intérêt bien entendu du jeune historien; mais toujours il trouvait la future trop jeune ou trop riche; sous cette menace d'hyménée, suspendant toutes visites, il disparaissait, et par cette tactique protégeait sa liberté.

Dans une conversation à ce sujet, Ernest Picard, cœur ouvert, esprit charmant, invoquait, comme un argument en faveur du mariage de Lanfrey, la délicatesse de sa santé, délicatesse dont je n'avais pas encore à cette époque pénétré le secret.

« Je prétends marier Lanfrey, répétait-il, il lui faut un intérieur, des soins, une vie régulière. Les hommes de sa valeur sont rares, se comptent, il faut les conserver. »

Entre Parisiens il est de bon goût de ne point pénétrer dans le secret des santés. Il y aurait naïveté à répondre sincèrement à l'apostrophe accoutumée : — Comment vous portez-vous ? — Cependant, une fois mon attention éveillée, je constatai un état très variable et une toux assez fréquente. Peu à peu je l'amenai à me faire la confidence de l'état souffreteux de sa santé. Il m'écrivait de la Savoie, où il était allé passer l'automne près de sa mère :

11 septembre 1867.

Je vous réponds bien tard, et avec toute autre personne que vous, je serais bien confus ; mais pourquoi avez-vous reçu en partage tant de bonté et d'aimable indulgence si ce n'est pour qu'on en abuse un peu ? Car j'établis en principe que sur ce point l'usage équivaut à l'abus. Il va sans dire que j'ai les meilleures raisons à faire valoir pour m'excuser ; mais en pareille matière on a toujours tort, et les bonnes excuses ne sont pas celles que vous avez à alléguer, quelque justes qu'elles puissent être, mais celles dont on veut bien vous faire crédit avant de vous avoir entendu, et c'est sur ces dernières seules que je compte avec vous, l'amitié étant du domaine de la grâce et non du domaine de la justice, comme dirait un théologien. Donc, vous avez *deviné* combien j'ai été ahuri et bousculé d'occupations pendant le dernier mois de mon séjour à Paris ; et votre bon cœur m'a pardonné. Je connais même un moyen de l'attendrir en confessant une lutte incessante avec ce vilain mal névralgique que vous connaissez si bien. J'espère du changement d'air, ce qui fait que je ne vous demande pas encore de m'ordonner une ordonnance.

Pour me remettre, j'ai trouvé ici mon petit marécage natal, si paisible d'ordinaire, dans un état des plus violents, par suite d'une visite du choléra. Il s'est emparé d'un malheureux petit faubourg de la ville, et l'a presque dépeuplé en quelques jours. Vous pensez si *ce procédé* a paru choquant à des gens habitués à mettre en toutes choses une sage lenteur. Ils en poussent les hauts cris et trouvent les raisons les plus extraordinaires pour expliquer l'apparition du fléau ; il ne peut pas leur entrer dans l'esprit qu'il soit venu ici comme il serait allé ailleurs, pour changer de place et voir du pays.

Au reste, dans le moment où je vous écris, j'entends les derniers coups de tonnerre d'un orage magnifique qui vient d'éclater sur la ville, et j'espère qu'en renouvelant l'atmosphère, qui était d'une stagnation étouffante, il soulagera les maux de ce pauvre pays.

Je suis installé ici, avec ma chère vieille mère, dans un ermitage un peu moins réussi que celui de l'année dernière, mais en somme très passable, et où je puis reposer sur la verdure des yeux fatigués de cette sempiternelle fixité sur des caractères d'imprimerie. Il faut convenir que nous tous, auteurs et lecteurs, nous leur faisons faire là un drôle d'exercice et que la nature n'avait guère pu prévoir. J'ai eu le plaisir de voir, avant de quitter Paris, notre excellent ami Chenavard, que j'ai trouvé en bien meilleur état que je ne l'espérais. Un mois de séjour dans la *douce France* le rendra plus robuste que jamais, et il pourra aller achever ce tableau que je suis bien impatient de voir, pour beaucoup de raisons. S'il réussit, ce sera un rajeunissement pour notre ami et peut-être le début d'œuvres nouvelles qui le mettront à sa véritable place... Il m'avait promis de passer par ici pour aller en Italie, mais notre triste état sanitaire ne me permet plus guère de l'espérer. En tout cas je compte sur vous pour avoir de ses nouvelles, ainsi que des d'Alton, en attendant que je leur écrive. Remerciez, je vous prie, Mme de L. G. de son bon et aimable souvenir. Avez-vous vu la photographie de d'Al... ? Est-elle réussie ? Quant à moi, qui ai posé en même temps que lui, je viens d'en recevoir une énormément flattée, un jeune premier un peu avarié, mais encore très potable. Il n'est pas permis de se moquer à ce point de la vérité.

Je ne vous ai pas encore remerciée de votre lettre ; elle était délicieuse d'un bout à l'autre, et l'histoire du chapeau de soie admirable et d'une vérité éternelle. Je crois qu'en effet, dans l'*espèce* dont nous nous occupons, le petit dieu malin s'était déguisé en couturière. Il a laissé là ses flèches et agi à grand renfort de toilettes, coiffures, cosmétiques et accessoires de tout genre, car tout lui est bon, pourvu qu'il arrive à ses fins.

Adieu. Gardez un petit brin d'amitié à votre fidèle et affectionné

FEROCINO.

A Piochet (quel nom fatal !), maison de Mégère, par Chambéry (Savoie).

Piochet, le samedi 12 octobre 1867 (Savoie).

..... Quant au grand *panetier*, on peut dire que ce pauvre être a cherché avec une sorte d'acharnement tous les moyens possibles d'abréger son inutile existence. A toutes les représentations qu'on pouvait lui faire sur ce sujet, il répondait d'un air de suprême commisération, comme s'il était tout à fait inaccessible à ce souci des petites gens. Puis, le jour où il s'est senti atteint sérieusement, il n'a plus su se défendre contre la maladie, que par des larmes d'enfant, qui coulaient nuit et jour. *Alas poor Yorick !* Quel parfait bouffon de cour il aurait fait !

Si j'avais eu le bonheur de vous avoir pour voisine, j'aurais bien mis à profit votre science médicale dans ces derniers temps ; j'ai eu un mal de tête très aigu, qui m'a tenu pendant quinze jours sans interruption. J'appelle cela un choléra cérébral. Je n'ai jamais rien éprouvé de ce genre, et j'ai vraiment cherché quelqu'un qui consentît à me couper la tête. A la fin, différents poisons qu'on m'a fait absorber m'ont à peu près délivré, mais pas encore définitivement, et je compte là-dessus pour vous faire excuser le peu de lucidité de mes idées, s'il y a lieu.

Il me semble que c'est du même mal que se plaignait l'an dernier notre ami Chenavard, et je suis effrayé de l'idée que cela puisse devenir une chose normale et durable, car j'ai encore grand besoin de ma tête, et je ne prendrais pas volontiers *mon parti de m'en passer*. Il faut avouer que notre ami n'a pas eu de chance dans son inspiration d'aller chercher le calme et la tranquillité à Rome. Le choléra et Garibaldi se l'arrachent tour à tour. Qui sait si nous ne verrons pas quelque jour *notre philosophe enrôlé de force parmi les zouaves pontificaux*? Chenavard consacrant sa force herculéenne à défendre le pouvoir temporel, — ce serait drôle! — mais il propagerait le découragement parmi les soldats du pape. « A quoi bon? on ne sait plus faire *la grande guerre*, leur dirait-il; il n'y a plus d'art militaire. Il y a eu *sept grands capitaines* qui ont accaparé toutes les façons originales de détruire les hommes. Toutes les places sont prises. On ne peut plus être qu'un imitateur. » L'armée du pape se débanderait immédiatement, et c'est ce qui préservera notre ami de ce destin funeste et nous le rendra.

Je connais le nouvel époux dont vous m'annoncez le bonheur. Il n'est pas précisément récréatif; mais c'est un très savant homme, très fort sur le sanscrit et autres blagues orientales, à ce qu'assure Renan, et je le crois sur parole. Cela pourra lui servir à être heureux en ménage. J'ai remarqué souvent combien il est imprudent de la part des maris de parler à leurs femmes une langue qu'elles comprennent. J'oserais même affirmer que leurs malheurs viennent presque toujours de là. La femme étant un être qu'il faut prendre par l'imagination, on ne saurait être trop mystérieux avec elle. C'est ce que les prêtres ont merveilleusement compris. Aussi lui parlent-ils toujours en latin. Et les médecins! non pas seulement ceux de Molière, — quel empire ils exercent sur elles! Avec une dose de sanscrit convenablement administrée, un mari peut durer indéfiniment, — je veux dire l'espace d'un matin, — ce qui est énorme.

Mes douleurs me reprennent. Je crois que j'ai tout le congrès de la paix dans la tête. Cela seul peut expliquer ce que je ressens. Vous me pardonnerez donc si je prends congé, au lieu de vous ennuyer de mes doléances. Mais je suis sûr que je guérirais subitement si je recevais une petite lettre de vous, non toutefois à dose homœopathique : votre bon cœur vous fait donc un devoir de me l'écrire, quoi qu'il vous en coûte.

Avec cette espérance, je me dis et je prétends rester, madame la Présidente, le plus tendrement dévoué de vos amis.

FEROCINO.

A Piochet, par Chambéry (Savoie).

Ce lundi 2 novembre 1867, à Piochet, par Chambéry.

..... Ma névralgie était déjà en pleine retraite au moment où vous avez eu la bonté de me proposer vos aimables petits poisons, sans quoi j'y aurais eu certainement recours. J'ai admiré surtout vos définitions des effets du mal ; on voit que vous avez sur ce point une belle expérience très artistement analysée.

Je suis très heureux d'avoir votre approbation et votre sympathie pour mon second tome. Faites-moi l'honneur de croire que je fais infiniment plus de cas de l'avis d'une femme intelligente et spirituelle que des jugements motivés de tous les pédants de la terre réunis en congrès.

Si vous m'avez lu jusqu'au bout sans sourciller, c'est un vrai triomphe pour moi, et je monte au Capitole remercier les dieux ; car j'ai traité dans ce volume une foule de questions des plus difficiles à digérer, et ma grande crainte était d'avoir été ennuyeux.

Pauvre mistress d'A..., il faut l'avoir vue faible comme elle était peu de temps avant mon départ de Paris, pour imaginer ce que cela doit être maintenant. N'est-ce pas à en *égorger* tout le corps médical qu'on n'ait pas inventé un philtre quelconque pour rendre un peu de force à cette pauvre fleur languissante?

Adieu, chère madame et amie. Merci encore de vos bonnes et précieuses lettres, qui ont un charme infini pour moi. J'espère vous trouver à Paris vers le 20 novembre.

P. LANFREY.

Une fois de retour à Paris, le temps de Lanfrey était tellement envahi par les relations politiques et sociales que, seule, la fermeté de son vouloir put lui permettre d'accomplir ce travail si sérieux de l'*Histoire de Napoléon I*ᵉʳ. Son grand délassement, le soir, était la musique ; il en jouissait si intelligemment que l'entendre avec lui ajoutait au plaisir, comme pour lui le plaisir se complétait si la musicienne était jolie. Toujours disposé près des femmes à *faire la cour* (cela se dit ainsi dans les salons), un peu de coquetterie, semble-t-il, ne lui pouvait déplaire. La pratique, toutefois, n'était pas sans danger ; et l'on pouvait sortir griffée d'un jeu qui eût dû plutôt éveiller sa reconnaissance. Un trait, une préférence marquée, n'avaient-ils pas leur prix ? Non ! si l'on s'arrêtait sur la pente, l'acte de raison se pouvait transformer en *casus belli*. Ainsi advint-il à ma connaissance lorsqu'une charmante personne, sentant le courant l'entraîner, lui adressa une épître pleine de bons arguments sans doute (je ne l'ai pas lue), implorant un changement dans leurs rapports fréquents. La réponse me fut communiquée, et je n'hésite pas à la transcrire. On y trouvera un modèle de ce genre ironique qu'il applique toujours avec succès.

A Madame ✱✱✱

Combien vous avez raison ! Il n'y a de vraiment beau en ce monde que les sentiments calmes, et pour ma part j'en raffole ! Ils sont commodes, portatifs, point compromettants ni gênants. Ce sont les seuls, en un mot, que puisse avouer une personne prudente, et tenant comme il convient au repos de son existence. Hors de cela il n'y a qu'inquiétude, combat et déception. Les malheureux que la tendresse a choisis pour ses victimes assurent, il est vrai, qu'ils lui doivent des heures qui résumaient pour eux l'infini, et ils l'adorent jusque dans les tourments qu'elle leur inflige ; mais il faut les plaindre, car ils ne savent ce qu'ils disent. S'ils pouvaient goûter un seul instant les délices qu'une âme bien faite trouve dans une estime partagée, ils n'en voudraient plus connaître d'autres. Les affections déréglées sont, comme dit le Psalmiste, semblables à ces fruits remplis de vers que le voyageur cueille sur les rivages de la mer Morte. Elles sont en outre, ainsi que vous me le faites remarquer avec non moins de philosophie, destinées à finir tôt ou tard, ce qui leur donne un caractère tout à fait à part au milieu des choses humaines. Quant aux sentiments calmes, s'ils prennent fin, c'est par pur accident.

En effet, il n'y a guère de raison pour qu'ils finissent. Ils se comportent avec une si sage économie, qu'on ne conçoit pas qu'ils puissent jamais dépenser leur capital.

A cela, j'ajouterai avec les saints Pères que les passions font rendre à la créature un culte qui n'est dû qu'au Créateur, — concurrence criminelle ! — et qu'elles reposent invariablement sur la très fausse idée qu'on a des perfections de la personne aimée, qui n'est que mensonge, poussière et fragilité, comme nous le voyons par l'Écriture. Quelle est l'amante et quel est l'amoureux dont les illusions n'aient été emportées par le temps implacable ? Dès lors, ne vaut-il pas mieux commencer par la fin, devancer la destinée, voir les choses d'un œil impartial et froid, devenir vieux avant d'avoir été jeune, aimer avec la modération d'un esprit positif, et selon votre méthode, mettre son cœur dans le bain-marie, dont la température, d'une éternelle tiédeur, est à l'abri des variations du ciel capricieux, et où il n'aura jamais à craindre ni les orages de l'Océan, ni les fascinations de l'abîme? Oui, vous avez raison, le monde est un tombeau, l'amour une effroyable mystification, et la sagesse consiste à ne pas vivre. Je vois cela très clairement, et je vois aussi que je suis très malheureux parce que j'aime et parce que je vis.

P. LANFREY.

Voyant fréquemment Lanfrey, on pouvait constater que, s'il n'avait été très intelligent, son caractère l'eût entraîné à une grande susceptibilité. Mais, quand on comprend tout promptement, clairement, sensiblement, l'esprit domine cette secrète disposition. Dans un cercle intime, on avait plaisanté sur un refus de dîner que Lanfrey avait motivé par douze autres invitations placées à la même date. La chose, répétée, l'avait piqué. Il me croyait parmi les rieurs, je lui prouvai qu'il se trompait. Il m'adressa aussitôt le billet suivant:

Eh bien, mettons que je n'ai rien dit. Vous comprenez qu'on n'est pas Ferocino pour rien. Mais quand cela serait vrai, comme je l'ai supposé, où serait le mal?
Il me semble que vous avez bien le droit de rire quelquefois à mes dépens, et je ne vous en voulais pas le moins du monde, ni à vous ni à Mme X... Mais l'histoire des *douze invitations* m'était revenue de deux ou trois côtés à la fois, et je me suis senti en goût d'exhaler ma petite vexation, histoire de nerfs. Vous avez toujours été si excellente et si parfaite pour moi que si je pouvais seulement me soupçonner de nourrir l'ombre d'un sentiment de rancune à votre égard, je me conduirais sur-le-champ moi-même au poste le plus prochain. *Jugez un peu* s'il m'est possible de vous en vouloir! Oubliez donc cette fugue du terrible Ferocino. Il croyait murmurer une faible plainte. Il paraît que c'était un rugissement! Pauvre animal formidable et digne de pitié. Plaignons-le. Faut-il que je me jette à vos pieds?
J'y suis.
A vous,
F.

Le succès du deuxième volume de l'*Histoire de Napoléon Ier* ne faisait qu'ajouter à l'envahissement que le monde exerçait sur le jeune historien. Il y avait toutefois quelques foyers intimes qu'il ne négligeait point. Je citerai entre autres celui de l'illustre peintre Ary Scheffer, où il fut admis dès ses débuts à Paris; un peu plus tard celui du comte d'Alton-Shée, ancien pair de France, où il était accueilli comme un membre de la famille. Les deux chefs de ces intimités étaient hommes de courage, d'esprit et de sentiment; autour d'eux se groupaient des femmes belles, intelligentes et douées de facultés artistiques. — A l'une d'elles, Lanfrey adressait sa plainte indignée en 1859, en apprenant la paix de Villafranca,

Cette paix est une grande infamie, écrivait-il, et il faut avoir un dilettantisme de lâcheté pour s'en réjouir en présence des douleurs et des déceptions de tant de nobles cœurs.

Néanmoins elle est, je crois, ce qu'on pouvait redouter de moins fâcheux d'une telle situation et d'un tel homme. Elle aura, en somme, plus d'un résultat utile. Le Deux-Décembre n'en est nullement consolidé comme on le croyait. Il y a plutôt perdu que gagné. En France, il est moins populaire qu'avant la guerre. En Europe il est déconsidéré : et par une défection si pusillanime après de si formels engagements, et par de si pauvres avantages, achetés au prix de si grands sacrifices, et par la solution pitoyable, chimérique, impossible, que cette pauvre tête a imaginée aux difficultés de la question italienne. En outre, les Italiens auront acquis un noyau ferme et résistant, qui leur permettra bientôt de recommencer l'entreprise à leurs propres frais. Ils auront appris à ne plus compter que sur eux-mêmes, et l'idée de l'unité nationale ne pourra que faire de grands progrès en présence de l'impuissance de nouvelles combinaisons.

Quelque regrettables que soient leurs mécomptes, il y eût eu de grands inconvénients à ce que leur libération s'accomplît par des mains étrangères et trop vite : les peuples ne tiennent qu'à ce qu'ils ont payé très cher. Songez, en revanche, quel deuil et quel outrage ç'aurait été pour le malheur, la vertu, le génie, pour tout ce qui pense, souffre, aime, espère, croit à la justice et à la vérité, si ce misérable Bonaparte avait pu à si bon marché passer grand homme ! Songez au mal qu'il aurait fait à la liberté en Europe, une fois qu'il aurait eu entre les mains cet énorme accroissement de puissance ! Alors il vous sera difficile de ne pas accepter cet ajournement non comme un bienfait, mais comme un pis-aller, qui, loin de compromettre l'avenir, le prépare et lui ouvre la voie...

Chez Ary Scheffer, Lanfrey rencontrait aussi les Viardot; il était aussitôt devenu fervent admirateur de la grande artiste. A tout ce monde relié d'opinions et de goûts, il faut joindre l'illustre exilé Manin. Celui-ci, par cette franc-maçonnerie qui existe entre les natures d'élite, avait tout de suite apprécié la valeur du jeune écrivain, et il lui donna ce glorieux témoignage d'estime, de l'instituer l'un de ses exécuteurs testamentaires.

Les réunions intimes dont je parle ne ressemblaient pas cependant à ce qu'on nommait autrefois un salon. Cette forme de la société s'est éteinte à la révolution de *quarante-huit*. Pour être comprise dans quelques années, il faudra que la fortune fasse retrouver un Cuvier, dont les facultés s'appliqueront à reconstituer le squelette de nos salons à l'aide de pièces et morceaux rassemblés avec art, j'entends les mémoires et les correspondances.

Toutefois, aujourd'hui encore, les auteurs ayant de la célébrité sont très recherchés, mais non pour augmenter par une brillante recrue un cercle d'habitués; non! ce n'est point là le but poursuivi. On recherche une célébrité qui donnera un éclat éphémère à une soirée, pure satisfaction de vanité. Parfois un mouvement de curiosité nous fait chercher à connaître le visage d'un auteur, pour savoir que penser du livre; mais ce qui est vraiment rare, c'est cet instinct intellectuel qui cherche à établir un rapport entre le livre et l'écrivain. Il arrive alors qu'une foule de préceptes, de maximes, de pensées doublent d'intérêt; la connaissance de l'auteur vous fait saisir le germe et l'éclosion de l'idée : il arrive ainsi de rencontrer dans l'expression involontaire d'un sentiment un trait préférable dans sa sincérité à tous les portraits étudiés. Lorsque Lanfrey écrit : « La résignation est la défaite de l'âme, » ne sent-on pas qu'il exhale le soupir d'un esprit militant? Et, quoiqu'il fût facile d'établir de profondes différences entre son caractère et celui de Mirabeau, n'est-ce pas dans le même esprit toutefois que le grand tribun s'écriait : « Patience, vertu des ânes ! »

Les écrits de notre historien sont éclairés de traits nombreux qui le peignent.

« Mon héros est la liberté, » répète-t-il à toutes les époques de sa vie.

« L'orgueil n'est un défaut que quand il se contente trop facilement.

« La créature est faite pour agir.

« Le mépris est un souverain consolateur ! »

Le mépris à son usage était vraiment efficace. Je m'arrête; ces maximes se présentent en foule à ma mémoire, évoquées simplement par le souvenir de l'écrivain. Quand il tenait une plume, il écoutait parler sa conscience et s'inspirait de la vérité. En accordant au mot style sa plus large acception, on peut appliquer à Lanfrey la définition de Buffon : « Le style, c'est l'homme. »

C'est du désir d'établir un rapport entre l'œuvre et l'auteur que naît la fortune des bons critiques. Modèle en ce genre, Sainte-Beuve a ouvert une voie nouvelle. Il pratiquait cette science baptisée *ethnology* en Angleterre, et qui consiste à prendre en considération l'époque, le pays, le climat, le tempérament, les maladies, les ancêtres des deux branches, etc. Un jeune et habile critique des *Débats* me remettait en mémoire dernièrement toutes les exigences de l'*ethnology*, science anglaise, qu'il se plaît à appliquer à la critique allemande. Ma pensée retourna ainsi vers Sainte-Beuve et l'antipathie que professait Lanfrey à son égard. N'ai-je pas dit déjà combien chez lui ce genre d'impression était tenace? Elle se fondait toujours sur un trait de caractère. *Populace en habits dorés* était sa façon de désigner les courtisans. Or, au dossier du critique, il avait posé l'étiquette de courtisan. Aussi on ne pouvait lui arracher son éloge, quelque bien fait que pût être l'article nouveau qui venait de paraître; en 1867, cependant, après les deux vigoureux discours de Sainte-Beuve au Sénat, Lanfrey m'accorda qu'il avait été courageux.

« Il a été héroïque, continua-t-il souriant; j'en suis d'autant plus touché que je n'ai pas toujours été tendre à son endroit. Voilà deux discours qui rachètent bien des choses. Cet être corrompu a une partie de lui-même qui sera toujours incorruptible, c'est son esprit. Le feu lui-même s'éteint dans certains milieux; mais la flamme de l'esprit reste allumée dans ce sénat méphitique! »

Une époque qui marqua agréablement dans la carrière de l'illustre écrivain fut celle d'une excursion qu'il fit en Angleterre, en mai 1870. Il y fut accueilli avec un véritable enthousiasme par la haute société; traduite, son *Histoire de Napoléon I*er était connue de tous. Il arrivait donc précédé par sa réputation. Des formes courtoises et distinguées, un tact délicat assurèrent son succès. Il fut, dans le monde aristocratique, à l'état de lion pendant quelques semaines. La connaissance d'hommes politiques célèbres était pour lui d'un grand intérêt, il en profita; son temps se trouva aussi très utilement occupé à explorer les bibliothèques et les archives. La correspondance du duc de Wellington lui fournit les plus précieux documents pour l'histoire de la guerre d'Espagne, et, dans ces riches bibliothèques, il put recueillir, pour son *Histoire générale*, des trésors de faits. Il revint donc de ce voyage enrichi pour un travail auquel il se reprit avec ardeur.

Cependant il était appelé dans sa ville natale. Une question d'élection se jetait au travers de son labeur de cabinet.

Aux premiers jours de juillet 1870 je partais pour Saint-Cergues, dans le Jura, et Lanfrey pour Chambéry. Je voulais respirer l'air sapiné des montagnes, et lui, en allant voir sa mère, se retremper dans l'air natal et répondre à l'appel de ceux de ses amis qui désiraient le porter à la députation.

Il vint me faire ses adieux, sans préciser l'époque de son départ. De mon côté, je laissai dans le vague la date de mon prochain voyage. Tous les deux nous avions le même goût pour l'isolement en chemin de fer. Aussi, en nous retrouvant le lendemain soir à la gare, nous partîmes d'un éclat de rire moqueur au sujet de notre mystère réciproque. Nous eûmes vite pris notre parti de l'incident.

Lanfrey se déclara mon protecteur et celui de ma jeune parente, jolie enfant de treize ans que je menais prendre des bains d'air sur les hautes montagnes. Nous mîmes la femme de chambre dans un autre compartiment, et nous passâmes tous les trois la nuit fort à l'aise dans un large wagon. C'était une nuit d'été, chaude et transparente. La conversation, qu'en règle générale nous fuyons en chemin de fer, nous parut cette fois agréable. Nous goûtâmes le rare plaisir de quitter et de reprendre un sujet, sans être éperonnés par l'aiguille courant sur son cadran, comme l'exige à Paris la vie à grande vitesse. Ici le silence avait son tour, et le dialogue se renouait bientôt sur un sujet nouveau, éclos durant une courte méditation. Sobres habituellement de détails personnels, nous fûmes conduits, en suivant cette route dont Chambéry était le but, à parler de l'enfance de Lanfrey, des Charmettes, où sa mère avait été élevée, puis du collège des jésuites placé dans la capitale de la Savoie, et où, jusqu'à l'âge de quinze ans, il avait fait ses études. Il nous conta d'une façon intéressante comment il avait, à cette époque, été mis à la porte de l'institution par les bons Pères.

« Ma vocation historique, poursuivit-il, se dessinant dès lors, j'avais dans la bibliothèque du collège fait choix d'un livre d'histoire qui devint pour moi le point de départ d'un pamphlet, réfutation des audacieuses assertions jésuitiques que j'y rencontrais. Le mystère dont j'étais obligé de m'entourer pour écrire augmentait la difficulté du travail, mais en redoublait l'attrait. Je ne pouvais échapper à la surveillance attentive et policière de ces messieurs. Je fus mandé à *comparoir* devant le Père supérieur.

« Là s'engagea une singulière lutte entre un garçon qui venait d'accomplir ses quinze ans, et un chef qui joignait à l'autorité de sa position tout ce que la quintessence jésuitique d'un esprit exercé pouvait apporter d'aide pour vaincre la fermeté de résistance de l'élève. — A l'époque du concours, le collège tirait vanité de mes nombreuses nominations. Ce moment approchait. Le supérieur fit donc son possible pour m'arracher l'aveu du crime, entouré de quelques regrets qui permettraient d'user d'indulgence sur le fait même. Irrité par ma résistance, la menace fut essayée. — On allait me renvoyer à ma mère. — Oh! c'était là un point sensible. Je connaissais les sacrifices que ce renvoi entraînerait. — Pour ne pas céder, je me répétais que, Romaine de cœur, ma mère approuverait ma conduite. — Une fois encore le ton doucereux succéda aux menaces : « Vous « devez, mon enfant, songer à l'avenir. Ici se continue- « raient vos brillantes études... » Puis, subitement, en face de cette obstination de l'élève, la colère du chef éclata. Appelant un des frères en sous-ordre, il lui commanda de faire venir deux hommes de peine, et, se tournant vers moi, il dit: « Vous portez sous vos vêtements, « placé sur votre poitrine, l'écrit coupable que je ré- « clame. Si vous ne le remettez à l'instant, je le ferai « prendre de force. Choisissez ! »

« Je ne pouvais sortir vainqueur de ce pugilat; cette lutte ignominieuse n'était point acceptable. « Je cède à « la force brutale, » fis-je en remettant le manuscrit... Qu'est-il devenu? Peut-être un jour se retrouvera-t-il!

« La vindicte des bons Pères, en me renvoyant, ne se tint pas pour satisfaite. En brisant le cours de mes études on imposait de durs sacrifices à ma mère, dont la fortune était limitée. On faisait plus encore : de bon Père à bon Père des notes secrètes furent expédiées en province, de manière à me fermer tous les établissements. Je supportai avec courage ces difficultés. Ma mère avait approuvé ma conduite, ma fierté était satisfaite. Je fus enfin admis à Saint-Jean-de-Maurienne, qui, à l'éloignement de Chambéry, joignait l'inconvénient d'un déplorable régime pour la santé, un manque de soins pénible pour qui possédait des instincts délicats; et, ce dont je gémissais par-dessus tout, les études y étaient très faibles. »

Notre jeune compagne avait écouté avec un intérêt passionné l'épisode de cette lutte entre l'élève et le supérieur. De fait, c'était une action héroïque. Pierre avait fait preuve dès lors d'un courage civil plus rare chez les Français que le courage militaire.

« Et dans ce nouveau collège, vous trouviez-vous bien malheureux? demanda la fillette.

— Oui, miss Juliette, très attristé. Les élèves étaient des montagnards lourds de corps et d'esprit, dont j'aurais ri tout le premier si mon sort n'eût été si intimement lié au leur. Supérieurs ou abbés vous abordaient avec une familiarité grossière, vous passant et repassant leurs mains sales et crasseuses sur la figure. La bigoterie y était pire encore qu'aux jésuites. A tous moments, à bâtons rompus, on nous ordonnait d'élever notre âme à Dieu, absolument comme certain général qui répétait à ses soldats : « Messieurs, vous aurez à courir à la victoire! »

— Mon cher ami, dis-je en riant, voilà une comparaison qui, si elle eût été entendue, vous aurait encore fait changer de collège.

— J'ai encouru ce danger, reprit Lanfrey, et je l'ai évité en révélant tout d'abord au supérieur le motif véritable de mon renvoi de chez les jésuites de Chambéry. Une petite dame à qui ma mère avait confié l'anecdote vint me voir à Saint-Jean et bavarda, répétant ce qu'elle devait taire.

« Par ma véracité, le coup était paré. Je voulais faire des reproches à la petite dame; mais, quand je revis ses yeux bleus si jolis, moi qui depuis trois mois ne voyais que de vilains museaux d'ours, toute parole d'aigreur expira, et des compliments enthousiastes les remplacèrent. En imagination, je vivais au temps des vacances. Sans cesse je répétais comme une litanie : « Ma mère, des livres et la campagne ! » Quand la verdure commença à renaître, je repris goût à la vie. Tout à la fin de l'année scolaire, je fus saisi d'une ardeur poétique. Je faisais des vers. Quels vers ! Cela sonnait mes seize ans. Pour profiter du passage d'un musicien ambulant, je commençai la musique. Je riais, je pleurais, j'enrageais, et j'atteignis enfin le jour d'ivresse où je me trouvai dans les bras de ma mère !

« Là ! à présent l'histoire est terminée, fis-je, » m'adressant à la belle enfant qui, accablée de fatigue, luttait contre le sommeil dans l'espoir de quelque autre récit.

Nous commençâmes à parler à mi-voix, et comme il advient dans la première jeunesse, sous l'influence de ce murmure, Juliette tomba subitement endormie. La lune, éclairant cette nuit chaude, rayonnait d'un tel éclat, que je voulus tirer un des rideaux pour abriter la dormeuse.

« En grâce, n'en faites rien, réclama avec vivacité Lanfrey. Ce charmant visage, en cet instant, fait revivre tout le passé de mes vingt ans. »

Il est certain que les rayons lunaires donnaient un

singulier prestige à cette physionomie méridionale. Le visage, d'un blanc mat, encadré par les larges boucles d'une abondante chevelure, ces paupières frangées de longs cils qui dessinaient les grands yeux clos ; ce calme profond qui prend ainsi l'aspect inquiétant de l'atmosphère chaude et pesante qui précède l'orage, tout cet ensemble retint longtemps pensif le regard de mon compagnon.

« J'avais alors vingt et un ans, reprit-il brusquement. Après une maladie, qui me retint soixante-dix-sept jours sur un lit de souffrance, je me rendis à Turin pour y subir des examens et me faire recevoir avocat. Il fallait rattraper le temps perdu. Je réussis à terminer en une année cette fastidieuse besogne, qui souvent en exige quatre. Les sacrifices d'argent que j'imposais à ma mère me stimulaient singulièrement. J'eus la bonne chance de louer en arrivant une chambre chez les meilleures gens du monde, un bon docteur dont l'épouse était une Italienne, distillant l'amour maternel, et qui, dès le premier jour, me nomma « *figliolo* ». Je me sentis fort disposé à accepter ce titre caressant, après avoir vu la belle personne dont je devenais frère. Tout entre nous se passait avec bonhomie, à l'italienne. Le *padre* soignait ma convalescence, la *madre* mon chocolat, et sa fille nous servait d'interprète : elle parlait également le français et l'italien. Pour recourir à son savoir, je feignais d'ignorer l'italien ; j'inventais mille prétextes pour lire dans ses beaux yeux et ne point consulter le dictionnaire ; mais bientôt, lorsque la mère me conduisait près de sa fille pour obtenir une traduction, je dus constater le trouble où me jetait cette présence, jusqu'à oublier le prétexte qui m'amenait ; je ressentais une sorte de terreur à me reconnaître amoureux, et cela pour la première fois de ma vie, d'un être réel et non d'une création de ma fantaisie.

« Jusque-là, mes rêveries ardentes avaient pour objet un être imaginaire. Notre beau pays dispose la jeunesse à ce genre d'idéal. Chateaubriand revenant de Grèce, rasant cette vallée de Chambéry, l'a trouvée digne d'être comparée à la vallée de Tempé ; nous sommes glorieux de le répéter. Oh ! que je serais heureux, madame, de vous amener jusqu'à la Peisse, campagne que nous avons longtemps habitée. De quelle vue on y jouit ! Au détour d'une allée favorite, on découvre un amphithéâtre de montagnes qui, selon l'heure du jour, s'harmonise avec votre disposition ; l'aspect en est tour à tour riant et sévère, et, tout au fond du paysage, l'œil se pose sur le délicieux lac du Bourget. Près de ce lac, j'avais adopté un endroit solitaire, mystérieux, d'où, sans être aperçu, je jouissais d'une vue très étendue. Je vivais là en plein roman, me livrant aux plus passionnés élans d'un amour imaginaire. Cette folie donna lieu à une singulière aventure.

« Durant la longue maladie qui précéda mon séjour à Turin, déclaré en convalescence, pour me distraire, on m'apporta *Raphaël*, livre nouveau de M. de Lamartine ; il venait de paraître. Je m'en emparai avec avidité. Cette lecture me causa une grave rechute, sans que personne pût se l'expliquer. Retour de fièvre ardente avec délire. En donnant pour cadre au roman le lac du Bourget et ses environs, l'auteur était criminel à mes yeux ; il m'avait volé mon bien et ma maîtresse, il outrageait l'objet de mon culte en exposant nue aux yeux de tous les hommes cette femme qui m'était plus chère que tout au monde ; enfin mes sentiments exaltés ainsi que ma cervelle, me firent subir une torture dont je pensai mourir.

« Il me parut donc qu'en m'attachant à la jeune Italienne, mon cœur et tout mon être se reprenaient à la vie. La réalité devait cicatriser les blessures faites par de folles chimères. Tout était suave chez cette chère fille elle se nommait Lenora, nom transformé en celui de Léa. Avec une charmante simplicité très italienne, elle m'invita à supprimer toute cérémonie en l'appelant simplement de son nom de baptême. Ma conversation l'amusait, l'égayait. C'était plaisir de la voir rire à belles dents ; alors une nuance de malice remplaçait le sérieux mélancolique de son regard. — M'aimait-elle ?...

« Pour moi, les jours s'écoulaient uniformément entre le sentiment et l'étude. Un incident m'obligea à mesurer le changement progressif opéré en moi.

« Le bon docteur fit une chute grave ; on le rapporta chez lui sans connaissance, le visage couvert de sang. Saisie d'effroi à ce spectacle, Léa est prise d'une crise nerveuse qui devient le début d'une fièvre cérébrale. Le caractère poignant de mon anxiété s'exaltait avec le danger que courait la vie de cette belle créature. Que de fois il m'est arrivé, pendant les nuits d'angoisse, de sortir de mon lit, et, couché à terre, de coller sur le plancher mon oreille attentive, pour saisir le moindre bruit qui pût m'indiquer ce qui se passait dans la chambre de la malade, placée au-dessous de la mienne.

« Enfin, la chère enfant fut déclarée sauvée !

« Pendant quelques jours, je fus tout entier à l'ivresse que me causait ce retour à la vie ; puis un grand trouble m'envahit durant les mauvais jours de cette fièvre ; je me livrais aux projets les plus insensés. Je ne m'engageais pas à brûler des cierges à la Vierge si la santé était rendue à ma chère Léa, mais à lui sacrifier ce qui m'était le plus précieux au monde, ma liberté ! Bientôt, cependant, cette idée de mariage m'apparut dans toute sa déraison. Avec mes vingt ans, je n'avais à offrir ni fortune ni position. L'amour de l'indépendance, joint à la raideur de mon caractère, ferait longtemps obstacle, je le prévoyais, au succès que certaines facultés jointes à une volonté ferme obtiendraient du travail. D'ailleurs, qu'était au vrai l'amour de Léa pour moi? En me posant chaque jour cette question, je ressentais une vive irritation, causée par l'essor qu'avait pris l'amour filial depuis le danger encouru par le père. J'étais jaloux! Je retrouvais ces bizarres et douloureuses sensations éprouvées une fois déjà, dans mon fiévreux délire, au sujet du *Raphaël* me dérobant mon idéal.

« Une année s'était écoulée. Je fus reçu avocat. Je retournai près de ma mère; de là à Paris, poursuivant toujours mon plan de travail historique; c'était mon idée fixe. Mon roman avec la belle Italienne se termina en pente douce, par une correspondance de plus en plus rare. »

O mon cher ami! pensais-je en l'écoutant, comme je constate une fois de plus l'identité de Pierre avec Everard! N'est-ce pas le même homme qui a écrit dans ses lettres :

Je ne veux et ne dois à aucun prix créer d'incompatibilités entre mon caractère et ma destinée, entre mes devoirs et mes goûts. Au point où je suis arrivé aujourd'hui, il m'arrive encore de les regretter, mais je ne les désire plus.

Rompant un court silence :

« Votre nouvelle, fis-je, se termine à souhait dans votre intérêt comme dans le nôtre. — Depuis lors, mon cher ami, que d'attachements noués et rompus! je vous ai vu à l'œuvre, et l'ironie, arme redoutable quand vous l'appliquez à l'histoire, auprès des femmes, je crois, voltige fréquemment sur vos lèvres. Vous en faites volontiers l'auxiliaire du doute et de la jalousie. — Mais, puisque la causerie à voix basse et le clair de lune m'entraînent, dis-je en plaisantant, je veux vous confesser ma vive curiosité éveillée récemment, à la dernière séance du Conservatoire. Vous écoutiez la symphonie avec un tel ravissement que, nul doute, votre cœur battait la mesure, et celui de la charmante personne, dans la loge de qui vous étiez, ne la battait pas à contre-temps. En sortant, vous donniez le bras à cette femme, qui m'a paru une fleur délicate du genre tropical, car, décidément, j'entrevois que vous goûtez les beautés brunes?

— A moins qu'elles ne soient rousses ou blondes, me fut-il répliqué en riant.

— Oui, oui, monsieur. Tout en déplorant l'absence d'individualité qui s'étend sur le monde civilisé, vous aussi, vous généralisez volontiers vos tendres sentiments. Je reviens à l'oiseau des tropiques. Les yeux étaient splendides, le regard fier et le sourire intelligent, le sourire... Tient-elle parole?

— Hélas! oui!

— Comment, hélas?

— Vous me comprendrez quand je vous aurai confié à quel point je redoute les chaînes de fleurs. Comment les rompre, si je me laisse envahir par une passion que la raison ne combattrait pas? Cette femme paraît sincère, point coquette, aimante et dévouée; elle est délicieusement jolie, spirituelle... Résultat? Enlacement inextricable! Je ne saurais exposer mon indépendance à une si rude épreuve. — Je fuis! oui, madame la Présidente, je fuis! je suis en rupture de ban! et toutefois je me sens déchiré en m'éloignant.

— Monsieur Ferocino, loin d'admirer votre courage, je vois en vous l'humble serviteur d'une chimère d'indépendance. Voyez, n'est-ce donc pas obéir à un mot d'ordre que de vous rendre à Chambéry, sur la demande de vos amis, comme candidat aux prochaines élections?

— En venant, madame, j'accomplis un *devoir;* mais ce mot, jamais une femme ne l'applique à la politique. Permettez-moi un instant de raisonner à votre manière. La preuve, soutiendrai-je, que ma conduite est louable, se trouve dans la récompense que mon sacrifice a tout de suite obtenue. Je vous rencontre! et ma désolation de la première heure s'adoucit, au murmure d'un épanchement. Une fois loin de Paris, n'ayant rien de cette physionomie enchanteresse sous les yeux, je mettrai bientôt en doute sa sincérité féminine. Je ruminerai mon passé pour soupçonner l'avenir. Tandis que près d'elle... Vraiment, elle est si différente des autres femmes !

— Eh bien! mon cher Lanfrey, la vie est ainsi faite. On frôle le bonheur sans le retenir. A qui se plaindre plus tard ?

— La plainte n'est point une ressource, madame, à qui est persuadé, comme moi, que chacun porte en soi sa providence. Donc, quand on voit l'abeille et qu'on sent la piqûre, il faut en arracher le dard! »

Ici, temps d'arrêt : demi-heure aux voyageurs. — Nous éveillons Juliette ; vite, sautons à terre. Ciel ! quelle poussière ! De l'eau ! de l'eau ! Le cas est prévu : nous trouvons des terrines pour plonger nos faces de ramoneurs et les rafraîchir. Pendant cela, notre galant protecteur a fait préparer un excellent café à la crème, et nous déjeunons gaiement, d'autant plus que, pour la fillette, le café était, par rigueur de régime, le fruit défendu ! Cette petite orgie matinale a été depuis, entre nous, prétexte à de bonnes gaietés de souvenir. Férocino s'était conduit en berger modèle. Rien de plus aimable que sa simplicité, son naturel absolu, sa gaieté facile. Il avait l'esprit sagace, prompt, pénétrant, sympathique aux sentiments, et pas la moindre prétention. Je le plaisantais sur ses dispositions au rôle de père de famille en le voyant, aux stations, courir après les enfants, comme il lui arrivait de le faire après les chats dans nos appartements. Ce goût de Lanfrey pour la race féline est noté dans un ouvrage de M. Michelet. A mesure que nous approchions du terme de notre voyage, à la pensée de revoir sa mère et d'anciens camarades, son émotion croissait. L'amitié était au cœur de Lanfrey un sentiment sacré ; il y apportait un choix sévère et la plus grande fidélité. Je ne crois pas qu'on puisse citer de lui un élan de poésie inspiré par l'amour, tandis que quelques vers charmants, impromptu très poétique, ont été adressés à un ami en réplique à ceux qu'il en avait reçus. Nous les copions dans les notes publiées par un de ses contemporains :

> Hélas ! nulle étoile, ô poète !
> Sur mon obscur berceau n'a lui ;
> Mais, du destin sombre interprète,
> Le ciel semblait pleurer sur lui.
>
> Alors, j'entendis une fée :
> Pauvre enfant, au malheur promis,
> Ne maudis pas ta destinée,
> Car je te garde des amis !...

Le compagnon de voyage aurait voulu m'entraîner à Chambéry et me faire connaître plusieurs des amis qu'il allait retrouver. Je me souviens, entre autres, qu'il me parla de B..., chimiste de grand mérite, que j'aimerais, assurait-il, parce qu'il était, par parties égales, cœur, esprit et gaieté.

« Ah ! si celui-là voulait habiter Paris, comme sa réputation s'étendrait ! Pour moi, cela serait vivifiant, je croirais en le voyant respirer l'air natal. »

Ici le sifflet se fait entendre, le train ralentit sa marche. Nous atteignons Culoz. Là, nous nous séparons, non sans regrets.

« J'écrirai la première pour vous donner mon adresse, mon cher ami ; peut-être vous déciderai-je à nous rejoindre.

— Qui sait ce que nous réserve cet avenir troublé, répondit Lanfrey ; — nous faudra-t-il expier ce que nous avons subi ?

— Pas d'idées noires, mon cher Ferocino, et soignez-vous, criai-je de mon nouveau wagon. » Une petite voix douce ajouta :

« Venez à Saint-Cergues, monsieur Lanfrey, je vous en prie ! »

Après avoir pendant des heures et des heures monté à pic, nous nous trouvâmes à Saint-Cergues. L'air salutaire y était, mais non le repos. La déclaration de guerre à la Prusse détermina subitement de nombreux départs. J'hésitai sur le parti à prendre. De Paris, on me suppliait, en persistant, de tirer un bénéfice de santé du voyage accompli. Que pouvait-on craindre dans la capitale? Toute sollicitude se devait porter vers le nord. — Je reçus à Saint-Cergues la réponse suivante à une lettre que j'avais adressée à Chambéry.

Chambéry, 26 juillet 1870.

A madame C. J., Saint-Cergues, canton de Vaud (Suisse).

Que c'est aimable et méritoire à vous de vous souvenir de votre promesse, au milieu de vos bergeries assaisonnées de crème, de poésie et de musique ! Mais comme vous êtes bien Parisienne dans l'âme, de regretter la rue de Penthièvre, dans un pareil moment! Que je voudrais pouvoir vous donner à lire les lettres que vous m'écririez de là, si vous y étiez. Quelles lamentations sur cette population de braillards ivres, dont les aboiements retentissent jusqu'ici. Je connais une dame qui habite le boulevard des Italiens, et qui, après quatre jours de résistance, a été forcée de partir à moitié folle d'exaspération. Croyez bien qu'il ne se passera rien d'intéressant à Paris d'ici à quelque temps, et peut-être bien d'ici à longtemps. Même pour un homme, il n'y a rien à y faire quant à présent.

Notre ami d'Alton-Shée essaye bien vainement de lutter contre le courant. Ce sont là des efforts très généreux, mais parfaitement inutiles pour le moment. C'est comme s'il voulait faire entendre raison à un homme pris de vin. Plus tard, les événements aidant, la réflexion viendra, et on commencera à déchanter; les hommes de bon sens pourront intervenir. Au reste, je crois que votre sollicitude s'exagère le danger. Le gouvernement a pris toutes ses précautions pour être en état de sévir, le cas échéant;

mais il sait bien que les donneurs de conseils n'ont aucune chance d'être écoutés aujourd'hui, et il ne lui déplaît pas, sans doute, de les laisser prêcher dans le désert. Je ne vous parlerai pas de tout ce qui vient de se passer; il y a trop à en dire à tous les points de vue. Mais (sans être curieux) je voudrais bien savoir ce que notre ami X... pense, à l'heure qu'il est, de ses discours belliqueux au Parlement allemand. Je m'efforçais alors de le calmer, de lui démontrer l'horreur et l'absurdité d'une pareille guerre après les énormes progrès qui s'étaient accomplis en Allemagne. A propos de cette guerre, n'est-il pas piquant que le président Schneider ait commencé son discours à l'empereur par une phrase textuellement copiée dans un de mes volumes, à savoir :

« Que l'auteur d'une guerre n'est pas celui qui la déclare, — « mais celui qui l'a rendue nécessaire. » Et que l'empereur ait répété cette même phrase en ajoutant : *comme l'a dit Montesquieu?* Ils sont vraiment plaisants, ces deux bouffes. Et moi, qui m'aurait dit que je travaillais pour lui fournir des maximes? Je mène ici la vie d'un pauvre ermite, absolument sevré de toute distraction et presque de toute causerie. Vous pensez si je vous envie vos concerts à quatre mains et votre pseudo-Krauss. Quant à moi, j'ai pour toute musique les gémissements désolés de quelques pauvres vaches, qui se lamentent de n'avoir pas d'herbe fraîche dans le pré voisin. Après une ou deux pluies que j'ai amenées de Paris, la sécheresse a recommencé de plus belle, et ce malheureux pays est complètement grillé. La guerre et la famine — cela nous prépare un délicieux hiver !

Adieu, chère et excellente amie, mettez, je vous prie, mes respectueux hommages aux pieds de Mlle Juliette, et rappelez-moi au souvenir des d'Alton, lorsque vous leur écrirez. Je suis bien heureux d'apprendre que l'air des montagnes réussit à votre petite malade. Soyez sûre que vous-même vous en trouverez très bien. Mille et mille affectueux compliments.

FEROCINO.

A partir de cette époque notre correspondance fut suspendue. Ma fille était venue me rejoindre, et nous nous étions installées à Lausanne. Une aimable et excellente Suissesse, au premier mot de guerre, avait mis sa bourse et son crédit à notre disposition, trait de généreuse sympathie dont, durant nos malheurs patriotiques, les Suisses donnèrent mille exemples. J'écrivis de Lausanne à Chambéry sans obtenir de réponse. Je supposai Lanfrey rentré à Paris, — d'où bientôt les lettres n'arrivèrent plus. Je passe sous silence les angoisses de ce temps d'exil, durant lequel, confiées aux ballons, les lettres qui nous tombaient du ciel étaient reçues comme la manne au désert. Chaque jour, hélas ! l'événement venait justifier les craintes exaltées de la veille. Rien de tout cela cependant n'était comparable aux épreuves des Parisiens, enfermés dans leur ville. Mais ces choses sont en dehors du cadre de mon récit, que je renoue en transcrivant deux lettres de Lanfrey qui me parvinrent enfin presque au terme de l'exil.

Chambéry, lundi 9 janvier 1871.

Chère madame et amie, c'est un grand bonheur pour moi de recevoir votre lettre. Je vous aurais écrit mille fois, si je vous avais cru encore à Lausanne. Ma dernière missive était du commencement d'octobre, autant que je puis en juger à distance. Aucune de vos réponses ne m'étant parvenue, j'ai supposé que vous étiez partie et que vous n'aviez pas reçu la mienne. Vous avez su comment mon attente au sujet des élections avait été trompée par les contre-ordres venus de Tours.

Mon histoire, depuis lors, est des plus simples. Connaissant l'esprit bienveillant qui caractérise tout bon démocrate, et désireux de sauvegarder avant tout ma liberté d'opinion et mon droit de franc-parler sur toute chose, j'ai voulu faire strictement l'équivalent de ce que j'aurais fait si j'étais resté à Paris, et je me suis engagé comme volontaire (hélas ! sans illusion) dans la garde mobilisée, alors en formation. Il y a de cela deux mois et demi. Depuis ce temps, nous n'avons pas bougé d'ici faute d'armes, car on n'avait à nous donner que des fusils de l'année 1792. Les fautes de tout genre que j'ai vu commettre par le gouvernement m'ont fait, par deux fois, reprendre la plume, et j'ai parlé, je puis le dire, bien malgré moi, car j'avais la certitude de compromettre gravement le succès de ma candidature qui était alors infaillible et certaine. J'ai naturellement été puni de ce bon mouvement par un torrent d'injures et d'accusations dont il serait difficile de vous donner l'idée. Ceux qui m'avaient le plus exalté ont crié à la trahison. J'ai été appelé « *souteneur de Bonaparte, clérical vendu aux d'Orléans, etc.* » Mon uniforme même de volontaire ne m'a pas protégé contre l'accusation d'avoir fui de Paris à l'approche des Prussiens ; enfin mon succès a été aussi complet que je pouvais le supposer. — Je dois ajouter toutefois que les sympathies des hommes éclairés ont un peu compensé ces petits désagréments. Des journaux de Bordeaux et des journaux anglais avaient reproduit mes articles. Gambetta les a lus, et à la suite de cette lecture, le préfet de Chambéry est venu chez moi avec une lettre m'offrant la préfecture du département du Nord, au milieu de compliments exagérés. J'ai déclaré vouloir m'en tenir à mon fusil de volontaire, et ne voir de moyen de salut que dans un appel au pays. Vous pensez que je n'ai pas laissé ignorer cette circonstance qui prouvait assez clairement que si j'étais, en effet, un homme vendu, je n'étais pas, du moins, un homme à revendre.

Maintenant, je pars demain pour le camp de Sathonay avec ma brigade, et voilà. Je vous écrirai de là pour vous donner mon adresse exacte, car il est probable que nous serons cantonnés dans les environs. Vous allez voir le terrible Ferocino se révéler sous un jour nouveau. Ses talents pour la guerre ne s'étaient déployés jusqu'ici que contre votre faible sexe. D'ici à peu, les Prussiens apprendront aussi à les apprécier.

Notre pauvre Paris est, je le crains bien, aux dernières extrémités. Une femme charmante de ma connaissance m'écrit, à la date du 30 décembre, que pour la première fois de sa vie elle a su ce que c'était que d'avoir faim et froid! Si *elle* en a souffert, qui est à l'aise et protégée de toutes manières, que faut-il penser des pauvres gens? Tout cela est navrant, et je ne crains pas d'affirmer que le gouvernement de Paris a commis une grande faute en n'acceptant pas l'armistice même sans ravitaillement, puisqu'il pouvait tenir si longtemps.

Je vous suis mille fois reconnaissant des nouvelles que vous me donnez de nos amis d'Al... et B... J'en ai reçu indirectement de notre ami Lind, qui est à Gonesse, non comme belligérant, mais comme correspondant de journal, et désolé de tout ce qui se passe.

Adieu, chère madame et aimable amie. Remerciez, je vous prie, madame de L... de l'intérêt qu'elle veut bien prendre à ce qui m'arrive. Présentez-lui mes affectueux compliments ainsi qu'à miss Julietta, que je m'attends à revoir prodigieusement bien portante à la suite de ses courses alpestres.

Croyez-moi toujours votre tout dévoué et affectionné

P. LANFREY.

Peu de jours après avoir reçu cette lettre, les hasards de la guerre firent passer à Lausanne un ami intime de Lanfrey, qui ne l'avait quitté qu'au moment du départ des mobilisés, de Chambéry. Par lui, je connus l'allocution de l'excellent maire de Chambéry, M. Python, qui proposa Lanfrey à ses compagnons d'armes comme modèle de conduite patriotique. J'insistai pour obtenir des détails sur ce départ, tandis que la mémoire en était toute récente.

« Ah! madame, me fut-il répondu, en ce temps de malheur, tout est d'une tristesse navrante.

« Nos Savoyards sont partis enfin, après être demeurés deux mois sur le qui-vive, criant sans cesse : des armes! des armes! et n'obtenant que de mauvais fusils de 93, ou des cannes et des parapluies, disait Lanfrey dans sa rage impuissante. Depuis le premier jour, il a fait partie de la brigade de mobilisés, sans que rien pût faire changer cette volonté de fer. Aucun ne donnait la vraie raison de nos instances. Nous connaissions trop bien cette santé délicate, qu'une toux constante révèle en dépit des efforts du vaillant malade. Lui, qui aime si profondément la Savoie, avait le cœur à vif en s'éloignant à la suite de l'injuste conduite de nos compatriotes à son égard, au moment des élections. Pour lui aussi la séparation d'avec sa mère, qu'il trompait en l'assurant qu'il se rendait à Paris, était très douloureuse. La Romaine était devenue vieille, il voulut lui épargner l'épreuve du départ pour le camp de Sathonay.

« Tous ces sujets furent touchés dans l'entretien de la dernière heure, que Lanfrey vint passer avec moi. Au mot d'avenir nous retournâmes involontairement aux rêves évanouis de nos vingt ans, aux temps d'espoirs grandioses de liberté et de progrès. Comme nous divaguions sur ce thème, objet de notre culte secret! « Est-ce que vraiment je vais mourir, s'écria Lanfrey, sans laisser ma marque à mon pays? Non, non! cette *Histoire de Napoléon Ier*, il faut que je l'achève. Tu verras la fin, ami. J'espère atteindre l'accent voulu; la poésie du désespoir! je sens cela. Je pourrai, je crois, satisfaire ton ambitieuse amitié pour moi. Nous nous reverrons ! » Sur ce mot je le serrai dans mes bras. Mais, à la porte, je ne pus me séparer de lui ; il était minuit, je l'accompagnai jusqu'à son logis.

« Le lendemain avant le jour, je me levai. Une véritable tourmante de neige ajoutait au caractère lugubre du départ des mobilisés. Je ne pus résister au désir de dire à Pierre un nouvel adieu. Je courus chez lui. Il était déjà en uniforme, et sous les armes. Mon Dieu qu'il faisait froid ! Je le trouvai stoïque, son petit sourire ironique sur les lèvres, entouré d'amis qui le regardaient les yeux humides. Personne ne croyait le revoir. Cependant, non seulement il sert en volontaire, mais c'est comme volontaire qu'il vit. J'ai de ses nouvelles. Il se défend contre cette saison rigoureuse plus terrible pour lui que le feu de l'ennemi. »

Ce fut encore à Lausanne que me parvint de Bordeaux la lettre suivante qui me tenait au courant des principaux accidents de la vie politique de Lanfrey.

15, cours de Tourny.
Bordeaux, lundi 27 février 1871.

Reçu les compliments avec un très vif plaisir, et une sincère gratitude. Cependant mon élection n'est pas encore validée, et je ne pourrai prendre part au vote, ni à la discussion de demain, à laquelle j'attache une énorme importance. On ajourne tous les élus des Bouches-du-Rhône (où je n'ai jamais mis les pieds, et où je ne connais pas un seul *chat* [1], sous prétexte que le préfet Gent a manœuvré indignement contre une partie des élus, dont je suis. C'est là de la logique française, ou je ne m'y connais pas. D'ailleurs très peu fier de tout ce que je vois ici !

---

1. Lanfrey répond ici à une plaisanterie qui lui avait été faite, à propos de son élection, dont le succès avait été plaisamment attribué aux transports excités par un jeune électeur, citant ce qu'a écrit M. Michelet sur l'amour de Lanfrey pour la race féline. — Mais en fait, ce fut à l'appui très chaleureux de M. Thiers que Lanfrey dut son succès.

Une majorité honnête, mais horriblement divisée ; une minorité qui ne voit dans tous ces malheurs qu'une occasion de battre la grosse caisse, au profit de sa popularité : c'est répugnant. Nous avons dans l'Assemblée beaucoup d'hommes qui ont bravement payé de leur personne et versé leur sang pour le pays, tous sont pour la paix. Il y en a d'autres qui sont restés tranquillement chez eux, ou qui ont pris des places, ceux-là sont pour la guerre à outrance. Fut-il jamais division plus accablante ? Nous n'en aurons pas moins la paix. Mais c'est triste d'appartenir à un pays en décadence !

Merci encore de toutes les bonnes nouvelles que vous me donnez, de vous et des vôtres. Mettez mes hommages aux pieds de miss Juliette, et présentez mes compliments à madame la marquise. Votre ci-devant

FEROCINO.

Ne m'oubliez pas, je vous prie, auprès de nos amis de Passy à qui je compte écrire très prochainement.

Ici était jointe la copie de la lettre adressée au comité électoral des Bouches-du-Rhône.

Bordeaux, 26 février 1871.

Monsieur le Président,

Le télégramme que vous avez eu l'extrême obligeance de m'adresser, au nom du comité libéral des Bouches-du-Rhône, ne m'est parvenu que par voie indirecte, et trop tard pour qu'il me fût possible d'y répondre. Veuillez, je vous prie, m'excuser auprès de vos collègues.

Recevez, en même temps, mes plus vifs remerciements pour le concours si efficace dont vous avez bien voulu m'honorer. Je suis fier d'être le représentant de cette grande et généreuse cité qui, dans tous les temps, a servi d'initiatrice et de patrie adoptive à tant de citoyens illustres. Elle se plaît à aller, pour ainsi dire, les prendre par la main au sein de l'obscurité, de l'inaction, de l'oubli où les laisse végéter l'indifférence de leurs concitoyens pour les pousser dans la carrière où ils auront à soutenir les grands combats de la vie politique. Si je ne deviens pas semblable à eux, je vous devrai du moins la consolation d'avoir, de loin, suivi leur trace, et le privilège envié de pouvoir invoquer le même patronage.

Je suis d'autant plus heureux d'avoir obtenu vos suffrages que je n'avais parmi vous aucun ami personnel, et que je dois en rapporter tout l'honneur à la puissance des idées, à notre commun dévouement envers une juste cause, c'est-à-dire au lien le plus noble qui puisse unir les hommes. Si j'interprète bien votre pensée, vous avez nommé en moi l'ennemi invariable de tous les genres de despotisme, l'homme qui n'a jamais voulu séparer la cause de la démocratie de celle de la liberté.

Je puiserai dans votre adhésion une nouvelle force pour défendre ce grand principe, sans lequel la République ne se fondera jamais parmi nous.

J'espère, monsieur, pouvoir avant peu visiter votre ville et vous renouveler à tous, de vive voix, l'expression de ma sincère et profonde reconnaissance.

Recevez, je vous prie, en attendant ce jour, l'assurance de ma très respectueuse considération.

P. LANFREY.

Après bien des tiraillements et des hésitations, Lanfrey accepta l'ambassade de Berne. La manière habile dont il remplit ce poste put faire regretter qu'il n'eût pas, de prime abord, été placé de façon à rendre des services à son pays dans la carrière diplomatique. En dépit de vieux préjugés accrédités sur la ruse nécessaire aux diplomates, sa droiture inspira confiance.

J'appris qu'en novembre il avait fait une courte apparition à Paris. Étonnée de ne l'avoir point vu, j'adressai mes reproches à l'ambassadeur. Voici l'explication qu'en réponse il m'adressa :

Berne, 18 décembre 1872.

Oui, je suis sans excuse, je le proclame, et je suis prêt à le crier sur les toits et sur tous les tons ! Je ne saurais vous dire combien d'injures intimes je me suis décernées pour mon indigne négligence à votre égard. — Mais pour mon oubli ? — non, — j'en atteste tous les échos auxquels j'ai demandé de vos nouvelles depuis que je n'ai eu la fortune de vous voir, — et aussi la façon dont je leur ai parlé de vous, — j'en appelle à Montbrun, à Douhet, au blond Lefébure, enfin au charmant feu-follet lui-même, que j'ai eu l'honneur de voir ici et qui, je l'espère, portera témoignage en ma faveur.

Pourquoi cependant ne vous ai-je pas vue, en ayant dans le cœur un si violent désir, que je suis allé un jour jusqu'à votre porte avec cette intention ?

Pourquoi, grands dieux, pourquoi ?

Ma foi, je vous le dirai. — Car, par la sambleu ! je m'appelle Ferocino, et ce nom me donne des droits et même des privilèges.

Je vous avouerai donc très simplement que c'est parce qu'on m'a assuré que votre salon ne désemplit plus du citoyen Hugo, et que j'ai craint de vous mettre dans une fausse situation en l'y rencontrant lui ou ses amis. Vous savez que j'ai le malheur d'avoir des aversions beaucoup trop prononcées pour ma tranquillité. — Celle-là en est une. Il me serait positivement insupportable de passer une demi-heure en présence de ce dieu.

Mon attitude serait, je le crains, très loin d'exprimer ce respect plein de tremblement qu'on doit ressentir en présence de la divinité. Je me suis dit que je serais contraint, irrévérencieux, que je vous mécontenterais, enfin qu'il valait beaucoup mieux ne pas vous exposer à cet ennui.

Voilà, chère et aimable amie, très franchement exposé le motif qui m'a détourné d'aller vous voir, lors de mes deux derniers voyages à Paris, en mars et novembre. Me pardonnerez-vous cet aveu bien peu diplomatique ?

Quant à vous personnellement, vous savez assez quel charme, quel vrai et rare plaisir j'ai trouvé dans vos entretiens. Mais laissez-moi vous dire combien je vous suis et vous serai toute ma vie reconnaissant de votre accueil si aimable, de votre amitié si bonne et si bienveillante, malgré tant d'esprit ! Vous avez mille fois plus de mérite qu'une autre.

Ecrivez-moi donc que vous ne me gardez pas rancune, et croyez-moi toujours votre tout affectueusement dévoué.

FEROCINO.

Ayant donné sa démission d'ambassadeur après que Thiers eut donné la sienne comme Président, il me mandait, au 24 mai, de Paris, les efforts que faisait le ministère de Broglie pour lui faire garder son poste. A affirmation qu'on calomniait les ministres en leur prêtant des projets de restauration monarchique, il répondait « que dans leur position on ne fait pas ce qu'on veut, mais comme on peut ».

Il faudrait un volume, ajoutait-il, pour exprimer tout ce qu'il y a à dire sur ces derniers événements. On a été d'une ingratitude révoltante envers Thiers ; mais il faut convenir qu'il a perdu une bien belle partie par un entêtement de vieillard ou d'enfant. Il eût suffi de deux ou trois concessions insignifiantes pour empêcher tout cela, et il n'a pas voulu les faire. Je doute qu'il retrouve jamais l'occasion qu'il a perdue. A son âge, la fortune ne pardonne pas ! »

Le Conseil fédéral suisse chargea M. le docteur Kern, son ministre à Paris, de faire de pressantes démarches auprès du gouvernement français pour obtenir le retour de M. Lanfrey à Berne. Enfin il renonça définitivement à ce poste à la fin de l'année 73.

De nouveau fixé à Paris, il reprit ses travaux historiques. — La Chambre, il est vrai, lui prenait une partie de son temps ; mais en revanche il allait peu dans le monde. Les réunions étaient rares, et sa santé, très altérée par son séjour à Berne, dont le climat lui était ennemi, l'obligeait à renoncer aux veillées du soir, du moins fréquemment. Menant ce genre de vie, un instant sa poitrine parut se fortifier ; il en profita pour jouir de nouveau de la vie, pour redevenir mondain.

Heureux du succès de sa dernière publication, — c'était au commencement de 1875, — entrant chez moi un matin, Lanfrey parut tout réjoui de me trouver seule. Mon premier mot fut pour le féliciter sur l'excellence de son cinquième volume de l'*Histoire de Napoléon Ier* que je venais d'achever ; il était là précisément sur ma table.

« Eh bien ! dit-il, je veux répondre à vos compliments par une confidence. Devinez, madame, je vous le donne en mille ; devinez de qui, à ce sujet, hier à la Chambre, j'ai reçu les plus vifs compliments, et même une poignée de main ?

— Je devine ; je n'hésite pas : c'est de Gambetta ?

— Vous conviendrez cependant que la chose est aussi inattendue que singulière.

— Pour moi, répliquai-je, beaucoup moins que pour vous ; par des préventions étayées de certains faits, vous vous êtes créé un personnage qui n'est point l'homme politique réel. Vous éclairer m'a paru ne pouvoir être que l'œuvre du temps. — Ce qui s'est passé, hier, mon cher ami, au sujet de votre livre, n'est que la répétition du mouvement d'eprit, qui, pendant la guerre de 70, porta Gambetta à vous faire proposer la préfecture du Nord, — position de si grande importance à cette heure suprême ! Vos publications hostiles lui révélèrent à la fois un caractère joint au talent et au patriotisme. — Il se sera dit : Voilà un homme comme il en faut au pays ! Laissant aussitôt de côté la question personnelle, ce qui lui était facile, étant en ce qui concerne les attaques personnelles aussi insouciant que M. Thiers, il a voulu s'emparer de cet homme. Vous savez s'ils étaient rares alors les gens de valeur ? Il n'a pas été compris. Le temps n'était pas aux explications. Il est arrivé que cette démarche même, grâce à un malentendu, au lieu de vous rapprocher vous sépare depuis des années. Votre mauvais caractère, ajoutai-je en riant, peut faire durer à perpétuité la situation.

— Mais cela n'explique guère, répliqua Lanfrey, le compliment que j'ai reçu ?

— Pardon. Je reconnais là encore une impulsion patriotique. Le chef du parti radical est fier d'un historien qui fait honneur à la fois au parti et au pays. Pourquoi se contraindrait-il pour l'exprimer ? Nature optimiste et enthousiaste, il oublie tout net que vous lui avez été hostile. Tandis que mon sceptique et passionné Ferocino, tenant par ses ancêtres du chat-tigre et de l'éléphant, possède une rancune perfectionnée qui s'alimente de l'air du temps. Darwin vous expliquerait cela !

— Très bien, madame la Présidente. D'après cet exposé de conduite, vous me donnez tous les torts de caractère. Je ne partage pas votre opinion. Cette désinvolture au sujet de l'offense peut aussi se caractériser — *légèreté?* — Mais je n'ai garde de plaider devant un juge partial. Seulement je prétends abattre votre amour-propre. — Vous croyez, faisant appel à tous les animaux de l'arche, plus Darwin, m'accabler par un aperçu neuf? Sachez que le vieux proverbe italien exprime beaucoup plus clairement votre pensée : *Che offende non perdona!* Mais, puisque nous touchons à ce sujet, laissez-moi vous dire que je tiens compte sans réticence de ce que l'expérience de sept années et une capacité politique incontestable ont fait acquérir au leader républicain. A cette heure, je l'approuve souvent, et suis d'accord avec lui... en partie, du moins.

— Vous êtes, répliquai-je, tous deux épris d'une même cause! »

En effet, un raprochement dans les idées et les sentiments politiques s'accentua encore entre ces deux hommes. Aussi le *Figaro*, ayant, en juillet 1877, cherché à réveiller d'anciennes dissidences :

« Voilà, dit le malade avec impatience, qui n'est point exact. » Puis haussant les épaules, il continua : « Qu'importe, d'ailleurs! Est-ce qu'il ne faut pas tenir compte du cours des événements et du poids des années? »

Lanfrey, comme je l'ai dit, fuyait résolûment la discussion, afin de ne pas se laisser entraîner par la passion. Mais il n'était pas ennemi d'une petite guerre qui naissait parfois dans nos entretiens, et où il n'obtenait pas toujours le dernier mot. L'attraction qu'il ressentait pour ce genre d'escarmouche m'était indiquée d'une tout aimable façon. Il venait me trouver, le soir, quand il me devinait seule, donnant ainsi à une vieille amie la soirée promise ailleurs, là où il aurait rencontré de jeunes et attrayantes beautés. Jamais il n'avait plus de gaieté et d'abandon que dans ces conditions.

« Mon ami, lui disais-je quelquefois, connaissant que vous faites acte de liberté et preuve d'indépendance, vous jouissez vivement en dérobant cette soirée à mon profit. » Il était trop sincère pour le nier.

En octobre 1875, Lanfrey fut nommé sénateur inamovible. Ce fut une véritable satisfaction pour ses amis. Dans cette position honorable, conquise par une capacité politique incontestable, on pensait qu'il pourrait achever son grand travail historique, et ne pas s'exposer, aussi assidûment qu'il le faisait comme député, à la fatigue des perfides et funestes voyages de Versailles. Parmi les compliments adressés au nouveau sénateur, il parut particulièrement sensible à celui de son ami Chenavard. La sincérité sans complaisance du caractère de ce dernier y donnait du prix. Je le répétai au philosophe ami, qui sourit doucement, et me conta qu'en cette même rencontre, Lanfrey l'interrogea sur le jugement qu'il portait de l'*Histoire de Napoléon Ier* dans son ensemble. Cinq volumes étaient publiés alors qu'il s'occupait du sixième et dernier.

« Je fais grand cas de l'œuvre, répondit Chenavard ; l'exactitude des faits est merveilleuse ; la conduite ainsi que les motifs déterminants de Napoléon sont stigmatisés comme ils le méritent : c'est d'une plume inflexible, avec un grand talent d'écrivain ; c'est buriné. Mais je vous reproche de n'avoir pas saisi chez cet homme extraordinaire le côté artistique ; car c'était avant tout un artiste, un très grand artiste, en l'art militaire et celui de gouverner les hommes. Là on reconnaît son origine italienne. Supposez un Français tentant la même partie ? Il eût été hardi, chevaleresque et ne l'eût pas gagnée. Napoléon ne fut ni comédien, ni tragédien, quoi qu'en ait dit un pape. Il fut artiste, et de cette organisation part le souffle poétique qui, à travers ses erreurs, ses fautes et ses crimes, assure sa domination sur tout ce qui l'approche, exaltant l'enthousiasme jusqu'au dévouement. »

L'historien écoutait attentivement, la tête inclinée, suivant son habitude méditative. La promenade se continua silencieuse. Arrivé devant sa porte, rue Abbatucci, il serra la main à Chenavard. « J'en tiendrai compte, dit-il, et cela dans le résumé de l'œuvre ! »

Nul doute que le souvenir de cette conversation n'ait exercé une grande influence sur la résolution prise par Lanfrey avant son départ pour le Midi, de brûler le dernier volume s'il ne pouvait l'achever. Sa conscience scrupuleuse ne pouvait supporter l'idée que son œuvre dût rester incomplète.

Lanfrey, au Sénat, n'aborda pas plus la tribune qu'il ne l'avait fait à la Chambre des députés. Non, comme certains se plaisaient à le dire, empêché par un léger défaut de prononciation, lequel disparaissait aussitôt que sa parole s'animait : parole ardente, vigoureuse, d'une logique puissante et serrée. L'entrave venait, hélas ! de cette affection de poitrine longtemps combattue, toujours renaissante, et qui nous l'a enlevé au moment même où il était appelé à jouer un rôle important au Sénat. Le souffle et le son à la fois lui faisaient défaut. Que d'efforts faits par ses amis, durant cette dernière année d'existence, afin de lui éviter l'impression pénible qu'il aurait ressentie en constatant à quel point sa voix était affaiblie !

Je fus mise à ce genre d'épreuve lors d'une de ses dernières visites à Paris au commencement de janvier 1877.

« Son dimanche n'était pas libre, me disait-il, il allait presque toujours chez M. Thiers.

— Je ne puis imaginer, mon cher Lanfrey, vos rapports de conversation avec M. Thiers. Quels sont-ils donc ? demandai-je.

— Ils sont faciles, me fut-il répondu ; je l'écoute attentivement, le trouvant prodigieux dans ses facultés variées — et ne répliquant pas. Je ne le contrarie jamais.

— Lui avez-vous vraiment pardonné, continuai-je en plaisantant, votre terrible dissection de son œuvre sur l'empire? Lui, Thiers, j'en suis persuadée, n'en conserve aucune rancune. C'est une des précieuses facultés de cet homme politique. Mais je voudrais bien savoir si, entre vous deux, jamais l'historien ne paraît?

— Votre question, ma chère amie, tombe singulièrement. Il y a trois semaines environ, placé à table près de lui, il se pencha tout à coup vers moi et, pour la première et seule fois, me dit : « Ah! mon cher! si je vous avais connu quand j'ai écrit mon histoire de Napoléon... »

Impossible de distinguer ce qui suivit.

« De Napoléon? » fis-je pour l'amener à répéter. Je voyais les lèvres s'agiter et pas un son ne les effleurait. Douloureusement affectée de ce triste symptôme, je fis comme si j'avais entendu. Devinant à sa pantomime expressive qu'il y avait lieu de s'étonner, j'articulai un : « c'est fort curieux ! » me proposant de reprendre ce sujet un autre jour. — Un autre jour! Mais les heures étaient comptées; une seule fois encore il revint chez moi, et ce fut la dernière.

Je lui avais arrangé un vrai plaisir musical. Moelleusement, chaudement assis près du feu, il ne put épuiser la complaisance de deux excellentes musiciennes, attendries de le voir si malade, et cependant si heureux en les écoutant.

Alternativement du Gluck et du Gounod délicieusement chanté par l'aimable Mme Henri S...r; puis du Mozart exécuté à quatre mains avec la ci-devant miss Julietta, qui, devenue femme, justifiait la beauté que Lanfrey lui avait prédite. Il se laissait persuader au Schumann par l'expression avec laquelle elle le rendait. Lui servant une tasse de thé, elle ramena le souvenir du déjeuner en voyage et l'égaya. Puisque, sans fatigue, ce concert, en plein jour, à huis clos, se pouvait renouveler, nous prîmes tous rendez-vous pour la semaine suivante.

Le malade, ranimé, accepta, et, s'agenouillant sur une chaise basse, il sut dire avec tant de vivacité et de grâce sa gratitude, que l'expression maladive s'effaça de ses traits. Ce fut, huit jours après, avec une surprise attristée, qu'en recevant sa carte, à l'heure où nous l'attendions, nous pûmes lire écrit au crayon :

« Je suis honteux d'être obligé de convenir que je ne peux plus monter un étage! »

A dater de ce jour, j'allai voir souvent Lanfrey, qui ne sortait plus. Je le jugeais bien malade. Je m'étudiais à l'empêcher de parler, loin de chercher à ramener la conversation dans laquelle, à mon vif regret, l'aveu historique de M. Thiers m'avait échappé, anecdote qui aurait aujourd'hui un véritable intérêt rétrospectif. Le départ du malade pour le Midi fut décidé, sans qu'un mot écrit ou parlé pût, dans ses adieux, témoigner le sentiment d'un prochain danger; tandis que tous ceux qui le voyaient se demandaient : Ce long voyage dans cet état faible et fiévreux, le supportera-t-il?

Il arriva à Pau, mourant. Cependant, quelques semaines plus tard, on put constater une remarquable amélioration. Il m'écrivit une charmante lettre, en me priant d'être pour lui une correspondante généreuse. En même temps, par un de ses amis, j'apprenais combien de fois il avait dû prendre et quitter la plume pour parvenir à tracer ces caractères tremblés. Je promis d'écrire souvent, ne demandant comme réponses que de courts bulletins. En juillet, il se plut à m'annoncer lui-même, comme grand progrès, un retour de forces. Son écriture était devenue celle de jadis. Près Pau, à Billère, il habitait le château de Montjoly. La situation en est charmante ; il s'y plaisait. J'avais mis le malade en rapport avec le jeune préfet des Basses-Pyrénées, qui, tout de suite, lui devint sympathique. Ses visites lui étaient une distraction. Lanfrey approuva la démission donnée par le préfet à l'époque des élections d'octobre. Il se consolait de cet éloignement par la conviction d'un prompt retour. « L'état de choses ne peut durer, me mandait le malade, le pays est devenu républicain. Ce n'est pas à cette heure une question de partis ; c'est une pure question de personnes. » La satisfaction intime que donne une prédiction justifiée lui fut, hélas ! refusée. Lanfrey mourut à Pau le 16 novembre 1877. Il est enterré à Billère, à la place même que, par une belle journée d'août, il avait désignée d'un geste de main, murmurant : « Il ferait bon reposer là ! »

Une amitié dévouée y a fait construire un tombeau d'un style sévère et de bon goût. Sur le marbre sont gravées les paroles prononcées par M. le duc d'Audiffret-Pasquier, président du Sénat, en faisant l'éloge funèbre de Lanfrey, sénateur :

UN MÊME SENTIMENT SEMBLE AVOIR DICTÉ SES ÉCRITS
ET DOMINÉ SA CARRIÈRE POLITIQUE :
L'AMOUR DU PAYS ET DE SES LIBERTÉS

Tous ceux qui ont pu voir de près Lanfrey, durant cette agonie de dix mois, se sont certainement demandé s'il avait conscience d'un danger imminent, s'il se faisait illusion, ou si son courage lui faisait supporter sans une plainte les rapides progrès de son dépérissement.

L'ouverture du testament résout la question. Écrit en mars 1877, il fut déposé chez son notaire au moment de quitter Paris. Il y dispose de son petit patrimoine, sans oublier un des siens. Aux amis désignés comme exécuteurs testamentaires, il confie le secret de sa volonté, à savoir : « *Brûler, sans le lire, le sixième volume de l*'Histoire de Napoléon I*er*. » Pour qu'il fût achevé, cinquante pages s'y devaient ajouter.

A Paris, au moment des adieux, comme j'attachais mon regard sur le gros manuscrit placé en travers de sa table de travail, l'historien devina ma pensée. « Je vous comprends, madame la Présidente, dit-il, souriant mélancoliquement, il manque au livre un résumé. C'est une partie indispensable. »

Par un codicile ajouté cinq mois plus tard au testament, la défense de lire le manuscrit, et sa condamnation au feu, ont été renouvelées. Toute la fermeté d'esprit, la vigueur de caractère de l'historien se retrouvent dans cette décision.

Grâce aux soins assidus et intelligents dont le malade était entouré, les souffrances des dernières heures lui furent adoucies. Lanfrey mourut sans que son esprit faiblît un instant.

Jusqu'à son dernier souffle, sa religion fut le culte de l'honneur, entre toutes les religions, certes, la plus sévère et la plus exigeante.

Avec l'honneur il n'est point d'accommodement!

HENRI HEINE

M. Heine et M. Gerusez, promoteurs d'Alfred de Musset. — Lettre d'envoi à Mme C. J. du livre de Heine sur l'Allemagne. — Deux billets d'excuse. — La princesse Belgiojoso. — Victor Cousin. — Le compositeur Bellini. — Jettatura. — Choucroute et ambroisie. — Malitourne pour J.-J. Rousseau. — Mme Heine. — Une dernière visite. — La voix de fauvette. — Sur Théophile Gautier et Gérard de Nerval. — Mme Kalergis. — *L'Éléphant blanc*. — Lettre de Heine. — La petite fée. — Béranger. — Une épithète mal comprise. — *Moribondage* et jalousie. — MM. Thiers, Guizot et Cousin en rêve. — Augustin Thierry. — La petite Véronique. — Oraison funèbre du perroquet. — La crise suprême. — La femme noire et le coin divin.

Dans un bal donné à Paris durant l'hiver de 1835, Henri Heine me fut présenté. Il parlait alors le français avec quelque difficulté, toutefois exprimant sa pensée sous une forme piquante; des cheveux d'un blond chaud, taillés droits, un peu longs, le faisaient paraître plus jeune que son âge, qu'il m'indiqua en riant. « Je suis, disait-il, le premier homme de mon siècle. » A travers une conversation animée, je remarquai qu'il s'impatientait à rencontrer sans cesse notre admiration française, placée sur les mêmes noms de Gœthe, Byron ou Victor Hugo. Aussi, apercevant Alfred de Musset dans un groupe de valseurs : « Je ne comprends rien aux Parisiens, dit-il; à vous entendre parler poésie, on vous croirait amateurs forcenés, et je vois là un poète par excellence, qui vous appartient par droit de *nativité*... Eh bien, je constate que, parmi les gens du monde, il est aussi inconnu comme auteur que pourrait l'être un poète chinois ! »

A cette date, la critique était fondée ; la *Ballade à la Lune* et la *Chanson de la Marquise andalouse*, d'Alfred de Musset, composaient le bagage littéraire des salons, bagage d'après lequel le jeune écrivain était plaisanté, jugé ou évalué. Nous avons encore présent l'étonnement de l'auditoire, lorsqu'un soir, au milieu d'une trentaine de personnes réunies chez moi, M. Geruzez, professeur suppléant de M. Villemain au cours de littérature de la Sorbonne, prit spontanément en main la cause du poète nouveau, et, à l'appui de son enthousiasme, récita la belle tirade du duel, dans *Don Paez*, une des premières poésies d'Alfred de Musset, combat qui commence par ces vers :

> Comme on voit dans l'été, sur les herbes fauchées,
> Deux louves remuant les feuilles desséchées
> S'arrêter face à face et se montrer la dent....

M. Geruzez, ensuite, commenta, avec l'esprit fin et délicat qui lui était propre, y joignant l'autorité de son savoir, la beauté de cette poésie, et osa dire : « C'est une étoile qui se lève. »

La bonne fortune d'une rencontre avec Heine eut un lendemain. Je reçus de lui la lettre suivante :

> J'ai l'honneur, madame, de vous envoyer ci-joint mon livre sur l'Allemagne. Je vous invite de lire la sixième partie ; j'y parle des ondines, des salamandres, des gnomes et des sylves. Je sais bien que mes connaissances par rapport à cette matière sont très incomplètes, quoique j'aie lu, dans l'idiome original, les œuvres du grand Aureolus, Theophrastus, Paracelsus, Bombastus de Hohenheim. Mais lorsque j'ai écrit mon livre, je n'avais jamais vu de ces esprits élémentaires ; je doutais même qu'ils fussent autre chose que des produits de notre imagination, qu'ils n'habitent pas les éléments, mais seulement le cerveau de l'homme... ; cependant, depuis avant-hier, je crois à la réalité de leur existence.

... Ce pied que j'ai vû avant-hier ne peut appartenir qu'à un de ces êtres fantastiques dont j'ai parlé dans mon livre ; mais est-ce que c'est le pied d'une ondine ? — je pense qu'il est glissant comme l'onde et qu'il pourrait bien danser sur l'eau ;

Ou appartient-il à une salamandre ?

« Il ne fait pas froid, dit Joseph Marteau à Geneviève, quand le pied de la belle fleuriste embrase son imagination [1]. »

Peut-être c'est le pied d'un gnome, — il est assez petit, mignon, fin et délicat pour cela, — ou le pied d'une sylve ? La dame est véritablement si aérienne, si féerique... Est-elle bonne ou méchante ?

Je n'en sais rien ; mais ce doute me tourmente, m'inquiète, me pèse. C'est vrai ! je ne plaisante pas.

Vous voyez, madame, que je ne suis pas encore assez avancé dans la science occulte, que je ne suis pas grand sorcier ; je ne suis que votre très humble et très obéissant serviteur.

HENRI HEINE.

Le 22 avril 1835.

Le plaisant qu'avait pour moi la fin de cette lettre, où Henri Heine exprimait par un doute son inquiétude sur ma bonté, venait de ce que précisément la première impression qu'il m'avait laissée était de manquer de cette précieuse qualité, qui n'exclut nullement la malice, qu'on peut regarder comme le hochet de l'esprit. Fréquemment avivée par ses propos, cette impression empêcha longtemps mon amitié de répondre à la sienne. Toutefois l'attrait exercé par son imagination, l'amusement qu'éveillait son esprit faisaient fort goûter sa présence dans une petite réunion ; il animait, brillait ; son esprit, pailleté en quelque sorte, devenait un élément précieux ; souvent, je lui demandais de se joindre à mes convives quand ils pouvaient lui plaire ; il apportait une exactitude aimable dans tous les rapports de société. S'il était attendu, ne pouvait-il venir, un mot d'excuse vous prévenait à temps. Pour faire connaître la note de son tour familier, nous allons copier deux billets pris au hasard :

1. Roman d'*André*, par George Sand.

Madame,

Je vois avec grand plaisir que vous vous obstinez à ne pas m'oublier. Je vous en remercie ; vous ne savez donc pas que je suis mort depuis longtemps ?

Cela ne m'empêcherait pas de venir dîner chez vous aujourd'hui, vu que ma dépouille mortelle m'a survécu ; mais je souffre dans ce moment d'une migraine posthume assez fastidieuse. Je ne peux pas venir, et soyez persuadée que je le regrette beaucoup ; vous savez ce que c'est que la migraine, ce petit enfer qu'on porte dans le cerveau.

Je viendrai, madame, ces jours-ci, vous remercier en personne. En attendant, je prie les dieux immortels de vous prendre dans leur sainte et digne garde.

Lundi matin.

HENRI HEINE.

Petite Fée !

Comme un jeune étourdi que je suis, j'ai oublié hier qu'il est nécessaire que je sois encore aujourd'hui de retour à Montmorency ; je ne peux donc pas dîner avec vous, et je ne vous reverrai qu'à Marly, où j'irai probablement samedi. Je mentirais beaucoup si je disais que le plaisir que je ressens toujours en vous revoyant ne soit pas de ceux qui me rendent la vie quelque peu supportable.

Mercredi matin.

Votre tout dévoué,

HENRI HEINE.

La campagne de Marly, rendez-vous indiqué dans ce billet, était habitée par la princesse de Belgiojoso, chez qui aussi nous nous retrouvions souvent. Henri Heine admirait beaucoup son genre de beauté, à la fois étrange et classique, son intelligence vive et sérieuse, son esprit passionné et piquant. Cette riche nature, fortement contrastée, préoccupait l'observateur. Prompt à l'enthousiasme, l'esprit de la princesse était trop pénétrant pour ne pas l'obliger souvent à revenir sur ses pas. A ce sujet, le poète allemand avait essayé quelques plaisanteries, en traitant d'engouement les opinions de la belle Milanaise. Mais la réplique, dardée sans ménagement, le guérit bien vite de cette velléité. Désormais il préféra discuter ou ferrailler avec ceux que le hasard amenait tour à tour, littérateurs, académiciens ou philosophes, dans le cercle de Mme de Belgiojoso. Parmi ces derniers se rencontrait Victor Cousin, auquel alors Henri Heine était très hostile. C'était un faux savant, prétendait-il, qui se parait des plumes de tous les philosophes allemands. Sans cesse il s'ingéniait à le lui faire sentir. Entraîné par la conversation, Cousin commençait-il à systématiser sa pensée : « Je sais, je sais ce que vous voulez dire, interrompait Heine : c'est la théorie de Fichte, qui fut poursuivie par Schelling, » et il entamait la controverse comme s'adressant personnellement au philosophe qu'il avait désigné. Une ou deux interruptions aussi déplaisantes coupaient court à la verve de Cousin, qui se retirait, préférant à ce pugilat philosophique l'auditoire enthousiaste auquel il était accoutumé.

Une fois maître de la place, le caractère germanique du poète se retrouvait dans la persistance qu'il mettait à poursuivre son attaque. Cet esprit qui, pour le trait incisif, plaisant ou délié, a si souvent, avec raison, été comparé à celui de Voltaire, n'avait pas toujours dans la conversation la légèreté de touche vraiment française ; il ne savait pas lâcher un sujet, mais s'y obstinait. Ainsi, pour continuer son attaque contre Cousin, il établissait tout à coup un parallèle avec M. Mignet, opposant aux plagiats du premier, qu'il détaillait d'une façon piquante, l'honnêteté, la droiture consciencieuse, le talent de bon aloi de l'historien. « Jamais celui-là ne cache les sources où il puise ! à la bonne heure ! voilà un écrivain ! vrai, juste, sobre, une belle âme ! »

Après cet éloge sincère, la pointe accoutumée de persiflage reparaissait :

« Oui, je dis : une belle âme ! douée de cette beauté particulière comprise de suite par les femmes, parce qu'elle se manifeste dans la pureté des lignes du visage ; elle saute aux yeux, peut-on dire, parle toutes les langues, constitue une âme cosmopolite ! »

Mais une victime sur laquelle la malice d'Henri Heine s'exerçait avec un véritable entrain était le charmant compositeur Bellini, comme lui au nombre des visiteurs qui, à la campagne, demeuraient parfois les hôtes de la princesse de Belgiojoso. — Blond, blanc, rose, et bon garçon, avec un parler et des manières enfantines, le jeune maestro, alors à l'apogée de sa gloire, fêté, adulé par les plus jolies femmes de Paris, à la mode en un mot, pouvait s'appliquer ce vers de la *Jeune Captive :*

Ma bienvenue au jour me rit dans tous les yeux.

Son existence s'écoulant dans ces conditions moelleuses, la raillerie lui devenait d'autant plus sensible. Pour son malheur, il avait naïvement avoué qu'il était fort superstitieux. Or, notre poète allemand, qui, pour reposer sa vue déjà affaiblie, portait fréquemment des lunettes, se trouvait ainsi remplir une des conditions essentielles d'un *jettatore*. Il fallait le voir exploitant la faiblesse avouée du jeune Italien, et toutes les mines de Méphistophélès dont il accompagnait cette petite guerre ; quand le matin, à la campagne, ils jouaient au billard l'un contre l'autre, de la main demeurée libre le craintif maestro faisait tout le temps des cornes afin de conjurer le mauvais esprit ; Heine, qui le voyait en dépit de ses précautions, était fort réjoui de la crainte qu'il inspirait, et, poursuivant son rôle :

« Oui, oui, disait-il, faites la bille, carambolez, jouissez, vivez vite, mon cher ami : votre immense génie vous condamne à mourir jeune, très jeune, comme Raphaël, Mozart, Jésus...

— C'est affreux ! ne dites pas des méchancetés, s'écriait Bellini, ne parlez pas de mort. — Princesse ! défendez-le-lui. »

En vain, Mme de Belgiojoso répondait à l'appel ; sous le prétexte d'explications, l'attaque continuait :

« Mes craintes sont probablement chimériques. — Princesse, vous-même, pensez-vous qu'un génie nouveau se soit révélé ? » Et, comme dernière taquinerie, il ajoutait :

« Du reste je ne connais pas une note des œuvres de votre charmant compatriote ; vous voyez donc bien que ma menace est innocente. »

Puis, s'adressant à Bellini :

« Espérons, mon cher ami, qu'il y a de l'exagération dans la réputation que le beau monde vous fait. Votre visage de chérubin rassure mon cœur sur votre existence. »

Cependant le maestro n'avait point goûté cette plaisanterie funèbre, il en gardait rancune. Ce fut dans une pensée de réconciliation que je voulus les réunir de nouveau chez moi, avec la princesse de Belgiojoso et quelques amis.

Le jour indiqué, l'heure du dîner sonnée, Bellini n'arrivait pas. Décidément il a peur du *jettatore*, disions-nous en riant. La porte s'ouvre, c'est lui ! Non : à sa place un mot d'écrit, par lequel l'auteur des *Puritains* exprimait un vrai chagrin de se trouver trop malade pour se joindre à nous.

« Cela m'inquiète, dit la princesse ; pour renoncer, il faut que mon pauvre Bellini soit très souffrant. Il se faisait une fête de ce dîner. »

Je me lamentais aussi, tout en relisant le billet.

« Voilà bien les femmes, dit Heine ; s'inquiéter d'un

bulletin de santé écrit de la main du malade lui-même, et sur un papier glacé d'un jaune tendre! Voulez-vous m'en permettre la lecture?

« Eh bien, selon moi, on ne peut rien lire de plus rassurant: caractères moulés, papier parfumé; au ton des regrets, on les croirait tracés avec une canne à sucre... mais serait-ce vraiment un grand compositeur qui a confectionné ce billet? Je croirais plutôt que c'est l'œuvre du jeune Werther, qui s'est dégagé pour tenir compagnie à sa Lolotte. »

Et, sur ce commentaire, il partit d'un large éclat de rire, car ses propres malices le divertissaient fort.

Quatre jours plus tard, Bellini était mort, enlevé par une sorte de choléra. En apprenant cette nouvelle de la bouche d'un de nos amis, Heine dit en souriant: « Je l'avais prévenu! »

Il soutenait avec fatuité son rôle de prophète[1].

Des traits de ce genre me retenaient; le spectacle de ses souffrances, la constance héroïque avec laquelle il les subissait parvinrent seuls à forcer mon amitié. Je ne pus non plus demeurer indifférente au plaisir que lui causait ma présence, tandis qu'étendu sur son lit de misère, il refusait d'admettre la plupart des visiteurs; à la longue, je devins même plus indulgente en constatant qu'il disait souvent des méchancetés sans autre intention que de les dire, et non avec l'intention de nuire.

Les premières atteintes de paralysie se firent sentir chez Heine deux ou trois ans avant de l'envahir com-

---

1. Voir édition Lévy, 1856, les *Nuits florentines*. La soirée, telle qu'Henri Heine la raconte, avait eu lieu deux mois avant la fin de Bellini. Elle a été rapprochée de la mort par un procédé artistique; ce ne sont d'ailleurs ni confessions ni mémoires que publiait le poète, mais d'exquises fantaisies, où s'alliaient et se confondaient la réalité et l'imagination.

plètement; il parlait en badinant de son mal; comment l'eussions-nous pris au sérieux ?

« Je perds la vue, disait-il, et comme le rossignol je n'en chanterai que mieux. »

Une autre fois, au travers de mille plaisanteries, il annonçait que le muscle facial du côté droit devenait d'une paresse déplorable.

« Hélas ! disait-il, je ne puis plus mâcher que d'un côté, plus pleurer que d'un œil! je ne suis plus qu'un demi-homme. Je ne puis exprimer l'amour, je ne puis plaire que du côté gauche. O femmes ! à l'avenir, n'aurai-je plus droit qu'à la moitié d'un cœur ? »

Tout cela, débité d'un ton tragi-comique, laissait croire à nous autres mondains que ce n'était qu'un thème, sur lequel s'exerçait la fantaisie du poète. Cependant le temps s'écoulait, et bientôt il fallut constater que la paupière s'abaissait sur l'œil droit et que, de ce même côté, le visage était devenu immobile, ce qui formait un singulier contraste avec la physionomie animée du côté gauche. Par ce double aspect, sa figure semblait subir l'influence d'un esprit absolument partagé entre la prose et la poésie. Il en était ainsi, et sans cesse il en fournissait la preuve en conversation. Je me souviens comment un jour, stimulé sans doute par la présence de Malitourne, homme de lettres et d'esprit, il avait, par des images abondantes et poétiques, idéalisé son sujet; nous écoutions vivement intéressés, quand, sans transition, il se prit à se vulgariser par des comparaisons grotesques.

Indignée :

« Peut-on ainsi créer des féeries pour les détruire ? m'écriai-je, pour les avilir ?

— Ma chère amie, une choucroute arrosée d'ambroisie, telle est mon image ! »

Un éclat de rire accompagna ce trait décoché contre

lui-même, rire auquel Malitourne joignit le sien volontiers.

« Eh bien! repris-je, si je suis en froid avec le poète, je ne le suis pas avec le bourgeois, et je lui demande de s'entendre avec M. Malitourne pour se trouver à table ensemble devant une formidable choucroute.

— Aïe, aïe! ma santé! gémit Heine; sortir le soir, s'habiller en ce moment est au-dessus de mes forces.

— Venez en robe de chambre!

— Non, madame, vous ne me verrez jamais, comme Jean-Jacques Rousseau, costumé en Arménien pour me faire regarder. »

A ces mots, devenu rouge cramoisi, se levant droit de sa chaise, comme mu par un ressort, Malitourne, d'une voix stridente, s'adressant au poète :

« Monsieur, dit-il, ceux qui souffrent du même mal que Jean-Jacques ont seuls le droit de juger sa conduite; je dirai plus : ceux-là seuls atteints de ce mal sont dignes de lire les *Confessions!*... »

Puis, tout ému, il se rassit.

Quelle plaisante physionomie avait prise Henri Heine durant cette sortie singulière : les coins de la bouche abaissés, le nez en l'air, regardant sous ses lunettes bleuâtres!

Il se leva à son tour :

« C'est un point de vue dont je profiterai, fit-il en nous saluant, et je vais déposer ma carte à l'Ermitage en arrivant à Montmorency. »

Quelques années plus tard, la mort de Malitourne devint le commentaire de cette singulière anecdote. Atteint en effet de la même maladie que Rousseau, de cruelles souffrances amenèrent des désordres d'esprit et des bizarreries telles qu'il dut finir ses jours dans une maison de santé.

Comme je l'ai déjà indiqué, les traces de la paralysie

chez Heine devenaient, à chaque rencontre, plus visibles. Il n'était plus possible de se faire illusion sur l'avenir qui le menaçait. J'aimais à penser alors qu'il était marié, quoique ce mariage eût paru singulier dans les conditions où il fut contracté.

En 1835 ou 1836, un désespoir amoureux fit connaître aux amis du poète son attachement, sa liaison avec une jeune et jolie ouvrière, et la rupture de ce lien à la suite d'un violent accès de jalousie. Il en parlait à tous venants, au lieu de confier prudemment sa peine aux arbres et aux rochers muets, selon l'antique usage. Voulait-il nous dérouler ses griefs, on paraissait s'étonner de sa surprise. On lui rappelait ses propres paroles : « Le papillon ne « demande pas à la fleur : As-tu déjà reçu les baisers « d'un autre papillon? et celle-ci ne lui dit pas : As-tu « déjà voltigé autour d'une autre fleur ? »

Cependant, ne voulant pas mourir de douleur, mais bien guérir, il s'appliquait assidûment à devenir épris ailleurs. Pouvait-il plaire en ramenant sans cesse le souvenir de celle qu'il pleurait, *de sa petite*? On lui imposait silence. La terminaison de cette crise amoureuse fut que, ne pouvant ni se déshabituer ni se consoler, après plusieurs mois de séparation, on s'était raccommodé. Lequel des deux avait pardonné? J'appris en même temps qu'il avait mis la jeune fille dans un pensionnat. Cette tentative d'éducation me parut indiquer que, dans son cerveau, commençait à bourdonner une arrière-pensée de mariage : aussi ne fus-je que médiocrement surprise lorsque plus tard le fait accompli me fut annoncé par lui. Il crut devoir le présenter comme un cas de conscience; à la veille d'un duel, il avait trouvé du devoir d'un honnête homme d'assurer le sort *de sa petite*. A cet effet, la partie de pistolet fut différée jusqu'après la cérémonie du mariage. Tout cela fut débité avec une certaine gêne, contrastant avec son aisance accoutumée.

Mais quel est l'homme qui ne témoigne quelque embarras en annonçant qu'il vient d'engager sa liberté ? Je ne fis aucune question, ne marquai point d'étonnement, et lui demandai en riant la permission d'annoncer cet événement à Rossini, que cela rendrait particulièrement heureux.

« Et pourquoi ? s'enquit d'un air inquiet Heine.

— Par esprit de corps sans doute, répondis-je ; il se plaît à compter d'illustres confrères. Ici même, il y a peu de jours, m'entendant nommer Mme Berryer : « Comment ? demanda Rossini tout surpris, est-ce que mon ami Berryer serait marié ? — Vraiment, oui, dis-je, et depuis nombre d'années, avec une très jolie femme. » Alors le grand maëstro, ivre de joie, s'écria : « Quel bonheur ! penser que lui aussi possède une femme légitime, une légitime épouse ! Tout comme moi ! Voilà une idée qui me donne autant de satisfaction que la vue d'un excellent macaroni ! »

— Eh bien, reprit bravement Heine, ajoutons à son bonheur celui de connaître que je suis désormais exposé comme lui à toutes les intempéries du mariage, et qu'il mette la chose en musique, tandis que je la poétiserai. Qu'il sache aussi que c'est le pistolet sur la gorge que mon bonheur s'est décidé. »

Il revenait alors sur ce duel, où son adversaire était un Allemand. Il fit une charmante peinture de l'endroit du rendez-vous où le combat avait eu lieu et de la singularité de ses émotions.

« Le ciel était si pur, si bleu ! tous les pommiers en fleur ! autour de moi s'exhalaient des parfums champêtres qui centuplaient ma vitalité ; j'adressai une invocation à Flore et Pomone. En face de la mort, tout mon paganisme m'est revenu au cœur. Dieu sans doute n'a pas voulu que je fusse frappé d'une balle au moment où je n'avais en tête que les belles choses de ce monde... celles qui parlent aux sens. »

Hélas! pauvre poète! le moment approche où tu ne retrouveras qu'en rêve ces splendeurs de la nature, par lesquelles ton génie se sentait si vivement éveillé.

Une année s'était écoulée, tandis qu'absorbée par des inquiétudes de famille, j'avais perdu de vue tout autre intérêt.

Ayant retrouvé quelque liberté d'esprit, je donnai signe de vie à Henri Heine, et cela sous la forme qui pouvait vraiment le toucher, en mêlant le nom de sa femme, de sa Juliette, à mon souvenir. Voici la réponse qu'il m'adressa :

Ce 13 avril 1847.

Je vous remercie, madame, de vos dernières petites lettres et de vos autres dragées. Juliette, comme vous l'avez prévu, a croqué presque toute la boîte. Que vous êtes aimable!

J'ai passé un terrible hiver, et je suis étonné de n'avoir pas succombé. Ce sera pour une autre fois.

Je suis enchanté de ce que vous me dites de madame votre fille; ça est jeune et rétablissable. Je viendrai très prochainement chez vous. Je suis curieux de voir Mme de Grignan comme reconvalescente.

Elle doit avoir beaucoup maigri, et la maigreur lui donne sans doute un charme tout nouveau. Au bout du compte, la chair cache la beauté, qui ne se révèle dans toute sa splendeur idéale qu'après qu'une maladie ait animé le corps; quant à moi, je me suis adonisé, à l'heure qu'il est, jusqu'au squelettisme. Les jolies femmes se retournent quand je passe dans les rues; mes yeux fermés (l'œil droit n'est plus ouvert que d'un huitième, mes joues creuses, ma barbe délirante, ma démarche chancelante, tout cela me donne un air agonisant qui me va à ravir! Je vous assure, j'ai dans ce moment un grand succès de moribond. Je mange des cœurs; seulement je ne peux pas les digérer. Je suis à présent un homme très dangereux, et vous verrez comme la marquise Christine Trivulzi deviendra amoureuse de moi; je suis précisément l'os funèbre qu'il lui faut.

Adieu, toute bonne et toute belle! que Dieu vous préserve d'embellir à ma manière. Je vous recommande à sa sainte et digne garde.

HENRI HEINE.

Ce trait adressé à la marquise de Trivulce[1] sur le moyen de lui plaire, était une petite vengeance des railleries dont furent toujours accueillies les plaintes de Henri Heine, soit au sujet de sa *petite,* soit lorsqu'il prétendit changer l'admiration platonique dont la princesse était l'objet en flamme amoureuse. Ce n'était pas sans une certaine jalousie qu'il voyait le vif intérêt qu'éveillait dans ce cœur féminin le spectacle des souffrances physiques, et entre autres, le malheur de l'illustre aveugle Augustin Thierry devenu veuf. Elle l'attirait près d'elle et s'intéressait à ses travaux historiques avec une amitié dévouée. Plus tard, au contraire, Heine apprécia vivement cette charité amicale, et il gémissait souvent d'en être privé durant le long exil en Orient de Mme de Belgiojoso.

Avant d'aller plus loin, je copierai une note écrite sous l'impression immédiate d'une visite que me fit le poète malade à la date du 26 novembre 1847.

« Henri Heine est venu me voir... me voir? hélas! ses paupières paralysées tiennent ses yeux fermés. Le mal paraît grandir. Son pauvre corps n'a plus que le souffle, mais l'esprit toute sa vigueur.

« Il m'a parlé de sa mère qui habite Hambourg. Il lui écrit tous les jours pour la rassurer, quelque pénible que soit pour lui cette tâche dans l'état de sa vue. Les gazettes allemandes ont publié le triste mal dont il est atteint. Alors Henri Heine a imaginé de persuader à sa vieille mère que le faire passer pour mourant était une ingénieuse spéculation, de l'invention de son libraire.

« Tout ferme que je suis, a-t-il ajouté, hier je fus pris d'un attendrissement en recevant une lettre de ma mère, qui me mandait qu'elle adressait chaque jour du fond de

---

[1]. Nom de famille de la princesse de Belgiojoso.

son cœur ses remerciements à Dieu de ce qu'il conservait à son cher fils la santé.

« Et Dieu accepte cela sans remords ! Ah ! c'est bien là un Dieu barbare, de la façon des Égyptiens. Ce n'est pas une divinité de la Grèce qui traiterait ainsi un poète, il le frapperait de la foudre ! Mais le faire mourir misérablement pièce à pièce... »

« Que de pensées éveillées par ces mots ! Aussi un long silence les suivit, lorsque, continuant à haute voix sa pensée, Heine reprit :

« Ce peuple égyptien ne connaissait pas les arts, ni n'en n'avait souci..... Pour être sincère, j'ajouterai qu'au travers de toute cette misère physique, dans la solitude, je suis moins à plaindre que bien d'autres. Je sens, je ne dirai pas ma valeur, mais mon essence, et je sors de moi-même. »

« —Eh bien, demandai-je, cette séparation entre la matière et l'esprit vous devenant chaque jour plus sensible, quel tour prennent alors vos idées sur l'immortalité ou sur le néant ?

« Longtemps Heine hésita, de cette façon qui témoigne une profonde incertitude. Puis, poussant un soupir, il répondit :

« Et pourtant il y a un coin de divin dans l'homme ! »

Ce fut au commencement de janvier 1848 qu'Henri Heine me fit sa dernière visite. Il s'était fait porter sur le dos de son domestique, de la voiture à mon second étage. Après cet effort, à peine déposé sur un canapé dans le salon, il fut saisi par une de ces terribles crises qui ont persisté jusqu'à son dernier jour : des crampes partant du cerveau et qui se prolongeaient jusqu'à l'extrémité des pieds. Cette souffrance intolérable ne cédait qu'à l'application de la morphine. On en saupoudrait des moxas, posés successivement et entretenus le long de l'épine dorsale ; plus tard j'ai tenu de lui ce détail effrayant, qu'il était arrivé à absorber pour cinq cents francs par an de ce poison calmant.

Durant la crise dont j'étais le témoin involontaire, toute tremblante à voir souffrir ainsi, je ne pouvais que répéter en moi-même : Quelle idée, quelle folie de se transporter dans un état pareil! Aussitôt que le calme parut se faire, je le suppliai de suspendre ses sorties jusqu'à ce qu'un traitement intelligent eût amélioré son état.

« Mon mal est incurable, fut la réponse. Je vais me coucher et je ne me relèverai plus. Aussi suis-je ici, ma chère amie, pour vous arracher la promesse avec serment que vous viendrez me voir chez moi et ne me délaisserez jamais. Si vous ne le jurez, je me fais rapporter, et vous cause de nouveau la belle peur de tout à l'heure. »

Alors Henri Heine, bien revenu à lui-même, se mit à tracer un tableau lamentable et comique de l'embarras où j'eusse été s'il fût mort là sur mon canapé; le public aurait de suite mêlé l'amour à l'événement. « De quel charmant roman posthume je fusse devenu le héros ! » disait-il.

« Faites-moi une nouvelle là-dessus, aurait commandé Buloz à l'un de ses lieutenants. » S'arrêtant : « Non, il eût désigné un habile capitaine, pour me faire honneur. »

Mille folies se succédaient, sans toutefois perdre de vue la promesse qu'il voulait m'extorquer. Ayant grande hâte de le savoir chez lui, je me prêtai au badinage. A peine eus-je donné la parole réclamée qu'un nouveau jet de plaisanterie éclata. C'était son habileté à tirer parti d'un incident funèbre qu'il vantait, ainsi que la façon dont il venait d'établir un droit de *moribondage* (expression favorite). A dater de ce jour, effectivement, il ne se releva plus, et je répondis toujours à son appel.

Avait-il donc deviné que je serais esclave de ma promesse? J'éprouvais une pitié attendrie à voir la patience résignée avec laquelle il subissait sa cécité, ainsi que les cruelles souffrances engendrées par la paralysie. Ni le génie poétique, ni le prodigieux esprit de Henri Heine ne pouvaient faire pressentir qu'il possédât l'héroïsme du martyr. L'épreuve en faisait un homme nouveau pour moi. Ne voyons-nous pas le paysage changer d'aspect suivant le jour qui le frappe? Il est donc naturel que les gens nous paraissent différents selon que notre pensée les éclaire.

Seule, la maladie qui l'a cloué huit ans sur un lit de misère nous a révélé son admirable fermeté.

Quelques mois après la révolution de 1848, cédant aux prières de sa femme, le pauvre malade consentit à se laisser transporter à Passy. On voulait essayer d'un changement d'air. De là me parvint le billet suivant, dont l'écriture incertaine laissait constater à première vue les ravages de la maladie :

Paris, ce 16 juin 1848.

Citoyenne,

Si vous êtes à Paris, et que vous vous promeniez un jour au bois de Boulogne, je vous prie de vous arrêter quelques moments à Passy, 64, Grande-Rue, où, dans le fond d'un jardin, demeure un pauvre poète allemand, qui est à présent complètement paralysé. Mes jambes sont devenues tout à fait inertes, et on me porte et on me nourrit comme un enfant.

Salut et fraternité.

HENRI HEINE.

Après les terribles journées de Juin, je fis la visite sollicitée et je trouvai le poète couché sur deux matelas posés à terre. Ce système fut désormais adopté par lui. Une propreté recherchée témoignait toujours des soins dont l'entourait sa femme. Il était à Passy placé devant une porte-fenêtre ouverte. Un jardin plein de fleurs lui envoyait ses senteurs. Les événements récents fournirent amplement à notre causerie; avide de détails, il fut parlé de tout et point de lui. A quoi bon? il suffisait de le regarder. Je n'eus pas le courage de lui avouer que je m'éloignais pour quelque temps de Paris; je tardai jusqu'au jour du départ, et lui rendis compte des démarches faites pour lui sans succès au ministère des affaires étrangères, en y joignant mes adieux.

A cette femme jeune, si vivante, aimant le plaisir en Parisienne, sans enfant, oisive d'esprit comme le comportait son éducation, la vie qu'elle menait était lourde à porter, et l'on ne peut que louer sa conduite dans ses rapports avec Henri Heine comme mari et comme malade. Se promener à son bras, se montrer avec lui en public étaient des jouissances de vanité dont elle avait rarement joui; elle l'entraînait, avant sa séquestration, aux concerts payants, qui se donnaient dans les salles Herz ou Erard. C'était pour elle une occasion de voir et d'être vue; il nous est même arrivé de rencontrer le couple exécutant ce genre de partie fine, ce qui jetait Heine dans une perplexité plaisante : il voulait se comporter en célibataire, et cependant ne pas quitter sa femme. Joignant à cela l'agacement que lui causait la musique, il avait vraiment l'air d'un diable dans un bénitier; il prétendait n'aimer que la grande musique. Ce qu'il entendait par là serait difficile à préciser, fuyant également l'Opéra, les Italiens et le Conservatoire. Peut-être ne goûtait-il que les symphonies qu'il entendait en rêve.

Aimait-il davantage la peinture ? Oui, croyons-nous. Dans cet art, son esprit trouvait une abondante pâture. Par l'intelligence, il pouvait même suppléer en jugeant un tableau au sentiment, si celui-ci quelquefois faisait défaut ; les chefs-d'œuvre le touchaient d'une façon sensuelle, ce qui pourrait expliquer une préférence pour la statuaire. Alors, l'imagination vibrant sous la sensation, toutes les facultés poétiques s'éveillaient et absorbaient des trésors de comparaisons, d'analogies et d'antithèses ; il faut lui avoir entendu conter sa dernière visite à *Vénus*, ainsi qu'il l'intitulait, pour connaître la puissante fascination qu'un beau marbre exerçait sur le poète. Au printemps de 1848, par les soins du docteur Gruby, l'état du malade s'était amélioré ; il avait recouvré l'usage des mains, la sensibilité du palais ; une paupière demeurait entr'ouverte, quelque espoir semblait justifié. Heine voulut s'essayer, prendre l'air pour se reposer : il entra au rez-de-chaussée, dans une galerie du Louvre où sont les statues ; il s'assit en face de la *Vénus de Milo*. Là, dans un demi-jour, sous l'influence de ce sourire divin, de cette beauté plastique qui désormais ne serait pour lui qu'un souvenir, il tomba dans un état extatique. Puis le passé, le présent, l'avenir, lui apparurent à la fois, et se confondirent dans un désespoir aigu.

« Ah ! que ne suis-je tombé mort, là même, en cet instant ! s'écriait-il. C'était une mort poétique, païenne, superbe, et que je méritais. Oui, j'aurais dû m'éteindre dans cette angoisse. »

Après un court silence, reprenant un ton railleur : « Mais la déesse ne m'a pas tendu les bras ! Vous connaissez ses malheurs ? sa divinité est réduite de moitié, comme mon humanité. Or, en dépit de toutes les règles mathématiques et algébriques, nos deux moitiés ne pouvaient faire un tout. »

Un vif plaisir était d'entendre Henri Heine vous décrire un paysage. Il y excellait. Le spectacle de la nature l'enivrait, et l'empreinte lui demeura bien vive de tous les aspects sous lesquels les eaux, les cieux et la verdure lui étaient apparus.

Les femmes pâles, aux traits réguliers, d'une beauté un peu fantôme, l'intéressaient particulièrement ; un visage bizarre, tenant un peu du sphynx, l'attirait aussi. Il y eut en ce genre une célébrité dont on parla quelque temps, désignée sous le nom de *Reine Pomaré*. A son sujet la verve d'Henri Heine était intarissable, mais de ces amours-là il vivait.

La passion qui l'a tué a été inspirée par cette fillette devenue sa femme, face ronde et pleine, aux grands yeux noirs, cheveux abondants, belles dents blanches dans une bouche rieuse, formes épanouies, vrai type d'ouvrière parisienne, avec des mains d'une distinction aristocratique ; le son de sa voix était pour Henri Heine un enchantement perpétuel, sans cesse il y faisait allusion ; plusieurs fois, durant sa longue agonie, il m'a répété que cette voix avait rappelé son âme au moment où *décidément elle prenait son vol vers l'inconnu*.

En y prêtant attention, il me parut qu'avec un profond dédain du médium, cette *voix de fauvette* se tenait toujours dans les cordes élevées, sûre ainsi de son effet sans doute ; aussi le hasard faisait-il percer ses accents de l'antichambre jusqu'à nous ; il fallait voir le malade s'arrêter court de parler..... puis, d'un sourire complaisant, accompagner le son, tant il se prolongeait.

Quoique séquestré et vivant sur lui-même, rien de plus facile avec Heine que d'animer la conversation ; tout ce qu'il avait écrit, soit en vers, soit en prose, formait une galerie de tableaux vivants dans sa mémoire. Si la causerie ramenait un de ces souvenirs, il reprenait le sujet sous une forme descriptive, comme si la réalité eût été là, devant ses yeux, ajoutant des développements et des détails qui avaient été sacrifiés aux nécessités que l'art impose. Imaginez enfin une mémoire qui gardait présents tous les traits que son esprit lui avait fournis depuis qu'il était au monde.

Une manière d'échapper à sa prison forcée était pour Heine la lecture assidue de voyages lointains. Ce n'étaient point les découvertes scientifiques qu'il recherchait, mais bien plutôt les singularités de mœurs, les hommes et les animaux étranges, les bizarreries religieuses. Comme délassement encore, il s'est fait lire tous les romans d'Alexandre Dumas.

« Ce mulâtre m'amuse, s'écriait-il d'un air enchanté ; il est prodigieux ! son imagination repose la mienne. »

Après avoir en silence pâturé une vingtaine d'années sur les œuvres d'Henri Heine, force était aux écrivains qui le citaient de le nommer. Ses *Reisebilder*, traduits et publiés, des articles de lui insérés dans la *Revue des Deux-Mondes*, avaient peu à peu familiarisé le public français avec cette réputation si considérable en Allemagne. Il était très friand de la rencontre de son nom ou d'allusions à ses ouvrages. Je ne manquais jamais de l'avertir quand cela venait à ma connaissance ; souvent j'avais occasion de lui citer Théophile Gautier, qui était vraiment imbu des poésies et de l'esprit de l'illustre écrivain.

« Oui, c'est un bon enfant que Théo, disait Heine, je crois qu'il a de l'amitié pour moi. » Puis, après une pause : « Avec celui-là je suis tranquille ; celui-là du moins ne gâte pas ce qu'il touche ; s'il avait pu me traduire ! »

— Mais vous avez Gérard de Nerval !

— Je l'ai, je l'ai..... c'est très bon, quand je l'ai. Mais on ne sait plus où le prendre, et pensez, ma bonne amie (ici sa tête s'enlevait un peu de l'oreiller), pensez que je suis tamponné au fond de sa poche ! (la tête retombait accablée).

— Vous ne pouvez exiger, mon pauvre Heine, qu'un homme qui n'a pas de domicile possède un portefeuille ?

— O petite Fée, que ne savez-vous l'allemand ! par vous je mettrais mes vers en sûreté, à mesure qu'ils naîtraient; tandis qu'après les avoir gardés dans mon cerveau, de la nuit au jour, il faut les dicter, à qui? — vous devinez le danger! Cette pensée était accompagnée d'un gémissement que la souffrance physique n'avait pas le pouvoir de lui arracher. Très défiant, il l'était avec redoublement au sujet de son secrétaire. Cet homme pouvait prendre copie des vers, les envoyer en Allemagne, les vendre... Parfois il se décidait à en choisir un d'esprit borné, espérant qu'il ne comprendrait pas la valeur de ses dictées; mais des bévues successives le forcèrent bien vite à modifier ce système. Il refusait nettement parmi les postulants tout juif allemand, ce qui, en l'espèce, lui paraissait particulièrement redoutable. Un jour, durant un interrègne de secrétaire, je le trouvai tout misérable de ne pouvoir se faire lire même un journal.

« Ne pourriez-vous, dis-je tout naturellement, demander ce léger service à Mme Heine?

— Non, elle ne peut lire que les lettres choisies de Mme de Sévigné, et cela ne fait pas mon affaire. »

On voit ici comment, entraîné par le tour plaisant, il lui arrivait de railler ce qu'il aimait le plus au monde.

Involontairement, je lui fournis une occasion d'exercer ce penchant irrésistible de son esprit. La comtesse de K..., nièce de M. de Nesselrode, beauté russe très à la mode, sous la République de 1848 et les premières années de l'empire, avait pris à tâche de connaître toutes les célébrités. Esprit cultivé, goûtant dans l'original même les œuvres d'Henri Heine, elle désirait passionnément en connaître l'auteur. Elle me supplia de l'y aider. J'opposai en vain la répugnance de l'illustre malade à admettre une personne inconnue, c'est-à-dire nouvelle. Des touristes allemandes avaient-elles réussi à pénétrer jusqu'à lui, il ne tarissait pas en plaintes, sauf de bien rares exceptions, parmi lesquelles je citerai Fanny Lewald, dont la présence lui fut une joie.

Cependant l'insistance est une force, comme le démontra Mme de K... Je cédai, et entrepris la négociation, qui aboutit difficilement. Je cherchai à piquer la curiosité du poète, en lui lisant les vers de Théophile Gautier, chantant sous le titre de *Symphonie en blanc majeur* la carnation éblouissante de cette beauté du Nord; Heine m'écoutait, faisait la grimace, mais il ne consentit que de guerre lasse. Il lui arrivait, en soulevant une des paupières paralysées, d'entrevoir l'espace d'une seconde un objet vivement éclairé :

« Je ferai effort, dit-il, pour percevoir les splendeurs que vous me vantez. »

La présentation eut lieu Naturellement aimable et gracieuse, la comtesse le fut ce jour-là avec redoublement. En apparence on se sépara très satisfaits. La faveur d'une seconde visite fut sollicitée et accordée. Je refusai d'y assister, me réservant d'aller, le jour suivant, connaître l'impression définitive produite par tout l'ensemble de cette beauté sur le poète.

« Eh bien, me remerciez-vous? lui demandai-je en entrant, êtes-vous sous le charme?

— Ce n'est pas une femme, ma bonne amie, que vous avez introduite chez moi; c'est un monument; c'est la cathédrale du dieu Amour! »

Ce mot parti, je pressentis ce qui couvait. Au bout d'un instant il céda au désir de me réciter des vers tout frais éclos, et logés dans sa mémoire sous le titre de *l'Éléphant blanc*. Il me les traduisait d'une façon pittoresque et avec un enjouement juvénile. Je bataillai courageusement pour obtenir quelque atténuation à la rudesse des allusions. Mais c'était toujours le meilleur dont je demandais la suppression. Rien ne put le retenir d'envoyer tout de suite ces vers en Allemagne pour être intercalés dans le *Romancero*, qui s'éditait alors, volume qu'il se hâta d'offrir à la comtesse de K...

Il prétendait, par ce procédé, parer à tout. En Allemagne, l'allégorie avait, il est vrai, peu d'importance; mais, en donnant la traduction de ces vers (faite par lui-même) à la *Revue des Deux-Mondes*, c'était s'adresser précisément au cercle choisi que fréquentait Mme de K... J'insistai sur cet inconvénient et dois avouer que je n'obtins que de faibles modifications.

« Pourquoi cette femme aime-t-elle les bêtes curieuses? Je veux lui en faire passer le goût, répondait-il obstinément. D'ailleurs ces vers ne sont-ils pas élogieux? »

Pour le prouver, il en augmentait ironiquement le grandiose en les commentant.

La cousine de la belle étrangère, la baronne de S... (Mlle de Nesselrode), sollicita aussi la faveur de pénétrer chez Henri Heine. Pour elle, il fut charmant, la trouva sympathique et crut à la sincérité de son émotion en face du « misérable poète ».

Au retour en ville, je trouvai des nouvelles de mon malade, dictées et non plus de son écriture. La signature seule était de sa main. Le contenu de la lettre donne un bulletin de sa santé :

Passy, 19 septembre 1848.

Petite Fée!

(C'est sous ce nom, qui vous a été donné par Mme Heine, que vous êtes connue chez nous), j'ai encore à vous remercier de la première gracieuse lettre que vous m'avez écrite au moment où vous alliez monter en voiture pour vous rendre aux *Roches* ou chez Mme de Grignan, je ne sais. Ce matin, j'ai reçu votre seconde lettre, dont le ton affectueux et compatissant me fait beaucoup de bien, quoique la nouvelle que vous me donnez n'est guère réjouissante. Pour dire la vérité, je suis tellement abasourdi de douleurs physiques que cette mauvaise nouvelle, la non-réussite aux affaires étrangères, ne ne me fait pas grand'chose : un coup d'épingle à un homme qui se trouve sur le brasier ardent de la torture du Saint-Office.

En attendant, je vous remercie du zèle que vous avez **montré à** cette occasion, et je vous prie aussi d'être auprès de monsieur votre frère l'organe de ma reconnaissance sincère.

Je vous écris aujourd'hui pour vous dire que, demain, vous ne me trouveriez plus dans ma *villa Dolorosa* de Passy, que je quitte pour rentrer à Paris, rue de Berlin, n° 9 (au coin de la rue d'Amsterdam); je n'y resterai que jusqu'à ce que Mme Heine ait trouvé un appartement plus convenable à l'état de ma santé. Depuis que j'ai eu la consolation de vous voir, mes maux ont augmenté, et des symptômes alarmants me décident à rentrer à Paris.....

Je ne veux pas être enterré à Passy; le cimetière doit y être bien ennuyeux. Je veux me rapprocher de celui de Montmartre, que j'ai depuis longtemps choisi pour ma dernière résidence. Mes crampes n'ont pas cessé; au contraire, elles ont envahi toute l'épine dorsale, et montent jusqu'au cerveau, où elles ont fait peut-être plus de dégât que je ne puis le constater moi-même; des pensées religieuses surgissent.....

Adieu, petite Fée, que le bon Dieu vous pardonne vos enchantements et qu'il vous prenne sous sa sainte et digne garde.

Henri Heine.

A dater de ce retour à Paris, le poète subit son mal dans toute sa cruauté, c'est-à-dire sans aucun espoir de guérison, et avec l'effroi incessant, vivement senti, de l'envahissement du cerveau par la paralysie; perdrait-il ses facultés intellectuelles? Il n'en fut rien. Heine demeura lui-même, conserva *his self possession*, expression anglaise qui peint juste. — Assurer par un contrat avec son libraire le sort de celle qui demeurerait après lui devint le but qu'il poursuivit avec une indomptable énergie.

Il aimait sa femme à la fois comme une maîtresse et comme son enfant; le manque de prévoyance de Juliette le touchait; son ignorance du monde le charmait.

« Elle n'a jamais rien lu de moi, me confiait-il en baissant la voix; elle ne sait pas ce que c'est qu'un poète! Cependant, j'ai découvert en elle une vague idée que mon nom est imprimé dans une revue, » et parlant plus bas encore : « mais elle ne sait pas laquelle. »

Toutes les fois qu'il était question de Gœthe ou de sa femme, le malade se soulevait sur son coude et baissait le ton, comme s'il eût craint qu'on écoutât aux portes.

Pauvre Heine! il était horriblement jaloux. Or, si Juliette n'était pas littéraire, elle avait en revanche un goût prononcé pour l'hippodrome et le théâtre. L'existence de la jeune femme était solitaire et triste. Parfois, elle obtenait de son mari l'autorisation de se joindre à quelque amie pour aller au spectacle; alors, s'il ne confiait pas les angoisses de son cœur, quelques mots échappés les laissaient entrevoir. Cependant, ce fut au hasard que je dus la connaissance du côté intime et douloureux de cette union.

Un matin, je reçus la visite d'un médecin envoyé pour me prévenir qu'Henri Heine venait de ressentir une crise très grave et qu'il serait heureux de me voir; alarmée, je demandai au docteur si le malade était dans un danger imminent. Celui-ci, me croyant au courant des désolations de cet intérieur, parla ouvertement :

« Que peut notre art, répondit-il, luttant contre un amour insensé, une jalousie extravagante? Rien n'en peut distraire Heine, puisque l'objet de sa folie est sans cesse près de lui. Dans ces conditions, le mariage était fatal; il a singulièrement hâté la marche de la maladie.

—Cependant, repris-je, sa femme le soigne parfaitement, et en l'état présent c'est pour lui une grande douceur. »

Haussant les épaules, le docteur poursuivit :

« Ce n'est pas la faute de sa femme; mais quels soins pourraient compenser le dommage d'une nuit comme celle qui vient de s'écouler? J'ignore quels soupçons injustes traversèrent l'imagination du malade; je constate le fait; se glissant ou plutôt se laissant tomber de son matelas posé à terre, se traînant sur le ventre à l'aide de ses mains, après des efforts qui furent le triomphe de a volonté, il est parvenu jusqu'à la porte de la chambre de Mme Heine, où il est demeuré évanoui ; combien de temps ? nul ne le sait. Comme médecin, il a fallu me mettre dans la confidence de cette lamentable aventure, m'expliquer pourquoi je trouvais mon malade sur le lit de sa femme. Elle s'en est acquittée d'un air véritablement navré. Il fut question ensuite des phases successives, tortures et opérations qu'entraînerait la paralysie des organes intérieurs. Hélas ! le cœur saignait à entendre ainsi dérouler l'avenir.

« Heine connaît son sort, ajouta le docteur, et je le prévois, son courage ne se démentira pas. Cet homme est étonnant : dissimuler le présent à sa mère, assurer l'avenir de sa femme, telles sont ses seules occupations.

— Mais cet homme est vraiment bon ! m'écriai-je, d'un ton de reproche qui s'adressait à mes doutes dans le passé.

— Relativement, répliqua froidement le docteur. Il faut se souvenir qu'il a l'esprit vindicatif. Sa bonté est restreinte, et gardons-nous de son inimitié. Mieux vaudrait mettre le pied dans un nid de guêpes. Voyez comme il s'acharne sur Meyerbeer ! Sous ce titre, *Monsieur l'Ours*, il vient encore de publier en Allemagne des vers qui le déchirent ; et pourquoi cette guerre contre l'homme dont il avait été l'admirateur et l'ami ? Il avait demandé à l'auteur du *Prophète* une loge pour une première représentation, et, le jour désigné, il n'a rien reçu !

— Remarquez, docteur, que, cette fois encore, c'est l'amour qui en est cause. La loge réclamée était pour sa Juliette, qui s'en faisait une grande joie, et jamais il n'a pu pardonner à Meyerbeer cette déception. Que voulez-vous ? C'est un souvenir logé dans son fiel. »

Une fois le docteur éloigné, je demeurai pensive, recherchant dans ma mémoire tout ce qui avait été dit. Eh bien, l'avouerai-je ? je me sentis une sorte d'indulgence pour les torts de Heine envers l'illustre compositeur, ces torts dont son amour était l'excuse. Il aimait si fort! il était si malheureux!

Je jugeais plus sévèrement les attaques auxquelles il se livrait par partie de plaisir. Laisser couler l'ironie à plein bord, poursuivre d'un persiflage cruel ses meilleurs amis, la plume à la main, lui paraissait une récréation permise. Cherchiez-vous à éveiller en lui des regrets de ce procédé? Il vous écoutait avec curiosité, comme s'il était étranger à la question. Puis, reprenant avec verve en sous-œuvre le sujet, il y ajoutait une foule de traits, qu'il n'avait pas osé imprimer, et qu'il exhalait avec bonheur. Telle était sa forme de repentir. J'imagine que, lorsque, après un examen de conscience, il se disait : « Le cœur n'y est pour rien! » il se croyait innocent. Ainsi s'expliquerait cette bizarrerie, qu'à l'occasion il n'hésitait pas à réclamer un service d'une personne qu'il avait blessée dans ses écrits.

Surprise, je lui demandais alors s'il avait oublié tel passage que je citais :

« Oh! comment aurait-il pu se fâcher? n'étions-nous pas amis?

— Mais c'est pour cela même, répliquais-je.

— Bah! on me connaît. Le pittoresque, l'imagé ou le comique m'entraînent, c'est ma nature.

— Allons donc, lui dis-je une fois, impatientée; vous répondez comme dans une fable le ferait un champignon accusé d'être vénéneux : C'est ma nature.

— Bravo! c'est cela même, ma bonne amie. »

Et voilà le malade ravi, sans se soucier d'amitiés précieuses qu'il s'était aliénées.

Cependant, je sentis, par quelques questions qu'il m'adressa sur Béranger, qu'il n'était pas indifférent à la négligence apparente du poète, qu'il tenait en grande estime. Il se l'expliquait d'autant moins, qu'il avait fait à son sujet un article très élogieux, assurait-il, puisqu'il y avait mis son sentiment. Pour en juger, je lus l'article, et je découvris l'endroit où il avait accolé l'épithète de *polisson* au nom de Béranger.

« Tout est là, mon cher Heine, m'écriai-je ; il est évident que vous ne sentez pas l'acception que nous autres, Français, attachons à ce mot. Il aura été mal interprété. »

Alors, mettant de l'entêtement dans sa défense, il ne voulut jamais convenir de son tort, prétendant s'autoriser d'exemples puisés dans le vieux français.

« Puisque vous aimez Béranger, répliquai-je, adressez-lui un mot d'explication. »

Non, il s'obstina et bouda.

Contrairement à ce tempérament personnel, fréquent chez les poètes, sa mémoire avait toujours présent dans nos relations habituelles ce qui intéressait mes affections ; quel que fût l'état de sa santé, son accueil était charmant de vivacité. Souvent, m'entendant entrer, il s'écriait :

« N'est-ce pas plaisant de vous imposer une telle corvée au nom de tous les bons et beaux sentiments ? »

Il est à remarquer que de tous ses maux et de toutes les misères qui en découlaient, il parlait fort peu, et toujours avec simplicité ; il se permettait quelquefois une raillerie à ses propres dépens, mais jamais une phrase tendant à émouvoir. Deux fois le feu prit à la cheminée contre laquelle était posée la tête de ses matelas : il semblait, à lui entendre conter l'incident, qu'il n'eût pas couru plus de danger que toute autre personne.

Son mobilier était celui d'un bourgeois aisé, tenu avec une propreté recherchée. Un beau portrait de Laëmlin rappelait sa femme lorsqu'elle était absente. Mme Heine se retirait discrètement à l'arrivée d'un visiteur dans son logis de la rue d'Amsterdam ; la chambre de madame était placée tout au fond de l'appartement. Je supposai que cette distribution des pièces avait été décidée par le malade, afin d'entendre aller et venir ; il écoutait, l'oreille tendue, les voix et les pas de ceux qui circulaient au dehors. Demeuré amoureux et jaloux, rivé sur son grabat, qui peut dire si, chez cet homme de génie, le supplice de l'âme n'a pas été plus terrible encore que celui du corps?

Une présence qui lui causa vraiment de la joie fut celle de la princesse de Belgiojoso, revenant d'Orient. Elle avait été jusqu'à Jérusalem visiter les lieux saints. Or, c'était un de ces pays que le malade parcourait souvent en imagination depuis que la Bible était devenue une lecture favorite. Durant les dernières années de sa vie, ce livre fut pour lui une puissante distraction; s'il ne pouvait goûter, tout comme Voltaire, le chapitre d'Ezéchiel, en d'autres parties il rencontrait une poésie dont la splendeur le ravissait, le transportait. A entendre l'intérêt chaleureux avec lequel Heine se renseignait sur ce voyage en terre sainte, la princesse se méprit et crut saisir une lueur religieuse chez le malade. Elle parla de l'abbé Caron, très en vogue à cette époque, comme d'un homme intéressant et de grand mérite. Elle proposa de l'amener; en accédant à la demande, je crains fort que la curiosité d'une double étude fût l'unique mobile d'Henri Heine.

Après deux ou trois visites de l'abbé, il me dit :

« La princesse m'avait amené l'abbé Caron, vous le saviez? (prenant un air de componction) il avait éveillé quelques velléités religieuses... (puis en riant); mais décidément je reviens aux cataplasmes. Le soulagement est plus immédiat ! »

Pour se bien rendre compte de l'organisation du poète, il faut se souvenir qu'il était à la fois accessible à toute poésie religieuse, quel qu'en fût le prophète, Confucius ou Mahomet, Moïse ou Luther, et absolument réfractaire à l'esprit de dévotion; la foi, les pratiques, le clergé étaient pour lui une source intarissable de plaisanteries et de sarcasmes, dont la mort même, alors qu'il en sentait le souffle glacé, ne pouvait arrêter le cours. Durant le dernier été qu'il passa dans ce monde, je bravai un jour une chaleur caniculaire pour l'aller voir; comme j'entrais :

« Oh! mon amie, s'écria-t-il, je viens d'avoir une belle peur! Imaginez un peu; on avait ouvert ma fenêtre, et, par ce soleil brûlant, au lieu de songer aux tilleuls en fleurs, comme l'eût fait tout homme raisonnable, voilà qu'il sort de ma mémoire successivement toutes les cathédrales que j'ai visitées en Italie pendant mes voyages. « Au secours! m'écriai-je, la paralysie gagne le cerveau! — Ce n'est rien, monsieur, rien que la chaleur, me répond mon flegmatique secrétaire. Le thermomètre marque à l'ombre trente-six degrés Réaumur. » Cette indication m'est devenue un trait de lumière. Je me souvins du passage des *Reisebilder*, où j'ai noté la religion catholique, comme bonne religion d'été, attendu la fraîcheur des églises. — Vous saisissez, mon amie, la liaison d'idées provoquées par la sensation. »

Ce cri d'effroi, qu'il accommodait d'une façon bouffonne, était toutefois l'expression de sa constante terreur. Aussi, avide de détails qui pussent lui servir de points de comparaison, il aimait à s'enquérir des gens atteints du même mal que lui. Augustin Thierry le préoccupait particulièrement; si je venais de voir ce dernier, les questions se pressaient : « Dormait-il, mangeait-il, comment travaillait-il? » Insistant avec émotion sur l'état du cerveau : « Est-ce que vraiment l'illustre historien conservait toute son activité, toute sa puissance intellectuelle? » M'entendant l'affirmer, il poussait un long soupir de soulagement.

« Vous savez, ma chère amie, ajoutait-il, que notre mal a la même origine? »

Puis sur un ton de persiflage :

« C'est *excès* de travail, disent les bonnes gens ; *excès* est le mot juste. Est-il bien appliqué ? »

Il estimait très haut les ouvrages d'Augustin Thierry. C'est sous l'impression d'une lecture de la *Conquête des Normands* que lui, Heine, écrivit les vers intitulés : *Le Champ de bataille d'Hastings*, placés à la date de 1854, dans le livre de Lazare. Cependant cette pièce est beaucoup plus ancienne. Je crois que l'édition de Michel Lévy publiée en 1855, sous la direction de l'auteur, renferme de volontaires transpositions de dates. Je partage à ce sujet l'opinion de Gérard de Nerval, qui disait de l'*Intermezzo*, daté de 1821 et 1822 : « A moins qu'on ne me montre une édition allemande d'ancienne date, je tiens le poème pour l'expansion beaucoup plus tardive de son cœur et sa passion. Une fois marié, Henri Heine regretta et voulut dérouter. »

En effet, quels que soient la précocité et le don d'intuition dont nous supposions un poète doué, ce que l'expérience ajoute à son talent, il ne saurait le créer. Ce n'est qu'à ses dépens qu'il acquiert certaine science. Le plus habile naturaliste n'aurait ni inventé, ni deviné la vertu délétère du mancenillier. Pour la constater, il faut du moins s'en être approché.

J'ai vu éclore par fragments les délicieuses pages du *Romancero*. L'auteur, sous forme de rêve, se complaisait à me décrire ses elfes, ses nixes et ses gnômes, qui cachaient leurs petites pattes de canard sous leurs longs manteaux rouges.

« Pour ne pas les chagriner, je faisais semblant de ne les pas apercevoir. »

Et disant cela, Heine se livrait aux plus drôles de mines, agitant ses mains pâles, satinées et fluettes, seule partie de son être qui fût demeurée libre. Je n'ai jamais pu démêler s'il appelait rêve une sorte d'excitation, compagne fréquente de l'insomnie, ou si c'était réellement en dormant qu'il enfantait une partie de ces merveilles qu'il se plaisait à conter et qui souvent sont devenues les plus charmantes pages de ses livres. D'autres fois ses imaginations étaient burlesques. Je le trouvai un matin m'attendant avec une impatience fébrile, parce qu'il voulait me conter, sous le vif de l'impression, le steeple-chase délirant auquel il avait assisté en songe.

« Imaginez, dit-il, que je viens de voir, de mes yeux voir, des courses auxquelles tout Paris prenait part; et les coureurs n'étaient autres que MM. Thiers, Guizot et Cousin, montés chacun sur une autruche.. Au lieu de mettre des costumes de jockeys, comme le bon goût l'exigeait, ajoutait gravement Heine, M. Thiers portait un uniforme de général; M. Guizot, coiffé d'une tiare, une crosse à la main en guise de cravache, avait son habit boutonné selon sa coutume, et M. Cousin s'était déguisé en philosophe allemand. Mais, dans le rêve, tout de suite, sans hésiter, je l'ai reconnu! » Ici le conteur, faisant une puissante grimace, s'arrêtait, — puis riant à gorge déployée : « Voyez-vous, ma petite fée, si cette course-là avait lieu, je sortirais de mon lit pour voir courir sur leurs autruches ces trois écuyers! »

— Mon cher Heine, répondis-je, vos antipathies sont inaltérables, même en rêve; je retrouve vivace celle que vous a inspirée M. Cousin.

— Mais convenez, petite fée, que le demi-philosophe chevauchant sur une autruche..... (Ici il fut pris d'un retour de gaieté.) Oui, je n'oublie pas, continua-t-il : ainsi j'ai présente comme d'hier la figure de l'illustre professeur, lorsqu'un soir, chez la princesse de Belgiojoso, au moment où le dîner fut annoncé, il se précipita par enjambées au travers fauteuils et convives, pour offrir galamment la main à la maîtresse de la maison.

« Oh! la comique expression que prit son air grazioso,

lorsque la princesse, d'un sourire enchanteur encadré de fossettes, le refusa net, — avec ces paroles prononcées d'une voix *harmonicale :* « Pardon, monsieur Cousin, vous ne voudriez pas me brouiller avec la Russie, » — et d'une soudaine ondulation, elle se tourna vers l'ambassadeur, Pozzo di Borgo, dont elle prit le bras. Oh! la rude leçon de savoir-vivre! y avoir assisté est un des meilleurs souvenirs de ma jeunesse. »

Après l'avoir laissé donner cours à sa malice, il faisait bon diriger sa mémoire sur les pays qu'il avait parcourus en imagination la nuit, tandis que ce corps indolore ne pouvait se mouvoir; il fallait entendre alors les charmantes descriptions qu'il en donnait.

Cependant, sans lasser sa patience ni son courage, les maux s'aggravaient. Heine jugeait son état avec autant de précision que de fermeté; il avait demandé à mon mari de vouloir bien accepter la charge d'exécuteur testamentaire et de lui indiquer, pour dicter son testament, un notaire auquel il pût se confier. — Cette pièce a été publiée, avec mon autorisation, dans un volume posthume édité par Michel Lévy : *Allemands et Français.*

La conversation ayant, à cette époque, été amenée sur ces graves matières, le malade exprima de nouveau avec insistance la volonté d'être enterré *silencieusement*, et, comme il avait vécu, *sans cérémonie.*

« Mes œuvres doivent parler, et voilà tout! et encore vous savez, ma bonne amie, que le laurier littéraire n'est point ce qui me touche. Non, je suis un hardi guerrier, qui a mis sa force et ses talents au service de la grande famille de l'humanité. — Posez, si vous voulez, en sautoir sur la tombe une fronde et un arc.

— Avec de bonnes flèches? » murmurai-je.

Il sourit.

« Je ne vous demande décidément, continua-t-il, que d'y porter un brin de réséda; vous souvenez-vous, mon amie, que c'est la fleur que m'avait donnée la petite Véronique?...

— Et je me souviens aussi, répliquai-je, que, de cette passion enfantine, je n'ai connu que le commencement.

— Il est temps alors de vous faire l'aveu que toute l'histoire est contenue dans ce prélude. En gravissant la montagne, l'enfant jouait avec la fleur qu'elle tenait à la main : c'était un brin de réséda. Tout à coup elle le porta à ses lèvres, puis me le donna. L'année suivante, j'accourus aux vacances. La petite Véronique était morte! Depuis ce temps, son souvenir est venu se placer au travers de toutes les fluctuations de mon pauvre cœur. Pourquoi? Comment? N'est-ce pas bizarre, mystérieux? Parfois, songeant à cet épisode, la sensation devient douloureuse, comme le souvenir d'un grand malheur. »

Le silence se fit entre nous. Les souvenirs, le présent, tout parlait de mort. Je désirais changer l'allure de la conversation ; j'y réussis mal. Je promenais mes regards distraits autour du malade, et, remarquant pour la première fois une sorte d'appareil en corde, de la forme d'un étrier, cloué au mur en tête de sa couche, je lui demandai ce que signifiait cette nouveauté.

« Oh! ça, c'est une invention gymnastique, soi-disant pour exercer mon bras droit. Mais, entre nous, je crois plutôt une invite à la pendaison : attention délicate de mon docteur. — Il y a pourtant des imbéciles, continua Heine, qui admirent le courage que j'ai de prolonger ma vie. Or, ont-ils jamais songé à la façon dont je m'y prendrais pour me donner la mort? je ne puis ni me pendre, ni m'empoisonner, encore moins me brûler la cervelle, ou me jeter par la fenêtre; me faut-il donc mourir de faim? Fi! — un genre de mort contraire à tous mes principes. — Sérieusement, nous admettrons qu'on veut au moins choisir la forme de son suicide, ou ne point s'en mêler. »

Jamais Henri Heine n'a songé à hâter sa fin, à se séparer volontairement de sa femme. N'avait-elle pas besoin de lui? N'était-il pas son protecteur? Ce rôle le flattait particulièrement; tandis que Mme Heine s'occupait de ses fleurs ou de son perroquet, c'était lui qui, dans son état de *moribondage*, ordonnait, réglait et soldait toutes les dépenses. Après avoir, étant garçon, fait quelques dettes qu'avait payées son oncle Heine, le riche banquier de Hambourg, il était devenu, depuis son mariage, très scrupuleux pour balancer recettes et dépenses. On ne pouvait le voir tirer de dessous son traversin un petit sac d'écus, qu'il déliait en tâtonnant, pour en sortir la somme que la servante réclamait, sans que la mémoire ne fût traversée par le souvenir de ses ancêtres. Mais ce qui lui appartenait en propre, c'était une humeur généreuse, qui le rendait ingénieux à choisir les dons qu'il envoyait à ses amis aux époques autorisées, telles que fêtes et jour de l'an. Parmi ces souvenirs, devenus reliques d'amitié, je remarque un profil en bronze, œuvre du sculpteur David, d'une ressemblance parfaite. Pour me l'offrir, il le fit encadrer dans une guirlande de roses ciselées. Rien ne pouvait rappeler plus vivement la couronne d'épines dévolue au génie brillant dont on regarde l'image. Cette terrible antithèse provoque la mélancolie; cependant les yeux y retournent et on devient pensif.

Nous avons parlé déjà du sentiment protecteur dont il entourait sa femme et dans lequel se complaisait le *moribondage* d'Heine. Mais il faut dire aussi qu'il était fier de subir l'influence magnétique de sa Juliette, influence si grande, assurait-il, que le son de *cette* voix, le contact de *cette* main, plusieurs fois, l'avait rattaché à la vie. Il faut citer à l'appui de ce pouvoir fluidique l'anecdote du perroquet, qui se place précisément dans les derniers temps de l'existence d'Henri Heine.

Pris au milieu de la nuit d'une de ces crises meurtrières,

que cette fois on pouvait à bon droit croire la dernière, sa femme accourut près de lui pleine d'effroi ; elle saisit sa main, la pressant, la réchauffant, la caressant. Elle pleurait à chaudes larmes, et, d'une voix entrecoupée, au travers des sanglots, il l'entendit répéter : « Non, Henri, non, tu ne feras pas cela, tu ne mourras pas! tu auras pitié! j'ai déjà perdu mon perroquet ce matin; si tu mourais, je serais trop malheureuse! »

« C'était un ordre, ajoutait-il, j'ai obéi, j'ai continué de vivre ; vous comprenez, mon amie, quand on me donne de bonnes raisons..... »

Le malade s'amusa prodigieusement à me conter cette histoire ; il la répétait complaisamment, en imitant l'intonation émue de Mme Heine, et en soulignant le mot *perroquet*; il était à la fois dans la nature humoristique du poète d'être vivement touché de la douleur qu'il provoquait, et très amusé de la forme comique que le désespoir empruntait.

Cependant, dès le commencement de cette année 1855, tout présageait une fin prochaine.

Les attaques de crampe se rapprochaient, et l'effet puissant de la morphine s'épuisait.

Ce fut environ quinze jours avant la mort d'Henri Heine que, me présentant chez lui de bonne heure, ne rencontrant personne dans la première pièce, et la porte de sa chambre étant ouverte, j'y pénétrai sans bruit. On faisait son lit, pendant qu'il était déposé sur une espèce de fauteuil-chaise longue, qui avait exigé des mois entiers d'essais successifs avant qu'on fût parvenu à le satisfaire. Je demeurai là, debout, immobile, devinant qu'il eût été affligé de me donner le spectacle de sa destruction.

Une des servantes occupées autour de lui l'enleva sur les bras pour le remettre du fauteuil sur les matelas à terre, enroulé de flanelle. Son corps, réduit par l'atrophie, paraissait être celui d'un enfant de dix ans; ses pieds pendaient inertes, ballottants, tordus, de façon que les talons se trouvaient placés devant, là où devait être le cou-de-pied.

Quel spectacle, quelle révélation! quel caractère tragique et poignant prend à ce souvenir la magnifique poésie du livre de Lazare!

« La femme noire m'embrassa, dit-il, et je fus paralysé.

« Elle me baisa les yeux et je devins aveugle!

« Elle suça, de ses lèvre sauvages, elle suça la moelle de mes reins! »

La strophe qui succède, ajoute :

« Mon corps maintenant est un cadavre où l'esprit est emprisonné. »

Une dernière fois, quatre jours avant sa mort, je revis Henri Heine; il causa avec sa liberté d'esprit accoutumée, seulement le ton était grave.

« C'est une chose bien sérieuse que de mourir, écrit La Bruyère, ce n'est point alors le badinage qui sied bien, mais la constance. »

Cette dernière vertu ne fit pas défaut un seul instant au courageux martyr. Lorsque, me séparant de lui, je mis, selon ma coutume, ma main dans la sienne, en manière d'adieu, il la garda quelque temps, puis murmura : « Ne tardez pas, mon amie, ce sera prudent. »

Jusqu'au dernier soupir, sa merveilleuse intelligence ne subit aucune altération. A se sentir à la fois mort et vivant, sans doute le philosophe s'observait, et le poète se cherchait; cette conviction, exprimée une fois déjà par Henri Heine, a dû être sa pensée suprême :

« Il y a un coin de divin dans l'homme. »

FIN

TABLE DES MATIÈRES

BERRYER

UN SÉJOUR A AUGERVILLE EN 1840

Le fidèle Richomme. — M. le marquis de Talaru. — M. Roger l'académicien. — Comment Mlle Duchesnois corrigeait Racine. — Le secret de Mme Récamier. — Une marquise originale. — Le chevalier Artaud. — Mme Berryer. — Mme de Rupert. — Un oncle terrible. — Berryer père-noble et la comtesse Rossi. — Un couplet de Dupaty. — Eugène Delacroix. — Lettres de Berryer à la comtesse de T.... — Un mot regrettable de la princesse Belgiojoso. — Amédée Hennequin. — Le cas de Chopin et de Mme Sand. — Le chanteur Geraldy. — Le prince Belgiojoso. — Talent de lecteur de Berryer. — Un mariage sans dénouement. . . .

1847 ET 1848

L'atelier de peinture de M. Sanders. — Mlle de Portal. — Mlle de Rutières et son amie Mlle Doucet. — La comtesse Kalergis. — Le magnétiseur Marcisset. — Une séance de somnambulisme. — Alfred de Musset. — Le nom de Rachel deviné. — Berryer et Mme Esther Manby. — Le docteur Teste. — Une prière espagnole. — Le major Frazer. — Un mariage annulé. — Le capitaine de Montclar. — Le trousseau et le nez de Mlle de Mareuil. — La princesse de Lichtenstein. — Une séduction. — Mariage de Mlle de Portal. — Le comte de Rosheim. — *Sur une morte* d'Alfred de Musset. — Une soirée intime. — Les peintres mélomanes. — Le prince de Belgiojoso. — La comtesse d'Alton-Shée. — Billet d'Alfred de Musset. — La comtesse de Vergennes. — Un souper sérieux. — Une chute de cheval. — Le bolero d'Alfred de Musset. — Opinion de Berryer et de Chateaubriand sur la gloire. — Les moines de l'Abbaye-aux-Bois. — Le baron Charles de Rosheim. — Un bal costumé chez la princesse Lichtenstein. — La belle *inconnue*. — Paul de Molènes. — Un méchant sorcier. — Lettres de Mlle de Rutières. — Un père et son fils rivaux d'amour. — Révélations. — L'approche d'un cataclysme. — Un morceau de musique du président Troplong. — La fusillade de Février. — Un duel impromptu. — Avènement de la République. — Les élections. — Les élections de Berryer. — Les journées de Juin. — Mort tragique de Mlle de Rutières. — Une lettre venue trop tard. 77

ALFRED DE MUSSET

Chez Berryer. — Sympathie du grand orateur pour Alfred de Musset. — 1re lettre d'Alfred de Musset. — Son opinion sur son propre caractère. — Investigation sur *la morte*. — 2e lettre d'Alfred de Musset. — M. Michaud, de la *Quotidienne*. — Lettre de Berryer. — Ernest Picard, le député. — Mme Hamelin. Le canari de Mme Récamier. — 3e et 4e lettres d'Alfred de Musset. — Portrait de la princesse Belgiojoso. — 5e lettre d'Alfred de Musset. — Pauline Garcia. — M. Osborne, pianiste. — 6e, 7e et 8e lettres d'Alfred de Musset. — La caricature de la princesse Belgiojoso. — 9e lettre et billet d'Alfred de Musset. — 10e et 11e lettres d'Alfred de Musset. — Mlle de G..., la nymphe de l'Albane. — Billet de la princesse Belgiojoso. — 12e et 13e lettres d'Alfred de Musset. — La brouille avec Mlle Rachel. — 14e lettre d'Alfred de Musset. — La sœur Marceline. — Un étrange costume. — 15e lettre d'Alfred de Musset. — La princesse Turandot. — 16e lettre d'Alfred de Musset. — Uranie. — 17e et 18e lettres d'Alfred de Musset. — Ne pas confondre Leopardi l'exilé et Leopardi le poète. — 19e lettre d'Alfred de Musset. — Un défi absurde. — Traité de paix. — 20e et 21e lettres d'Alfred de Musset. — La comtesse Kalergis. — Berryer. — Mme de B.... et le comte Pozzo di Borgo. — Dame qui file. — Mme de B... et le prince Belgiojoso. — Galanterie politique. — Le général de Cavaignac. — Mme de Cavaignac la mère. — Une grande dame russe convertie à la république. — Billet de la comtesse Kalergis. — A l'Élysée. — Dernier billet d'Alfred de Musset. — Chenavard, le peintre philosophe. — Son jugement sur Alfred de Musset. . . . 159

PIERRE LANFREY

Les lettres d'Everard. — Les apôtres de la femme. — Portrait de Lanfrey. — 10 lettres de lui à sa mère (1846-1854). — Ses débuts comme écrivain politique. — Ferocino. — Deux lettres à Mme C. J. — Chenavard et les zouaves pontificaux. — Lettre à Mme ***. — L'*Histoire de Napoléon Ier*. — Les salons d'Ary Scheffer et de d'Alton-Shée. — Lettres sur la paix de Villafranca. — Sainte-Beuve au Sénat. — Voyage au pays natal. — Confidences. — Un amour de jeunesse. — Lettre à Mme C. J. — La guerre de 1870-71. — Lanfrey volontaire. — Lettre à Mme C. J. — Les mobilisés de la Savoie. — Triste campagne. — Lettre à Mme C. J. — Lanfrey député. — Lettre au comité électoral des Bouches-du-Rhône. — Lanfrey ambassadeur à Berne. — Lettre de Mme C. J. — Relations avec Gambetta. — Appréciation de Chenavard sur Napoléon Ier. — Lanfrey sénateur inamovible. — Un aveu de M. Thiers. — Fin prématurée 227

HENRI HEINE

M. Heine et M. Gerusez, promoteurs d'Alfred de Musset. — Lettre d'envoi à Mme C. J. du livre de Heine sur l'Allemagne. — Deux billets d'excuse. — La princesse Belgiojoso. — Victor Cousin. — Le compositeur Bellini. — Jettatura. — Choucroute et ambroisie. — Malitourne pour J.-J. Rousseau. — Mme Heine. — Une dernière visite. — La voix de fauvette. — Sur Théophile Gautier et Gérard de Nerval. — Mme Kalergis. — *L'Éléphant blanc*. — Lettre de Heine. — La petite fée. — Béranger. — Une épithète mal comprise. — *Moribondage* et jalousie. — MM. Thiers, Guizot et Cousin en rêve. — Augustin Thierry. — La petite Véronique. — Oraison funèbre du perroquet. — La crise suprême. — La femme noire et le coin divin. 283

www.ingramcontent.com/pod-product-compliance
Lightning Source LLC
Chambersburg PA
CBHW060413170426
43199CB00013B/2126